latin trading corp][libreria latino americana
539 h st. chula vista, ca. 91910. usa
p. 619.427.7867 | 1.800.257.7248 f. 619.476.1817
latintradingbooks.com
info@latintradingbooks.com
una ventana al conocimiento • an open window to knowledge

Las mujeres casadas
hablan de sexo

Mandi Norwood

Nace hace 40 años en Manchester (Inglaterra). A los 19 años se muda a Londres para estudiar en el London College of Fashion. Tras finalizar su formación, colabora con numerosas revistas femeninas, alcanzando la fama con la columna «Six Guys to Do Before You Say I Do» (Los seis hombres con los que tienes que acostarte antes de casarte). Tras cinco años como editora en *Company*, en 1997 pasa a dirigir la edición inglesa de la revista *Cosmopolitan*. Gracias a su excelente trabajo y a un aumento de las ventas del 40 por ciento obtiene el Premio Women's Magazine Editor of the Year. Durante esta etapa profesional conoce también a su marido, Martin Kelly, director de producción de *Cosmo Girl*. En el año 2000 deja Londres por Nueva York para asumir el cargo de directora editorial de *Mademoiselle*, una de las más prestigiosas revistas femeninas americanas.

En la actualidad vive en Nueva York con su marido y sus dos hijas.

Mandi Norwood

Las mujeres casadas hablan de sexo

Ellas se confiesan

Colección **De tú a tú**

Argentina - Chile - Colombia - España
Estados Unidos - México - Uruguay - Venezuela

Directora de la colección «De tú a tú»: Alicia Gallotti
Proyecto editorial: Editrends
Diseño de colección: Romi Sanmartí
Imágenes de cubierta: AGE Fotostock
Traducción: Amelia Brito

© 2003 *by* Mandi Norwood
© 2004 by Ediciones Urano, S.A.
   Aribau, 142, pral.
   08036 Barcelona
   www.mundourano.com
   www.edicionesurano.com

ISBN: 84-7953-542-3
Depósito legal: B. 32.986 - 2004

Fotocomposición: FD Autoedició, S.L. – Muntaner, 217 – 08036 Barcelona
Impreso por Romanyà-Valls, S. A. – Verdaguer, 1 – 08786 Capellades
   (Barcelona)

Impreso en España – *Printed in Spain*

Índice

Prólogo

La segunda cita con mi marido fue más memorable que la primera, para los dos. Y no porque resultara un encuentro feliz, seductor y excitante (que lo fue) sino porque mientras nos comíamos nuestros pollos al sésamo le dije que, si sus intenciones eran para algo más que simple diversión, olvidara la idea de tener una relación conmigo. Le dije que no tenía el menor deseo de casarme ni de ser madre. Que tal vez podría tener ese deseo en un futuro lejano pero que por el momento todo mi interés estaba centrado en la aventura, los viajes y en forjarme una carrera editorial, y no estaba dispuesta a sacrificar o dejar de lado eso en aras del matrimonio.

Como en mi familia las bodas venían siempre seguidas por el divorcio, inevitablemente llegué a la edad adulta con la idea de que todo ese asunto no era otra cosa que una dolorosa pérdida de tiempo. Mi madre se divorció antes de cumplir los treinta años; mi tía, su única hermana, también estaba divorciada. Incluso mi abuela se había divorciado, quedando sola a cargo de dos críos pequeños en una época, los años cuarenta, en que una mujer ni siquiera podía conseguir un préstamo hipotecario sin la firma de su marido.

No, sin duda el matrimonio no era para mí. Tenía demasiadas cosas por hacer, demasiadas cosas por ver, demasiadas cosas que lograr y demasiadas cosas para disfrutar. Y por lo que había observado, estaba claro que mis planes personales y la vida de matrimonio eran mutuamente excluyentes.

Entonces, claro, me enamoré de Martin. Nos casamos cinco años después de esa memorable cita, dos años más tarde del nacimiento de nuestra primera hija, Rosie. Martin me aseguró que él y mis sueños podían coexistir, lo cual resultó ser cierto. Pero que todavía sigamos casados lo considero un verdadero milagro.

Tímidamente considero un éxito nuestro matrimonio, y no sólo porque ha sobrevivido varios años (la mayoría de las rupturas matrimoniales ocurren antes del séptimo aniversario); lo considero un éxito porque he continuado trabajando en pos de mis ambiciones y mantenido mi identidad. Pienso que, en realidad, estar casada ha mejorado mi vida, no lo contrario.

Pero mi matrimonio no está libre de conflictos. Si bien Martin y yo compartimos valores y un sentido del humor similar, hay diferencias épicas entre nosotros. Yo soy vehemente, él es relajado; yo creo tener poder sobre mi destino, él está más contento con dejar que el destino siga su curso; yo soy impaciente, él todo lo contrario. Más importante aún, en muchas cosas desafiamos los estereotipos. Yo soy cuatro años mayor que él. Siempre he sido el principal sostén de la familia. En ocasiones el único sostén, como cuando por un tiempo pospuso su exitosa carrera profesional para cuidar de nuestras hijas. Las consecuencias de esto muchas veces nos han llevado al borde de lo que es tolerable para los dos. Ningún aspecto de nuestra relación queda libre de la influencia de nuestra ruptura con lo tradicional, desde la forma como mi carrera profesional afecta la toma de decisiones domésticas hasta el rol de cada uno en la cama.

Pero hay más. Las contradicciones realmente abundan, en mi mente y en mi corazón. Mi miedo a sentar cabeza corre parejo con un muy arraigado deseo de seguridad. Me siento con derecho a todo y sin embargo no asumo nada; deseo aventura, espontaneidad y libertad, y sin embargo mantengo los rituales como una maniaca. Ansío que cuiden de mí, pero me aferro firmemente a mi independencia. Dije «Sí» con la esperanza de que fuera para siempre, pero digo «No» por lo menos dos veces al día para recordarme a mí misma que tengo opción. Todo esto, y más, se manifiesta en comportamientos que ponen a prueba los límites de mi matrimonio cada día.

¿Por qué, entonces, he escrito este libro? ¿Y por qué ahora? Cuando además de ser esposa y madre de dos hijas, soy escritora y directora de redacción de revistas para mujeres (antes de *Cosmopolitan*, ahora de *Mademoiselle*). He pasado la mayor parte de mi vida adulta hablando con mujeres, escuchando a mujeres y documentando pensamientos y sentimientos de mujeres. Ya sean mis lectoras o mis amigas me fascinan sus opiniones, estilos y códigos de conducta siempre cambiantes, como obviamente fascinan a los millones de mujeres que compran estas revistas.

En segundo lugar, ¿qué tema es tan provocativo como el matrimonio? La gran mayoría están casadas, han estado casadas o a punto de estarlo. Si no se han casado conocen a alguien que lo ha hecho y por supuesto tienen una opinión formada. El matrimonio siempre ha sido un tema candente. Rara vez ha sido más apasionante que ahora: matrimonios de celebridades, matrimonios de apariencia, matrimonios rotos, matrimonios abiertos, matrimonios de conveniencia, matrimonios arreglados, matrimonios breves, matrimonios de «penalti», matrimonios tradicionales, matrimonios modernos, matrimonios de gays y de lesbianas... Da la sensación de que todo el mundo se ha vuelto loco por el matrimonio. A pesar de la deprimente tasa de divorcios, todos deseamos ejercer nuestro derecho y creemos sinceramente que nuestro matrimonio va a lograr eludir la tendencia.

Cada generación cree que lo va a hacer mejor que la anterior, y esta generación de casados (los nacidos entre 1960 y 1980, personas que flotan entre los llamados *baby boomers* y los *echo boomers* (o generación Y) no es ninguna excepción. Tan optimistas estamos de poseer la fórmula mágica que, incluso en la reciente recesión, derrochamos sin reserva los 19.000 dólares promedio para dar el «Sí, quiero» (fuente: womencentral.com). Incluso los invitados a la boda gastan hasta 1.500 dólares para pasarlo en grande, más si toca ser el padrino o la madrina (fuente: Barclaycard).

Hay motivo para creer que no malgastamos el dinero puesto que muchos siguen luchando por la pareja; seis de cada diez. Si bien es cierto que el fracaso de los cuatro restantes no es motivo para un frívolo optimismo, ya que nuestra moderna obsesión por la información hace aparecer como «novedades» muchos de los sucios secretos de la sociedad. Tal como la perversión dentro del sacerdocio y la delincuencia empresarial, siempre han existido matrimonios profundamente infelices; no son una tendencia actual ni un fenómeno nuevo. Lo único reciente es el coraje y los medios para sacarlos a la luz y, en el caso del matrimonio, una ruta de escape legalmente documentada vía divorcio sin culpable.

Gracias a nuestras técnicas de comunicación cada vez más avanzadas y a nuestra voluntad de aprender, aunque las lecciones sean dolorosas o difíciles, podemos progresar y mejorar respecto al pasado. Que la institución del matrimonio atraiga a un público receptivo y entusiasta es un prometedor comienzo. Porque pese a lo que hemos visto ocurrir en las relaciones conyugales de nuestros padres y continuamos viendo a través de las peleas conyugales públicas de los ricos y famosos, la mayoría deseamos estar casados. Y la mayoría creemos que nos es posible hacerlo bien. (En una encuesta realizada por Youth Intelligence en 2002 a personas de edades comprendidas entre los 25 y los 35 años, más del 75 por ciento aseguraron creer que sólo se casarán una vez, observándose un optimismo ligeramente mayor entre los hombres.)

Mientras logremos llevar el matrimonio a nuestra manera, extrapolando lo mejor de uniones que han existido y dejando de lado aquello que hizo imposible el matrimonio a muchos, tenemos posibilidades de éxito. Por eso, en lugar de precipitarnos de cabeza en el matrimonio, nos tomamos nuestro tiempo. Nos encontramos a nosotras mismas, logramos reconocer al compañero casi perfecto y nos casamos con él. No porque tengamos que hacerlo, sino porque realmente lo deseamos. Hacemos el trabajo preliminar (asesoría prematrimonial, relaciones sexuales prematrimoniales, lista de deberes y estipulaciones prenupciales) para prevenir posibles conflictos. Aprendemos de los errores de las generaciones anteriores conduciéndonos de modo diferente. No intentamos encajar en una sofocante unidad preordenada. Nos creamos nuestros propios perímetros, con límites flexibles que no nos aten en una unidad sino que nos permitan florecer como dos mitades únicas. Triunfaremos no a pesar de nuestras diferencias sino debido a ellas. *Vive la différence!*

Es esta diferencia, entre nosotras y nuestras madres y entre nosotras y nuestros maridos, la que merece ser documentada. Lo que hacen las jóvenes hoy en día para procurar que sus matrimonios tengan más posibilidades de éxito es digno de nota. Y de celebración. No podemos continuar agrupando todos los matrimonios y a todas las esposas en una enorme masa homogénea. Actualmente son tan individuales como, bueno, personas individuales, con creencias, motivaciones y circunstancias únicas. La dinámica del matrimonio moderno es tan distinta de la de los matrimonios de antes (los de nuestras madres y abuelas) que necesita un sistema de asesoramiento nuevo, hecho a la medida.

La diferenciación, en mi opinión, comienza con una etiqueta. He decidido bautizar «chicas casadas» a la nueva generación de mujeres casadas. Esto no es un cobarde intento de rebeldía ni de escupir a la cara a las feministas que trabajaron vigorosamente en nombre de todas para que se tome en serio a las mujeres. Es una etiqueta psicográfica que he elegido para que refleje los contradictorios y complejos valores y actitudes hacia su estatus; y que refleje también el espíritu de la mujer casada moderna. Ese espíritu que anhela conservar a pesar de su inteligencia, a pesar de sus consecuciones, a pesar de sus responsabilidades, a pesar de ser una señora.

Guste o no, vivimos en un mundo orientado a la juventud en el que la vitalidad, la lozanía, la diversión y, sí, la juventud son atributos comerciables. La inteligencia y las habilidades complejas son más atractivas aun cuando van combinadas por una actitud juvenil. El mantenimiento de estos atributos es lo que nos impulsa a hacer ejercicio hasta bien pasados los setenta años y a comer alimentos pobres en grasa y ricos en fibra. Para ser consideradas interesantes, agradables y útiles, seguimos las tendencias, nos mantenemos al tanto de las últimas noticias, adoptamos las tecnologías modernas y los nuevos códigos de conducta. Aunque la motivación pueda parecer superficial, lo cierto es que da dividendos. Hoy en día la mayoría de las mujeres puede tener una expectativa de vida superior a los ochenta años. Como consecuencia, se ha modificado la interpretación de términos como madura, mayor o vieja. De ahí que todo, desde los términos a las piedras angulares de la vida, ha variado en un decenio. En lugar de terminar el colegio en la adolescencia, la mayoría lo dejamos cuando ya somos veinteañeras. En lugar de tener bebés a los veinte, los tenemos pasados los treinta. Lo que solía llamarse edad madura ahora se conoce como segunda juventud. Si los problemas de salud asociados con la edad comenzaban pasados los cuarenta, hoy la mayoría no experimentamos los primeros síntomas hasta después de los cincuenta. Actualmente no nos consideramos en la tercera edad hasta haber llegado a los setenta. Todo esto significa que existen razones científicas, sino de *marketing*, para considerarnos y llamarnos «chicas» hasta bien avanzados los cuarenta.

Y es su apariencia, conducta y actitud juvenil, no lo contrario, lo que define a esta generación de mujeres casadas. A esto se refiere Amanda, una de mis entrevistadas, de 29 años, recién casada, al decir: «No quería hablar de matrimonio con mi pareja porque me parecía algo anticuado, para gente mayor. Yo sólo quería sentirme joven y seguir pasándolo bien. Para mí el matrimonio era algo anticuado y materialista».

Casi todas las mujeres casadas a las que entrevisté se hicieron eco de la resistencia de Amanda a una institución que consideran patriarcal y que entraña no sólo posesión sino también anticuados códigos de conducta. Y lo cierto es que entrevisté a cien mujeres, de edades comprendidas entre los 23 y los 45 años, de Estados Unidos a Australia, del Reino Unido a Yugoslavia. Todas, sin excepción, necesitaron convencerse de que una vez que estuvieran casadas no tendrían que renegar de la juventud, que tanto aprecian. Y creen que a pesar de estar casadas mantienen las mismas cualidades que tenían cuando eran chicas solteras: divertidas, interesantes, inteligentes, independientes, vitales, traviesas, sexys, jóvenes y únicas.

Hablar de y a todas las mujeres casadas es ahora más

difícil que hablar de y a todas las mujeres solteras. El revolucionario libro de Helen Gurley Browns, *Sex and the Single Girl* (El sexo y la chica soltera), abrió una puerta a la vida de las mujeres solteras; pavimentó el camino a diversos medios de comunicación, desde revistas como *Cosmopolitan* y *Jane* a programas y series de televisión desde *Los ángeles de Charlie* a *Sexo en Nueva York*, que revelaban, explicaban y celebraban la diversidad de las mujeres solteras. Desde lo que les da energía, sus trucos, sus dilemas al afrontar sus vidas de solteras, hasta sus tangas o sus fantasías con el chico repartidor de pizzas, no se ha dejado piedra sin remover acerca de la intensa, rica y a veces agridulce vida de la chica soltera. Y ha sido afortunado. Desnudado, comprendido y validado, ha desaparecido para siempre el estigma de la «triste soltera». Pero con él se ha esfumado también la maravillosa y mágica mística de la chica soltera.

No así la mística de la mujer casada; porque aunque las chicas solteras sobre las que nos encantaba leer, comentar, ver en televisión, destrozar a la hora del café o del cóctel, están a punto de casarse o ya se han casado, hoy en día nadie dice mucho acerca de ellas. De verdad que no.

Esto podría deberse a que la sociedad continúa creyendo que la historia de la vida, con todas sus emociones, se acaba con el matrimonio. Después de todo ahí llegan a su titilante conclusión nuestros cuentos favoritos, desde *La bella durmiente* a la *Cenicienta*.

O podría deberse a que, una vez casadas, consideramos que nuestros sentimientos y experiencias deben tratarse con más seriedad y, por lo tanto, más secreto. No vacilamos en preguntar a nuestras amigas solteras «¿Qué tal va tu vida amorosa?», pero nos encogemos ante la idea de preguntarle a una amiga casada «¿Cómo va tu matrimonio?» Lo consideramos demasiado entrometimiento, no es asunto nuestro... Y aun en el caso de que sintamos el deseo de asomar la nariz para curiosear en su mundo particular, una vez allí los detalles podrían ser demasiado complejos para oírlos y aceptarlos. Aunque ansiamos escuchar que todo va bien, somos competitivas por naturaleza y tememos que a la otra pareja le esté yendo mejor que a la nuestra, que tal vez sean más felices, estén más enamorados, formen más un equipo... Y tememos que lo que puedan decirnos nos obligue a enfrentar a nuestros miedos, dudas, inquietudes e inseguridades respecto a una institución a la que nos adherimos totalmente, pero cuya pertenencia sabemos que no es necesariamente de por vida.

Es ese muro casi impenetrable que nos construimos alrededor después de las promesas nupciales el que da su mística al matrimonio, pero que también a veces nos hace sentir aisladas e inseguras. Rara vez sabemos si nuestro matrimonio va absolutamente bien, a no ser que vaya horrorosamente mal. Ahora no hay indicadores, puntos de referencia. Sólo unas pocas afortunadas pueden ponerse la mano en el corazón y decir que el matrimonio de sus padres se adaptaba a sus ideales. Tampoco podemos hacer comparaciones con los matrimonios de nuestras amigas, porque ellas son tan únicas como nosotras y se sienten igual de inseguras. En este mundo de evolución acelerada cambia día a día nuestro entorno, y éste nos cambia a nosotros. Se hace necesario escribir nuevas reglas, modificar códigos de comportamiento, retirar opiniones, reevaluar expectativas. No es de extrañar que el matrimonio nos parezca un trabajo al que sólo sobreviven los muy fuertes.

Y es un trabajo arduo, ciertamente. Siempre lo son las cosas mejores de la vida. Por un momento piensas que puedes descansar satisfecha tan pronto como os habéis puesto los anillos, y la sensación ha acabado antes que puedas decir «buenas noches». Las chicas casadas saben esto. Lejos de despistarse y centrar la atención en la gratificación instantánea, han aprendido de sus padres, los que, según Terry, de 35 años, «se apoyaban demasiado en la circunstancia de que habían hecho un compromiso e iban conduciendo un coche con cambio automático». Terry, por otro lado —como todas las chicas casadas con las que hablé—, dice: «En realidad yo considero el matrimonio como un coche con cambio manual. Vamos en primera, luego ponemos segunda, tercera, ¡ay!, frenazo, marcha atrás, embragar y volver a primera. Creo que nosotros tenemos un matrimonio con cambio manual, no automático, y en mi opinión eso es lo que nos diferencia de nuestros padres».

Actualmente cuando la mujer se casa, sus ideales románticos están apuntalados por sanas dosis de realismo. Aunque aman a sus futuros maridos —y se casan porque quieren, no porque deben—, saben que el amor no basta para el éxito en el matrimonio. Sí, el matrimonio es un refugio cálido, tranquilizador, cuando parece que el resto del mundo nos ha dado la espalda; un acogedor escondrijo donde desmoronarse después de una semana ajetreada y estresante. Pero incluso en el paraíso hay tormentas, inesperados y torrenciales aguaceros que podrían ser desagradables y temibles, pero que dan su exuberancia y fertilidad a nuestro amor.

Sabemos que el matrimonio, como los trabajos soñados y los cuerpos perfectos a que aspiramos, nos va a exasperar e irritar; nos va a desafiar y necesitaremos desafiarlo, no para destruirlo sino para ejercitarlo y hacerlo más fuerte y más gratificante. Y las chicas casadas están muy bien equipadas para darle este necesitado entrenamiento al matrimonio. Son combatientes, confiadas, valientes y capaces, con la aptitud y derecho nacidos de los principios feministas y del poder de la chica posfeminista. Ya poseen todas las armas tradicionales de su sexo (la capacidad para las tareas múltiples, nutrir, comunicarse, aprovechar sus instintos), pero gracias a un mejor enfoque educacional y un lugar de trabajo cada vez más femenino, ahora se embarcan en el matrimonio provistas del tipo de armas prácticas que solían ser exclusivamente masculinas: poder social, conocimiento financiero, identidad bien formada. Éste es un nuevo y potente cóctel de atributos, pero que como tal también produce su propia resaca.

Sin embargo, las chicas casadas carecen de un modelo conyugal positivo de amplio alcance donde buscar consejo en caso de necesidad, pues, en general, las mujeres a las que podrían recurrir se clasifican en dos desventuradas categorías: aquellas que se sometieron y perdieron su identidad para convertirse en la «dulce esposa», y aquellas que se tragaron el ideal de la supermujer y luego se desmoronaron bajo el peso de equilibrar la profesión, los hijos, la vida social y sus relaciones. Durante mis más de diez años como directora de una revista femenina me he comunicado con millones de mujeres jóvenes de todas las culturas y clases. He hablado con ellas cara a cara, por teléfono, por correo electrónico, por carta, y hay un tema que sale siempre, con mucha claridad y fuerza: las mujeres actuales no recurren a sus madres, ni desean parecerse a ellas. Por mucho que adoren a sus madres y las consideren modelos influyentes, su influencia procede tanto, si no más, de lo que no hicieron como de lo que hicieron. ¿Cómo podemos recurrir a nuestras madres cuando conocemos muy bien sus errores y fuimos testigos de primera mano del precio que se vieron obligadas a pagar?

Más aún, las chicas casadas experimentan ahora el reto adicional de estar casadas con hombres que están batallando por su propia identidad y valores. Sí, maridos y esposas están más igualados que nunca. No obstante, pese a su aparente actitud progresista, el marido moderno tiene tantos conflictos respecto al matrimonio como su esposa. Respecto a esto, dice Stella, de 32 años: «Las mujeres observaban el matrimonio de sus padres, veían que eran sus madres las que se fastidiaban y pensaban "Esto tiene que cambiar". Los hombres observaban a sus padres, pensaban "Esto está muy bien", y no sentían la necesidad de cambiar».

Vanessa, de 30 años, está de acuerdo: «Las mujeres hemos evolucionado muchísimo, en cambio los hombres no han evolucionado casi nada. El problema que tenemos entonces es simplemente que no estamos en la misma zona horaria. Es como conversar con alguien que acaba de despertar, que está tomando el desayuno mientras uno está cenando. Y los dos tenemos que encontrar la manera para hacer juntos la comida de mediodía».

De ese «hacer la comida de mediodía», como llama Vanessa a continuar casados cuando se ha apagado —inevitablemente— el entusiasmo inicial de la novedad y el romance, es justamente de lo que trata este libro. Y el cómo lo llevan las chicas casadas ciertamente hará enarcar cejas, pues requiere hacer uso de más astucia que un detective, más energía que un huracán y más estrategia que un ajedrecista. Es una operación esmeradamente meditada que tiene por objeto no sólo conservar nuestro matrimonio sino también conservarnos nosotras.

No hay que dejarse engañar por el guapo vestido floreado, los tacones altos, el sujetador con aros y la media melena con mechas rubias. Hoy en día las mujeres tienen la suficiente seguridad en sí mismas como para exhibir estos distintivos de feminidad. Pero en sus corazones acecha el tipo de voluntad férrea y pensamiento estratégico que normalmente se asocia con vello facial y pantalones de combate.

Este libro no pretende dar todas las soluciones para un matrimonio moderno feliz, pero sí desafía al pensamiento tradicional puesto que muchas viejas fórmulas ya no sirven ni han dado resultado. Sólo espero que con mis observaciones, entrevistas y confesiones de mujeres que están «haciendo su comida de mediodía» y comiéndola, mi documentación haga justicia a su autoestima, ingenio, comprensión y resolución para hacer funcionar su matrimonio. Si eres una chica casada, espero que experimentes la oleada de placer, tranquilidad e intimidad, esa sensación de «Gracias a Dios yo también he sentido eso» cuando reconozcas tu comportamiento en las revelaciones de otra. También espero que si bien algunos consejos podrían ser sorprendentes y polémicos, te sirvan para elegir una manera de avanzar adecuada a tus circunstancias. Más aún, espero que este libro te dé la seguridad extra para romper las reglas que es necesario romper y crearte las tuyas propias, en la búsqueda no del matrimonio perfecto —que no existe— sino de un matrimonio que sea el adecuado y conveniente para ti.

1
Yo, yo, yo

«Si bien la palabra "egoísta" connota comportamiento negativo, yo creo que no lo es. Es bueno ser egoísta, aunque yo prefiero la frase "estar alerta y cuidarse". Cuando una cuida de sí misma, está mejor en su matrimonio, más satisfecha y realizada.»

SABINA, 40

Dios nos libre de que una mujer piense en sí misma, sea egoísta, anteponga el Yo al Él, en especial dentro del matrimonio. Dar, consagrarse, sacrificarse, ésos son los actos de una buena esposa, ¿no? Pues no; ésos son los actos de una esclava, de una boba; ésos son los actos de una mujer que sentada mansamente en una cena sólo se siente digna para hablar de las consecuciones de su marido mientras por dentro se desespera por el desinterés de la sociedad por ella. Ésos son los actos de una mujer inteligente, en otro tiempo vibrante, que prometía muchísimo y sin embargo pasa a ser la Mengana cuando la ven sus ex compañeros de clase en su reunión. También son los actos de una mujer que de pronto se encuentra ante los problemas de su valía e identidad, temerosa de su futuro, cuando descubre que su marido, al que se ha sacrificado, está liado en un romance con su dinámica y dueña de sí misma compañera de trabajo. (Y qué aniquilador es descubrir un e-mail de él a su vital amante en el que dice «Qué aburrida es mi mujer».)

Históricamente, la mujer ha sido la cuidadora de su matrimonio y de su marido, poniéndose como un trapo para apaciguar el humor de un marido irritable, atenta a satisfacer sus necesidades, negando su identidad y dejando en suspenso sus aspiraciones y sueños para que él logre los suyos. A nuestras madres se las educó en la creencia de que una «buena esposa» es un cajero automático de actos generosos, en el que no hace falta hacer ingresos. En consecuencia, cuando hay ruptura matrimonial, no sólo es su bienestar económico el que queda seriamente dañado; muy probablemente también se destruye lo que le queda de su sentido de valía personal.

Todo eso comenzó antes de que caminara flotando por el pasillo hacia el altar impulsada por una marejada de sueños. Si había recibido una buena educación y obtenido buenas notas académicas, las expectativas de su familia irían sin duda algo más allá de que encontrara un marido que la mantuviera a ella y a su camada de hijos. Haría un trabajo para complementar los ingresos de su marido, tal vez hasta la llegada del primer hijo. Pero por lo general se entendía que su carrera sería corta, puesto que el papel de la mujer es el de una santa nutricia, abnegada y generosa, cuya realización y dicha había de provenir de los logros y bienestar de los demás. Tal vez podía reanudar el trabajo —como si atender y cuidar de una familia no fuera trabajo—, una vez que sus polluelos emprendieran el vuelo y dejaran el nido. Un trabajito simpático que la sacara de casa y le diera un poco de lo que mi abuela llamaba «dinero para gastos menores», dinero que podía gastar en comprarse cositas para ella; aaah, cositas como bonitos broches y medias. Sí, y si ahorraba un poco, barriles del licor con el cual ahogar las penas y llenar el oscuro vacío de su alma.

Claro que algunas de nuestras madres, de la generación de los cincuenta, continuaron trabajando incluso cuando sus hijos eran pequeños. Ya fuera debido a rebeldía, tenaz resolución para dar sentido a su educación, necesidad económica o puro placer, siempre, siempre, estaba el sobrentendido de que el marido y la familia estaban en primer lugar, ya que su identidad era principalmente la de esposa y madre. Porque, ¿acaso no renunció a su identidad cuando adoptó el apellido de su marido y juró abandonar todos los demás, los que la incluían a ella?, especialmente a ella. Eso no se ponía en tela de juicio.

En el caso de la gran mayoría de nuestras madres, su día de bodas era el día de más orgullo para su familia. Qué importancia podía tener que fuera trilingüe, o un genio artístico, literario, científico, filosófico; qué podía importar que estuviera a punto de descubrir otra forma de vida, o un tratamiento para el cáncer o una fuente alternativa de energía. Casándose se aseguraba un marido y ésa sí era una consecución para la que no se podía ahorrar ningún gasto. Y aparte de jurar rendirse ante su marido eternamente, su mayor regalo al mundo en ese momento era arrojar su ramillete a la soltera que estuviera más cerca, con la esperanza de que otra mujer tuviera la inmensa suerte de perderse a sí misma entregándose a un marido. Y pronto.

Como vemos, incluso la identidad de Madre se reducía a la insignificancia ante la de Esposa. De hecho, tener un hijo sin tener también marido no era solamente estúpido, era vergonzoso, un estigma, motivo sólo para ser condenada al ostracismo por su familia, amigos y la sociedad. Noooo, la única identidad verdadera y con sentido de la mujer era la de Esposa, aun cuando significara una vida de esclavitud, sumisión y represión. ¿Tal vez porque significaba esclavitud, sumisión y represión?

Pero basta de oratoria vociferante. Abundan las escritoras que han llenado libros y libros con verdades históricas, retórica y autocompasión. Y aunque bien intencionadas y justificadas, leerlas suele ser agotador, aburrido y nada estimulante. Sí, sí, sabemos que las mujeres lo han tenido muy mal. Sí, sí, sabemos que muchas mujeres continúan sufriendo. Pero ¿cuál es la historia completa ahora? ¿Qué lecciones hemos aprendido las chicas casadas? ¿Cómo vemos nuestro papel ahora? ¿Y cómo protegemos nuestra identidad en medio de una institución que apoyamos pero que continúa desafiando nuestro sentido de identidad?

Encontrarme a mí misma

«En mi generación nos casamos mucho después —dice Lena, de 30 años, y que lleva dos años casada con Andrew—. Y uno de los beneficios de casarnos después es que hemos tenido tiempo para probar cosas por nuestra cuenta, hacer amistades, tener nuestros éxitos y fracasos. Una vez que uno se conoce bien, una vez que uno se gusta, y comprende sus objetivos, valores y sueños, sólo entonces está preparado para compartirlos con otra persona. Hay una única manera en que una mujer puede mantener su identidad cuando se casa, y esta manera es haberse forjado una identidad antes de casarse. Muchas personas creen que encontrar pareja es encontrar a alguien que las complete. Sin embargo, hay que estar completamente sola y buscar a alguien que te complemente.»

Actualmente la mujer occidental corriente se casa por primera vez a los 28 años (fuente: One Plus One). Por lo general, tiene cinco años más que los que tenía su madre y tres años más que los que tenía su padre cuando éstos hicieron su camino hacia el altar. Pero se han producido muchos cambios en el infame escaparate de las solteras con aspiraciones a casadas; si el escaparate cruje bajo el peso de las solteras se debe a que actualmente se considera un buen lugar para estar. En contraste con el atemorizador libro de Sylvia Ann Hewlett *Creating a Life: Professional Women and the Quest for Children*, todas las mujeres que entrevisté piensan que ese llamado escaparate es una especie de mirador para ver todas las opciones que tienen delante, un lugar para hacer inventario, evaluar y experimentar con las opciones de la vida y Emily, de 33 años, añade: «¡El tener tantas opciones hace difícil elegir!» Desde allí la mujer puede meter la punta del pie en las aguas del lugar de trabajo para luego o bien zambullirse de cabeza o secarse para probar otra cosa. También desde allí tiene el tiempo para sopesar quién es, qué desea y si el matrimonio complementaría o pondría en peligro sus intereses; y una vez decidido que podría complementar, el escaparate es además un lugar apasionante y cómodo desde el cual observar a los candidatos y hacer la selección final.

¿Quién va a escribir libros sobre solteras nerviosas y aterradas a los 25 años pensando que no se casarán nunca? Para pontificar, tal vez, acerca de lo difícil que es encontrar un hombre inteligente, generoso y progresista. Pero eso sencillamente forma parte de la dicha y la pena del proceso de selección actual, y no es más siniestro que las conversaciones que tenemos acerca de la escasez de pantalones negros bien confeccionados. Es algo que nos fastidia, pero no nos desespera ni hace desgraciadas. De hecho, esto simplemente alarga el tiempo que tenemos para disfrutar de la búsqueda de la pareja. Y de nosotras mismas. Para muchas, ese tiempo no es suficiente. El desarrollo y la formación de la identidad durante esos años de soltería se toma tan en serio hoy en día que cuando se presenta el hombre ideal se considera demasiado pronto, aunque ya se tengan 30 años.

Pia, de 32 años, casada desde hace un año con Michael, dice: «Me encantaba estar soltera y tenía muchas reservas respecto a dejar de serlo, por eso fue muy largo nuestro noviazgo. Mis reservas no tenían nada que ver con Michael, lo que pasa es que a los 30 años me sentía muy joven y todavía estaba en el dominio del desarrollo y las posibilidades. Para mí la vida se divide en etapas de ser y de llegar a ser. Siempre disfruto más las etapas de llegar a ser que las de ser, porque no me interesa que las cosas queden siempre igual. Me motiva la pasión, la emoción y el entusiasmo, y me angustia renunciar a eso para tener algo sólido. Me gusta anhelar y desear y la sensación de que algo me está esperando a la vuelta de la esquina, así que no tenía prisa por establecerme, tener un marido, hijos y un anillo de diamantes. Eso no entraba en mis planes».

Lo mismo pensaba Terri, 35 años, cuando conoció a su marido hace cinco años: «Mi padre es afro-estadounidense y es un patriarca sureño, uno de esos hombres de puño de hierro a los que les gusta dominar. Eso tuvo un efecto muy profundo en mí. Me pasé años trabajando los efectos de mi infancia en mi adultez, y estaba en un momento en el que no creía necesitar la validación del matrimonio. Por eso, cuando conocí a Chad y él me dijo: "Oye, casémonos", yo le respondí: "Pues, no, no nos casemos". Me angustiaba perder aquello por lo que había luchado».

Rachel, 28… recuerda que cuando conoció a su marido cuatro años atrás «Era muy joven, casarme no entraba en mis planes. Así que cuando a los cinco meses de conocerlo Patrick me decía lo muy enamorado que estaba de mí, yo sólo sabía responder: "No, no, no". Ese verano iba a trabajar en un campamento de chicos y seguramente habría muchos hombres maravillosos esperándome. Justo antes de marcharme al campamento le dije a mi madre: "Me estoy enamorando de Patrick y eso es tremendamente inoportuno". No deseaba establecerme. Quería ser joven y sentirme libre y espléndida».

Pocas mujeres hoy en día se quitan la capa de graduación para subir al carruaje nupcial. Pero no dedicamos los años entre el colegio y el matrimonio sólo a pensar qué deseamos de la vida. Trabajamos, nos divertimos, evaluamos, experimentamos, reconsideramos y matizamos. Desde nuestros valores morales a la dirección que deseamos dar a nuestra vida, desde los retos que enfrentamos solas a nuestras modalidades de conducta siempre en evolución, nos apoyamos en nuestras experiencias de solteras para formar y celebrar nuestra identidad. Una vez establecida (aunque sabemos que jamás estará completa, hasta el día en que muramos), sólo entonces aceptamos incondicionalmente el matrimonio.

A mí ni siquiera se me pasaba por la mente la idea de casarme mientras no dirigiera mi propia revista. Mi plan de vida era bastante por este estilo: escritora joven, articulista, viajar por el mundo, casa propia, llegar al puesto de directora, casarme y tener hijos. Por cierto, estaba preparada para tomar o dejar los dos últimos y, si ocurrían, no me importaba mucho el orden de llegada. Claro que me estremece de emoción el hecho de que me casé y tengo hijas, pero de lo que se trata es de que estaban en último lugar en mi lista de prioridades. Lo primero en mi lista: soy yo.

Justamente por ese motivo, Jo, de 33 años, se echó atrás en su decisión de casarse con Aaron cuando él le propuso matrimonio a los tres meses de relación. «Era el tipo de hombre que cuando íbamos caminando por Washington Square Park me cogía en volandas para darme un beso. Yo me sentía arrastrada por ese increíble romance, así que cuando estábamos en la cola para comer *sushi* en la East Village y de pronto él se giró y me dijo: "¿Quieres casarte conmigo?", yo sin dudarlo le dije: "¡Sí!" Después, para festejarlo nos emborrachamos con sake. Pero cuando desperté a la mañana siguiente me había cambiado totalmente el ánimo. Comprendí que no podría casarme. Estaba en un trabajo que detestaba y deseaba dejarlo para emprender algo por mi cuenta. Sentí que necesitaba hacer eso antes. Deseaba casarme cuando estuviera muy segura en mi propia vida. Sí, estaba segura de lo que sentía por él, pero quería estar igual de segura en la dirección de mi vida. Así que le dije: "Oye, creo que he cometido un grave error. Te quiero y deseo estar contigo el resto de mi vida, pero no quiero casarme todavía". Aaron estuvo tres días sin hablarme.»

Dice Gabrielle, 32, casada con Murray desde hace dos años: «Llegué a mi matrimonio después de haber viajado, ganado mi propio dinero, tenido crisis y salido de ellas. Me habían dejado y traicionado, y yo había hecho lo mismo. Sabía por experiencia que no me moriría si alguien dejaba de amarme, y esas cosas me capacitaron para entrar en mi matrimonio sintiéndome entera, bien y completa, sabiendo que no necesitaba a Murray para que me completara».

Stacey, 30, es una de las numerosas mujeres que actualmente se casan por primera vez siendo ya madres. El miedo a perder su identidad fue el principal motivo de que no se casara con el padre de su hijo. Enérgicamente independiente, nunca sintió la necesidad de tener un marido, ni para completarla ni para asegurar su bienestar y el de su hijo. «Aunque teníamos un bebé, yo no me veía haciendo el camino con él. Él quería que yo fuera alguien que no era. Y estaba al mando. Si yo quería salir, él decía: "¿Por qué tengo que hacer de niñera?", mientras que si salía él, yo tenía que quedarme en casa cuidando de nuestro hijo. O sea que para él atender a nuestro hijo era hacer de niñera, pero para mí era simplemente el deber de madre. Mi peor fantasía era despertar un día a los 40 años y al mirar atrás comprender que en los veinte últimos años de mi vida no había sido lo que deseaba ser, simplemente había estado casada con un hombre porque tenía un hijo con él. Así de egoísta soy.»

Al cabo de diez años, después de haberse forjado una profesión, comprado y amueblado ella sola una casa y establecido su sentido de identidad (y la de su hijo Harry, con el que también hizo un viaje alrededor del mundo), Stacey está más protectora que nunca de su identidad. «Soy dueña de mí misma y ciertamente no necesitaba arriesgar lo que soy por tener compañía; eso podía encontrarlo en Harry». Ahora, casada con Ben desde hace dos años, dice: «No me veo sólo como esposa de Ben. Soy muy yo y era importante que Ben entendiera eso. Lo quiero y me siento afortunada por tenerlo, pero él también es muy afortunado por tenerme a mí».

¡Hasta luego, santidad!

¿Diga? ¿Hay una mujer al habla? Ésta es una típica actitud masculina que ha surgido frente al matrimonio, aunque no hay una respuesta del porqué. Por cierto, la prueba de que el matrimonio es bueno para los hombres no puede ser más positiva que ésta: los hombres casados viven más tiempo que los solteros, aun en el caso de que su matrimonio diste mucho de ir bien. Más aún, según Steven L. Nock, profesor de sociología de la Universidad de Virginia que ha entrevistado a seis mil hombres por año desde 1979, «Los estudios indican que el matrimonio aumenta los logros de los hombres, como se refleja en sus ingresos, fuerza laboral y prestigio profesional».

Si alguien necesita preocuparse, son las mujeres; según las estadísticas, las solteras son por lo general más sanas y más fuertes que sus homólogas casadas (fuente: American Heart Association). ¿Podría deberse esto a que cuando un hombre se casa son dos las personas que cuidan de él (tres contando a su madre, pero de esto hablaremos más adelante), ocupándose de su bienestar nutricional, emocional, físico, social, dental, psíquico, mientras que del bienestar de ella sólo se ocupa media persona? Si es que llega a media. La mayoría de las chicas casadas recuerdan el deterioro de sus madres, cómo se fueron convirtiendo en cascarones vacíos, sombras de ellas mismas, irreconocibles al compararlas con las jovencitas sonrientes, ilusionadas y confiadas que aparecen en las fotos de cuando estaban en la universidad y en la propia boda.

Observar el comportamiento de nuestros padres, las reacciones de nuestras madres ante ese comportamiento y el efecto que tenía en los dos y en su relación nos infunde terror a las mujeres de hoy. Aunque nuestras madres se casaron en una época en que casi no se oían las campanas de la iglesia por encima del ruido de la quema de sujetadores y la retórica feminista, pocas practicaban de verdad lo que por fin se sentían libres para predicar. Para una abrumadora mayoría de mujeres, aun cuando sus madres continuaran trabajando fuera de casa, aun cuando mantuvieran intereses distintos a los de sus maridos, el matrimonio Disney ideal estaba reservado para el cine. Para muchas chicas casadas, durante sus años de desarrollo el matrimonio tenía todos los componentes de una película de miedo, en que, pese a sus irresolutas protestas al comienzo, las débiles son tragadas por los fuertes, escupidas y dejadas por muertas. ¿Finales felices? ¡Bah!

Más adelante llegaremos al tema del dinero y el poder. Y ciertamente una grave falta de ambas cosas eran los factores clave que mantenían a nuestras madres casadas con nuestros padres hasta mucho después que expirara la fecha de «consumo preferente». Pero lo que la mayoría de las jóvenes casadas aseguran estaba en la raíz de los problemas conyugales de sus madres era la falta de identidad (o, más concretamente, el problema de la identidad «impuesta»). La represión de sus sentimientos, deseos y necesidades, en el caso de que ella fuera realmente capaz de definirlos. La mujer no tenía todo un montón de convicciones y mucho menos el valor para ocuparse de hacerlas realidad. ¿Cómo iba a poder tenerlas si antes de casarse no tuvo el tiempo para descubrir cuáles eran, ni quién era ella? Al jurar su compromiso total y absoluto con su marido prometía despojarse del compromiso consigo misma.

Dice Emily: «En la generación de nuestras madres había una clara definición de lo que debía ser la mujer». Ellas pensaban que las habían puesto en el planeta con la única y exclusiva finalidad de servir al marido, por lo tanto no tenía ninguna importancia lo que desearan; y, generalmente, su vida terminaba convertida en un verdadero infierno.

Dice Niki, de 35 años: «Yo veía a mi madre cansada, estresada, apagada. Mi padre tenía un genio terrible, y ella vivía apaciguándolo. Siempre hacía todo lo posible por evitar los estallidos. Recuerdo que cuando era niña había una cosa llamada "servilleta de papá". Los demás, incluida mi madre, usábamos servilletas de papel, de las baratas, pero él tenía que tener la servilleta bonita; todo lo suyo era especial. Y por supuesto, debíamos estar en silencio cuando a él se le ocurría de pronto ponerse a trabajar en medio de la sala de estar; hasta teníamos que andar de puntillas. Ella era nuestro modelo, era la que nos enseñaba a hacer lo más adecuado en cada momento, porque si no las consecuencias habrían sido muy desagradables».

Y Suzannah, de 39, recuerda: «Tengo una imagen muy clara de mi madre cuando yo tenía alrededor de 14 años. Cuando llegaba del colegio ella estaba en casa, despeinada, desarreglada, absolutamente horrorosa enfundada en un viejo chándal. Me acuerdo que al verla pensaba que estaba horrible, que no le daba ninguna importancia a su apariencia. Me fui haciendo mayor, pensando que yo jamás sería como ella. No estaba dispuesta a quedarme esclavizada en casa esperando que llegara mi marido del trabajo, criando a unos hijos que se pasarían todo el tiempo soñando con el día en que podrían marcharse de casa. Eso no es para mí. Sin embargo, con el paso del tiempo comprendo que mi madre necesitaba y deseaba tener identidad y vida propias. Simplemente no sabía la manera de conseguirlas».

Pero aun en el caso de que la madre de Suzannah hubiera tenido la certeza de quién era, hubiera sabido lo que deseaba y hubiera estado equipada con las habilidades para hacerlo realidad, es probable que de todos modos habría sometido su identidad a la de su marido. Eso es lo que hacían muchas de nuestras madres. Sus identidades estaban inextricablemente ligadas a las de sus maridos.

Teniendo como único ejemplo el comportamiento de sus madres, nuestras abuelas, tampoco tenían modelos que les mostraran los beneficios de una alternativa. En la medida que sus madres eran menos inclinadas a quejarse, y mucho menos aún a acabar con su desgraciada unión, crecieron creyendo que esa abnegación era la única forma de conducta y ésa es la que le transmitieron a nuestras madres.

Gina, 34, dice: «Yo veía cómo mi madre lo hacía todo por mi padre. No sólo tenía buen corazón sino que sinceramente deseaba hacerlo feliz, aun a costa de ella misma. No iba a su clase de yoga nocturna cuando de pronto él la llamaba para decirle que en lugar de ir a casa después del trabajo saldría con unos amigos. Por Navidad se afanaba para hacerle perfecta la fiesta y compensarle la infancia desgraciada que había tenido. Iba de cámping porque a él le gustaba, cuando en realidad habría preferido ir a un hotel. Era evidente que la vida en un cámping con cuatro críos no eran vacaciones para ella, sobre todo cuando mi padre se pasaba todo el día pescando solo. ¿Y cómo la trataba él? Como a una basura, a un perro le hablaba con más respeto que a mi madre. Yo lo odiaba por eso. Y, curiosamente, también la despreciaba a ella. A causa de eso yo la trataba tan mal como él. Cuando llegaba a casa de la universidad, dejaba la ropa tirada de cualquier manera, esperando que ella la recogiera y tuviera la comida lista por si a mí me apetecía comer. Todo eso lo hacía impunemente, porque ella me lo permitía. Y ésa era la misma actitud de mi padre, claro. Mi madre murió repentinamente de cáncer hace siete meses. Incluso en el funeral mi padre hizo bromas con ella cuando dijo: "Había pensado que Janet dejaría lleno de pasteles el congelador antes de irse". Yo sentí asco. No le he hablado desde ese día. Mi madre era una santa y fíjate a qué la llevó serlo».

La tragedia de la madre de Gina es muy común. Como lo confirma Lena, de 30 años: «Mi madre adoraba a mi padre, ella lo hacía todo. Aunque él no ayudaba en nada, ella jamás se enfadaba. Y entonces mi padre conoció a otra y la dejó. Fue muy doloroso».

Betina, de 30 años, dice que la pérdida de identidad de su madre se manifestaba en comportamientos obsesivos y destructivos. «Se volvió estricta y minuciosa. Cada tarde se pasaba cuatro horas preparando la cena, y estaba supervigilante a cualquier insignificancia que hiciéramos mi hermana y yo. Si yo dejaba una moneda en el bolsillo de los tejanos, se convertía en un problema que había que analizar. Eso era porque estaba totalmente entregada a ser ama de casa.»

«Lo mismo le ocurrió a mi madre —afirma Rae, de 41 años—. Terminó teniendo un comportamiento compulsivo obsesivo, que la llevaba a comprobar veinte veces cosas como si apagó la luz o a lavarse las manos cada cinco minutos. Era la típica obsesiva compulsiva. Yo le decía: "Tienes que ver a alguien para resolver esto, conozco a un montón de profesionales que pueden ayudarte". Nunca olvidaré lo que contestaba: "No importa. Yo no soy nadie. ¿A quién le importa lo que pueda pasarme?"»

«Dicen que reprimir las emociones puede ser muy negativo para la salud —comenta Sara, de 35 años—. No hay ningún historial de cáncer de mama en la familia de mi madre, sin embargo ella enfermó de cáncer de mama hace cuatro años. No bebía, no fumaba, comía sano, se mantenía en forma. Yo creo que lo desencadenó todo lo que se reprimió desde que se casó. Era muy inteligente, podría haber sido lo que se hubiera propuesto ser. Pero dejó su vida en suspenso por su familia. Mi padre la criticaba delante de nosotros y ella lo aceptaba, yo le decía: "Mamá, ¿por qué no le dices que se calle? No debería hablarte así", y ella contestaba: "No le conoces, no lo dice en serio". Pero yo sabía que le dolía porque todo su mundo era él. Sin él y sin nosotros, ella no tenía nada. La enfermedad de mi madre coincidió con la ridícula crisis de la edad madura de mi padre y él la abandonó. Ahora quiere volver con ella, sí, ahora que ella está más o menos recuperada. Pero ella no lo hará. Se ha apuntado a varios cursillos, ha comenzado a viajar. Es como si de repente se hubiera descubierto y comprendiera quién es realmente. Ojalá no hubiera tardado tanto en hacerlo.»

No es exacto decir que todas las chicas casadas recuerdan matrimonios desgraciados entre sus padres, pero la mayoría de las que tenían madres con una identidad fuera de casa reconocen que ésta era secundaria a la identidad primaria de esposa y madre. Explican cómo sus madres dejaban su propio espacio a la espera, en suspenso, acomodándose a las actividades escolares de sus hijos y los compromisos de trabajo de sus maridos, para encontrarse a ellas mismas cuando ya todos habían satisfecho sus objetivos esenciales y los hijos se habían ido a vivir fuera de casa. Si entonces no hay divorcio entre los padres (lo que cada vez sucede más, casi siempre a petición de la mujer), la estabilidad de la relación conyugal se pone a prueba debido a la recién descubierta identidad de la esposa y su deseo de «recuperar el tiempo perdido».

Dice Naiela, de 30 años: «Cuando nos fuimos del lugar mi hermana y yo, creo que mi madre anduvo vagando por la casa todo un año. No sabía qué hacer. Yo llamaba por teléfono y mi padre decía: "Voy a ir a buscar a tu madre, está en el jardín hablando sola". Se sentía angustiosamente perdida, aun cuando él estaba en casa. Pero mi madre siempre fue buena para los idiomas. Así pues, un buen día llamé a casa, mi padre cogió el teléfono y me dijo: "No te creerás lo que ha hecho tu madre; se ha matriculado en la universidad". "Ah, pero qué fantástico", dije yo, y él añadió: "No me hace nada feliz esto. Tiene 56 años. ¿Quién se cree que es?" Eso lo decía todo. Discutieron el asunto durante meses, aun cuando ella seguía cumpliendo sus deberes de esposa, preparándole la comida, manteniendo limpia la casa. Ahora creo que mi padre se siente muy orgulloso de ella. Pero el asunto causó trastornos durante mucho tiempo».

Al margen de sus historiales familiares, las chicas casadas están bajo el hechizo de fuerzas poderosas. Para muchas, esto es la combinación de haber sido testigos de la pesadilla de sus madres y de la aparición de mensajes esclarecedores sobre los roles femeninos en los medios de comunicación. Para otras, mujeres que han sido modelos positivos les han transmitido la importancia de desarrollar y conservar su identidad. Pero hay una fuerza más que no se puede pasar por alto: el efecto positivo del sacrificio de nuestras madres sobre nuestro sentido de identidad. No debemos infravalorar todo ese apoyo, el hecho de que siempre estuvieran a nuestro lado, interesándose activamente en nuestro desarrollo, animándonos a desenvolver y realizar nuestras capacidades, centrando toda su atención en nosotras. Acariciándonos, alentándonos, ayudándonos, haciéndonos sentir como si fuéramos el centro del universo.

«Tengo muchísimo que agradecer a mi madre —acota Tyler, de 31 años—. Ella estaba siempre presente, en todos los recitales, en todos los eventos deportivos. Aunque yo no ganara, ella me decía que yo era la mejor. Durante unos días una chica me intimidó en el colegio. Aunque mi madre no se entrometió, recuerdo que me dijo: "No te dejes despreciar por nadie. Defiéndete y lucha por ti". Al día siguiente fui y me enfrente a esa chica. Tuve problemas a causa de eso en el colegio, pero mi madre me apoyó en todo momento y yo no volví a permitir jamás que alguien me pisoteara. Es extraño, porque mi madre nunca luchó por sí misma. Supongo que no quería que yo acabara siendo como ella.»

Todas conocemos muy bien la contradicción. Dice Rachel, de 28 años: «Mi madre era madre a jornada completa. Yo respeto lo que hacía porque me beneficié de eso en muchos sentidos. Estoy feliz de que no me haya criado una tata. Sé que tengo más seguridad en mí misma porque ella siempre estaba ahí. Pero la veía dejar atrás muchas cosas. El agotamiento, la tensión de ser sólo esposa y madre eran demasiado. Me hizo comprender que hay que ser egoísta, de modo que yo buscaré una niñera cuando tenga hijos para poder proteger el espacio de mi realización personal. No quiero ser como mi madre».

Yo tampoco. «Aprende de mis errores. Trabaja arduo y fórjate una profesión —me repetía mi madre una y otra vez—. Sé tú misma.» Gracias a sus constantes presencia y afirmación, desarrollé un inmenso (en ocasiones odioso) sentido de mis derechos. Aunque a veces titubeo, puedo extraer fuerzas de la enorme reserva de seguridad, confianza y fe en mí misma que ella llenó y continúa llenando, aunque ahora no día a día, sino semanalmente. Así pues, si bien lo que soy (y lo que he realizado) se puede atribuir en muchos sentidos a la atención exclusiva de mi madre, a pesar de eso y debido a eso, no estoy dispuesta a hacer lo mismo por mis hijos.

Nuestras madres fueron tan influyentes y eficaces en hacernos sentir importantes, muchas veces en detrimento de ellas mismas que seguimos creyendo que el mundo gira en torno a nosotras y no podemos, no queremos, ni por un segundo, considerar la idea de que no es así. Por lo tanto, ya sea que ambicionemos ser como nuestra madre porque ella demostró la importancia de la identidad o, más corrientemente, no queramos porque ella no la tenía, el resultado final es el mismo. Hay que conservar la identidad a toda costa. No ha de comprometerla nadie, ni siquiera nuestros hijos, y mucho menos alguien a quien consideramos nuestro igual: nuestros maridos.

«Sí», pero mantengo mi identidad

«Cuando me casé ya tenía 32 años —cuenta Niki, 35—, así que estaba muy acostumbrada a mi apellido. Es mi apellido, y nunca deseé tomar el de Ron. Yo hacía la broma de que eso lo haría más fácil porque así no tendría que devolverlo después. No pretendo ser cínica en esto. Simplemente nunca se me ocurrió tomar su apellido. De todos modos, mi nombre y apellido juntos son muy cortos; la gente tiende a llamarme Niki Dean como si fuera una sola palabra: Nikidean. Y si hubiera tomado su apellido habría parecido un personaje de telenovela, lo que también era un problema. Así que nunca lo deseé ni lo pensé.»

La época en que en Estados Unidos la mujer tomaba automática y ciegamente el apellido de su marido ya se está haciendo un recuerdo remoto. Hoy en día la negativa a ser invisibles y renunciar a nuestra identidad al casarnos se manifiesta a los pocos segundos de pronunciar el «Sí». Actualmente cuando una mujer firma el registro de matrimonio no se limita a escribir su firma; también hace una declaración, y una a la que, con mucha frecuencia, se opone su marido. Fin del primer asalto.

Dice Stella, 32, recientemente casada con Martin:

—Hace años, cuando empezábamos a salir, él me dijo: «No me casaré con una mujer que no cambie su apellido por el mío»; entonces yo le respondí: «Pues bien, podríamos terminar ahora mismo porque de ninguna manera voy a cambiarme el apellido. ¿Qué le ocurriría a Stella Reece? ¿Qué sería de esa persona?» Yo no quería ser otra, y me parecía que si me cambiaba el apellido cambiaría o tendría que cambiar yo. Pero él quería que me lo cambiara porque viene de una familia muy conservadora, muy tradicionalista. El día de nuestra boda, su madre se giró hacia mí diciendo: «Ah, señora Latham». «¿Quién es ésa?», le pregunté yo. A mi madre le dije, «Será mejor que no pongas jamás su apellido en mis cartas, porque no existe ninguna Stella Latham; simplemente no existe».

Lola, 30 años, termina de tragar su vino y exclama:

—¡Eso me ocurrió a mí! Aunque en muchas cosas Tommy es muy moderno, incluso él dijo que no se casaría con una mujer que no tomara su apellido. De hecho, ése fue uno de los motivos de que rompiéramos hace unos años. Yo le pregunté: «Dime por qué. Yo puedo darte cincuenta motivos para no cambiar mi apellido, dame un solo buen motivo para que lo cambie». «La tradición», dijo. «¡Puedes meterte la tradición por el culo!», le contesté.

—¡Aplausos a eso! —coreamos las ocho chicas sentadas alrededor de la mesa.

Lola continúa, lanzada:

—¿Quién inventó esa regla? ¿Quién diablos dijo que tenía que ser así? Antiguamente las mujeres tenían que cambiarse el apellido porque pensaban que pertenecían a alguien; la mujer no podía tener propiedades. Pero ahora es diferente. El hecho de que él dijera «la tradición» me consterna. Yo nací con mi apellido. Éste representa a mi familia, mi cultura. Representa lo que soy, quien soy yo.

—Jamás seré la señora Julia Broadbent —dice Julia, 31—. Es estrafalario. Yo me llamo Julia Pisani. Ésta es mi identidad, ¿por qué habría de abandonarla por la de otro?

—Mi familia se cambió el apellido en la isla Ellis —dice Bettina, de 30 años—, así que nunca me he sentido particularmente ligada a él. Uno de los motivos para mantener mi apellido fue con fines profesionales.

—Yo también —dice Vanessa, 30—. Ésa es la persona que la gente conoce. Ejerzo la abogacía desde hace cinco años, y en el bufete todos me llaman Vanessa Thomas. Ésa es la que fue al colegio, ésa es la que obtuvo los títulos y ésa es la persona que ha realizado tantas cosas.

—Además —tercia Bettina—, aunque estuve indecisa un tiempo, al final decidí mantener mi apellido porque mi abuela le dijo a mi tía en presencia de mi madre: «Por suerte tienes un hijo varón, que podrá continuar el apellido Levin». Al oír eso contesté: «¿Y yo qué? Yo también puedo continuar el apellido».

—Ésa es otra cosa —afirma Lola—. Soy yo la que voy a fastidiarme llevando al hijo o hija durante nueve meses. Soy yo la que va a pasar por las labores del parto. No logro ni imaginarme que ese hijo no lleve mi apellido. Tengo más derecho que mi marido a que ese hijo o hija lleve mi apellido. Quiero que por lo menos lleve los dos. En la cultura española, un hijo o hija lleva los dos apellidos, y luego deja el de la madre cuando se casa, pero entonces tiene la opción. De verdad eso me duele muchísimo. Hace cincuenta años las mujeres no eran importantes, o sea que su apellido no significaba nada. Ahora sí.

—Yo conservé mi apellido, como es lógico —señala Julia, 28—. Me encanta mi apellido. También tengo un águila pequeña tatuada en el culo, que en alemán significa «*von Eichel*». Ésa soy yo.

Es el tenaz deseo de la sociedad de mantener las cosas como están lo que obliga a mujeres absolutamente modernas a renunciar a sus apellidos. Cuando entran en escena los hijos, muchas de ellas encuentran necesario empezar a usar el apellido del marido. En ocasiones por sí mismas (¡no vaya a ser que a alguien se le ocurra pensar que han tenido un hijo sin casarse!, aunque la mayoría de las veces es justamente por ellos («¿Este crío no tiene padre?») Ciertamente eso fue lo que me ocurrió a mí, en especial cuando quisimos poner a nuestras hijas en el mejor colegio del distrito, que, daba la casualidad, era católico. Como muchas, me negué a rendirme del todo, así que a regañadientes opté por el arreglo de los dos apellidos con guión en el medio. Pero claro, queda una palabra muy larga, sobre todo para una niña de cuatro años, y por eso, ante el callado placer de mi marido y mi hirviente irritación, a nuestras hijas suelen llamarlas sólo con el apellido de él. Grrr.

Cuenta Suzannah que cuando sus hijos empezaron el colegio tuvo la impresión de estar dividida en dos esferas distintas:

—Cuando era esposa y madre me llamaba Suzannah Forest. No me llamaba Suzannah Pearson, mi nombre, para nada que tuviera que ver con la esfera de mis hijos. En el colegio de los niños nadie me entendía; ni siquiera mi manera de saludar, nada cuajaba. Era alguien irreal que poco tenía que ver con mi yo normal. En cambio, en otras áreas de mi vida, como con mis amistades o en el trabajo, era yo misma.

Pero esta estrategia no le resultaba cómoda ni agradable. Ahora que sus hijos están en otro colegio, dice:

—Desde el comienzo he dicho que me llamo Suzannah Pearson porque en este colegio me parece que puedo ser «ella». Y ya hago mis gestos habituales a las otras madres en las reuniones de padres como diciendo: «Vamos, qué mierda», y ellas me contestan con un gesto como para decir: «Sí, lo sé». Y eso es fantástico. Significa que en el mundo hay otras personas como yo. Así que me siento como si hubiera recuperado una parte de mí que había perdido.

Suzannah tiene razón. Hay muchas personas como ella. Pero todavía hay un número sorprendente de personas que no aceptan la identidad de una mujer fuera de los límites del «señora». Y muchas de ellas son, aunque cueste creerlo, mujeres.

Dice Mary, 30:

—Llevábamos poco tiempo casados y tuvimos que trasladarnos a la ciudad natal de Tom mientras él hacía su doctorado. Aunque era un grupo de universitarios, al mismo tiempo eran todos muy conservadores. El primer domingo que fuimos a la iglesia conocí a una mujer y puesto que yo era nueva en la familia de Tom no sabía si sabía de nosotros o no, así que le dije: «Hola, soy Mary Sharpeton», y ella contestó: «No me fío de ninguna mujer que no tome el apellido de su marido». ¡No supe qué decir!

—No es sólo con los hombres que hay que tener cuidado —dice Alice, de 35 años—, con las mujeres mayores también. Muchas son tan amargadas y reprimidas que se desahogan riñendo a las jóvenes porque a ellas sus maridos no les hacen caso. He conocido a varias muy antipáticas y siempre son mujeres mayores.

—Quieren que entres en su club —asiente Chloe—. Eso valida lo que han hecho.

GUÍA PARA SEGUIR SIENDO UNA MISMA

«Teniendo el apellido Iacoviello, ¿quién no tomaría el apellido de su marido? —ríe Beth, 35, casada desde hace diez años—. Pero si me casara ahora es muy posible que conservara mi apellido.»

«Algunas amigas mías cambiaron sus apellidos porque sus maridos lo deseaban tremendamente —dice Joely, 26 años—, pero muchas lo lamentan ahora. Es estúpido cambiarse el apellido. No lo entiendo. El apellido y la identidad están estrechamente unidos.»

¿Estás a punto de tomar tu decisión? ¿Lamentas la decisión que tomaste? Actualmente las opciones no se limitan a dos, y siempre se está a tiempo para cambiar de opinión o decisión.

* Los dos conserváis vuestros apellidos (Mandi Norwood y Martin Kelly)
* Adoptas el apellido de tu marido para la vida social (Mandi Kelly) y conservas el tuyo para la vida profesional (Mandi Norwood)
* Adoptas el apellido de tu marido (Mandi Kelly)
* Usas tu apellido y el de tu marido unidos por el «de» (Mandi Norwood de Kelly)

Trabajo, luego existo

Las mujeres formamos una proporción cada vez mayor de la fuerza laboral mundial. En Estados Unidos y en Reino Unido, ya es femenina alrededor del 44 por ciento de la fuerza laboral, del 40 por ciento que era en 1988. De hecho, el porcentaje de mujeres adultas que trabajan aumentó del 26 por ciento en 1940 al 60 por ciento en 1997. Cuanta más educación tiene mayor es la probabilidad de que la mujer trabaje. Y no sólo por las recompensas económicas. Si bien es importante el dinero para satisfacer sus expectativas de calidad de vida y valora enormemente el efecto de su poder económico, hay otro motivo igualmente importante para que la mujer casada necesite trabajar: su identidad.

En muchos casos, ése es el único motivo para trabajar. El ingreso adicional es fabuloso, magnífico, maravilloso, pero, según las mujeres casadas, ninguna cantidad de dinero iguala a la aportación del trabajo a su autoestima.

«El trabajo es el ámbito en el que se puede ser una misma más que en ningún otro —dice Amy, periodista de 32 años—. Allí no interesa si estás casada o si tienes hijos. Lo que realmente importa es si eres buena para tu trabajo, y en base a eso se te juzga.»

«Lo que me gusta del trabajo es la sensación de individualidad —dice Mary, 30, que ahora asiste a una facultad de medicina—. Cuando trabajaba en un albergue, aunque era una labor grupal, lo sentía como algo mío, era una parcela de mi vida que no tenía nada que ver con mi marido.»

«Dez y yo tenemos nuestros altibajos, como todas las parejas —dice Tyler, maestra de escuela de 31 años—. Cuando paso por esos momentos de preocupación sobre si somos verdaderamente compatibles, si nos convendrá divorciarnos, agradezco el no ser solamente una esposa. Agradezco tener mi trabajo. No sólo porque podría cuidar de mí si nos separáramos, sino también porque sé que no quedaría destrozada, sin nada. Seguiría siendo yo.»

«Tengo muy claro a lo que aspiro —afirma Rachel, 28 años—, quiero ser una pintora famosa y eso significa que debo centrarme en mí misma. Tengo que tomarme tiempo para mí y para mi arte. De lo contrario no sólo me sentiría mal conmigo misma, sino que sería una fracasada. En cambio, tomando en serio mi trabajo ya soy un éxito para mí misma.»

Puesto que las chicas casadas tienden a tener educación superior, pueden permitirse elegir su camino profesional y hacerlo situando su identidad en el primer plano de la mente, a diferencia de muchas de nuestras madres que, si trabajaban, rara vez lo consideraban como una profesión. Sabían que su realización personal terminaría en el momento en que llegaran los bebés, para la mayoría un trabajo era algo que hacían para llenar el corto intervalo entre el fin de los estudios y el matrimonio. Si duraba más tiempo, la principal motivación eran los ingresos suplementarios. ¿Un trabajo relacionado con la autoestima? ¿Bromeas? Muchísimas mujeres no tenían idea de cuál debía ser su identidad más allá de los límites del matrimonio. Aquellas que sí lo sabían y tenían profesiones satisfactorias eran excepciones gloriosas (si no extenuadas). En general, los trabajos que hacían nuestras madres eran mal pagados, de baja categoría o poco satisfactorios; probablemente una combinación de estas tres cosas. El único plus: ningún problema para poner fin al empleo cuando su «vocación superior» de esposa y madre lo exigía. ¿Quién querría hacer ese trabajo?, ciertamente no su marido; la identidad de él estaba demasiado ligada a su propio trabajo para ocuparse de esa faena.

La joven esposa, habiendo sido educada primero y habiendo tenido muy probablemente una amplia variedad de experiencias antes de casarse, cuando lo hace ya sabe quién es y qué profesión la va a complementar. Y puesto que habrá trabajado por lo menos cinco años antes de dejar de ser soltera, las capas de su identidad estarán bien establecidas y tan finamente entretejidas como un par de pantis de calidad, por lo tanto su trabajo y quién es serán uno.

Dice Suzannah, guionista de 39 años: «No me considero sólo esposa y madre. Pienso que esencialmente soy una persona creativa, un poco inquieta. Así pues, mi trabajo es todo para mí, establece y confirma mi identidad; me permite pensar acerca de quién soy y de lo que siento. Siempre he trabajado. Eso es lo que realmente soy».

Denise, consultora de recursos humanos de 36 años, manifiesta su acuerdo: «Detesto cocinar; detesto limpiar la casa. Detesto todos esos pasatiempos tradicionales femeninos. Soy fatal para coser y decorar. Y cuando una es mala para algo es porque no le gusta hacerlo. En cambio, soy buena para clarificar, motivar, organizar, resolver problemas. Por eso me encanta mi trabajo y mi trabajo me quiere. No concibo la idea de dejarlo. Puede que sea un bicho raro, pero no lo dejaría ni aunque me tocara la lotería. De acuerdo, tal vez un año. ¿Pero para siempre? De ninguna manera».

Wendy, escritora y asesora editorial de 43 años, aclara: «Jamás sacrificaría mi profesión. Es tan parte de lo que soy que no podría dejarla».

Sally, abogada de 31 años, reconoce que su trabajo la frustra y la estresa, pero está de acuerdo con Wendy: «¿Dejar el trabajo? ¿Para qué? A veces pienso que me gustaría pasar semanas y meses yendo de compras y cuidándome, pero eso me terminaría matando. Al final me moriría de aburrimiento. Si no trabajara, ¿qué sería? Nada».

Sam, 36, ha experimentado las dos caras de la moneda. Antes de casarse con Ray y trasladarse de Manchester (Gran Bretaña) a Nueva York, dirigía su propia empresa de *marketing* y publicidad. Recuerda la angustia de tomar la decisión de dejar ese trabajo: «Cuando Ray me pidió que viniera a Nueva York con él le dije: "No sé, tendré que pensarlo". Reuní a mis amigas alrededor de una fuente de espaguetis y una botella de vino y les expliqué que no sabía qué hacer. Aunque amaba a Raymond, me sentía muy orgullosa de mí y de mi empresa. Estaba en un verdadero dilema. Pero ellas me preguntaron: "¿Qué quieres decir con que no sabes?" Una de ellas me dijo: "¡Si no te vas yo podría aprender a amar a Raymond! ¿Manchester o Nueva York? ¡Te vas!"»

Pasadas las intensas emociones del traslado, Sam no tardó mucho en darse cuenta de lo que había dejado. Sin poder trabajar mientras no tenga el visado, comenta: «Cuando alguien me dice: "Me encantaría vivir una vida de ocio, sin preocupaciones", yo le contesto: "No te gustaría". Despertar y no tener nada por qué levantarse... Me estaba volviendo loca. Por eso empecé a hacer trabajo de voluntariado. Había llegado un momento en que lo más importante durante el día era decidir qué comida prepararle a Ray para la cena. Salía a hacer la compra y le cocinaba todos esos platos increíbles. Ray come como un pajarito, pero cuando llegaba a casa se encontraba con una fabulosa cena de cinco platos y el pobre tenía que comérselos todos. Y tan pronto como entraba en la casa, yo empezaba "¿Cómo te fue el día? ¿Qué comiste en el almuerzo? ¿Qué has estado haciendo?" Me sentía como si fuera otra. Soy una persona muy sociable, y sencillamente detestaba ese aislamiento».

¿A quién te recuerda esto? ¿A tu madre tal vez? Si no a tu madre, entonces a las madres de tus amigas. La mayoría de las chicas casadas no se meten en la piel de Sam (o de sus madres) hasta que tienen hijos y, aunque temporalmente, se toman el permiso de maternidad. Hasta ese momento disfrutan revolcándose un poco en la fantasía «quedarse en casa». Nada de estrés, ninguna urgencia, ninguna expectativa, nada de tensión cerebral, etc. En nuestros sueños eso es una dicha eterna. Pero en la realidad la satisfacción es de muy corta duración.

Dice Anabelle, escritora de material publicitario, 35: «Me encanta ser la mamá de Willi y cuidar de él, pero tenerlo me ha hecho sentir bastante descontrolada, así que en estos tres primeros meses de maternidad me he vuelto mucho más obsesiva por el orden. Por lo tanto, si alguien me dijera que no puedo volver al trabajo, me afectaría muchísimo. En realidad creo que hacer mi trabajo y estar separada de Willi me hace mejor madre. Es muy importante para mí sentir que sigo siendo Anabelle. Cuando trabajas haces algo por ti, es tuyo».

Añade Amy, 32, que tiene dos hijos: «Después del nacimiento de cada uno de mis hijos me sumergí en el papel de mamá y dedicaba muy poco tiempo a mí misma. Durante esos dos períodos me sentía como si hubiera perdido mi identidad. Cuando ocurre eso una se vuelve más vulnerable a otras cosas, por ejemplo a la idea de que estás gorda o no eres atractiva, lo cual a su vez te hace más sensible al galanteo de otros hombres».

Ruth, de 38, manifiesta su acuerdo. Ha reanudado su trabajo en la industria de la moda, pero recuerda muy bien su encrucijada: «Acababa de tener a mi hijo menor y llevaba ocho meses en casa. Un fin de semana fuimos a cenar con un grupo de gente. Me recuerdo sentada a la mesa con esos hombres y mujeres, todos ejecutivos de sus propias empresas, venidos de todas partes del país. Yo me limitaba a estar sentada ahí, y nadie conversaba conmigo porque me consideraban una mamá, y sólo una mamá, o sea no era interesante. Y en realidad yo no tenía nada interesante que aportar a la conversación. Recuerdo que pensé: "Sólo soy una mamá". Es decir, quiero a mis hijos y sé que soy buena madre, pero eso es lo único que soy. Toda mi autoestima está conectada con lo que hago además de ser una buena madre, esposa y amiga».

Le pregunto si no volvió al trabajo simplemente por la forma como la consideraba la gente. Después de todo, la presión social para que dejes el papel de esposa y madre es tan injusta como la presión para que seas sólo eso.

«No, no —responde Ruth—. Quedarme en casa no va conmigo. Mi marido me decía: "Creo que deberías volver al trabajo porque ya empiezas a contar las hojas de la hierba". Tenía razón. Esto no tiene nada que ver con lo mucho que quiero a mis hijos ni con lo mucho que deseo estar con ellos. Nada. Sin trabajo sencillamente me siento invisible. Ésa no es mi personalidad.»

Yo no estaba contando hojas de hierba, pero conozco esa sensación. Me acuerdo del período que pasé en casa después del nacimiento de mi hija menor, Daisy, y me estaba volviendo absolutamente loca. El recuerdo tiene más que ver con un pastel. No soy cocinera, de modo que me llevó todo el día hacerlo, con tanta cosa: darle el pecho a la nena, cambiarle pañales, pasar el aspirador, lavar...

Cuando llegó la hora del té coloqué el pastel en la mesa. Aún no habían pasado dos segundos cuando mi marido estornudó, no un suave ¡atchís! sobre la mano, no, un estornudo estruendoso, tremendo. Sí, de acuerdo, giró la cara hacia un lado, pero de todos modos yo me convencí de que sobre mi precioso pastel caía una cascada de gotitas de Dios sabe qué. Chillando como una furia del infierno (añadiendo además: «¡Y por qué no aprovechas para enterrarme un cuchillo en la cara también!»), saqué el pastel de la mesa, lo tiré a la basura y salí dando un portazo. Sentada en el parque, sola, llorando y tratando de desenrojecerme la nariz, comprendí que toda mi identidad y mi autoestima estaba metida en ese pastel y Martin había tenido la mala uva de estornudarme encima.

¿Lunática? Puedes apostar tu vida. Un mes después, volví corriendo al trabajo, más rápido que un perro muerto de hambre de camino a una fábrica de salchichas. Finalmente redescubrí a mi pendenciero, difícil, creativo, egoísta y fabuloso yo. Y, claro, el estrés de compaginar la familia y el trabajo casi me vuela la cabeza a veces, pero eso es infinitamente preferible a ser un pastel, aunque sea uno de chocolate.

¿Doméstica? ¿Yo?

Pete, el marido de Anabelle, deja su ropa tirada en el suelo. Ahora bien, yo conozco a Pete. Es un hombre inteligente, en buena forma, divertidísimo y, lo mismo que Anabelle, tiene un trabajo exigente. Su incapacidad para recoger su ropa no es síntoma de ningún impedimento físico. Tampoco es crónicamente olvidadizo, hace rato que lo habrían despedido del trabajo si hubiera perdido la cabeza. No, Pete va dejando montoncitos de pantalones, calzoncillos, calcetines y camisetas por todas partes porque, como la mayoría de los hombres, detesta el quehacer doméstico que impone la vida civilizada. Pero aquí viene lo bueno; como la mayoría de las mujeres, Anabelle también lo detesta; pero, a diferencia de su madre, no se considera la costilla doméstica de su marido, conocida más corrientemente como «la esposa, la mujer». Y como tal, no va mansa y sumisamente detrás de él recogiendo sus ropas, lavándolas y luego guardándolas ordenaditas en el armario como un fantasmita nocturno. Ésa no es ella. Anabelle es ésta: «Hace un par de semanas, como siempre, Pete dejó su ropa tirada en el suelo. Ese día simplemente le dije: "Ah, Pete, por cierto, quería decirte que la próxima vez que dejes tu ropa en el suelo la voy a tirar por la ventana, así que te aviso, ¿vale? Y no te lo digo con agresividad, simplemente te advierto que eso es lo que voy a hacer". Y después tiré algunas cosas al jardín, teniendo buen cuidado de que cayeran junto al camino de entrada, para que cuando llegara a casa comprendiera que lo había dicho en serio».

Criada, asistenta doméstica, limpiadora, recogedora... No es ésa la identidad de la nueva mujer casada. Y con todas las fibras de su ser se niega a ser eso. Las estadísticas pintan un irrebatible cuadro de sus intentos. Aunque los estudios indican que las esposas han reducido a la mitad el número de horas dedicadas a quehaceres domésticos, respecto a las de los años sesenta, de todos modos siguen haciendo el doble que sus maridos. Maldición. Pero lo que revelan esos tristes datos estadísticos es que, aunque lentas, están cambiando las cosas.

Dice Niki, 35, casada hace tres años: «Si no voy yo a comprar la comida del gato cuando vuelvo a casa, no se compra. Lo mismo pasa con el papel higiénico. Ron todavía tiene la idea de que estas cosas aparecen como por milagro. Sólo se da cuenta de que falta cuando está sentado en el inodoro y no hay papel, si no, no se entera. Y es divertido, porque cuando le pasa y se acuerda, va y compra, y es como un cachorrito. Luego me dice: "¡Mira! ¡Compré, compré! Y sin que tú me lo pidieras". Es asombroso».

El problema es que si nuestra madre fue un buen modelo, aunque fuera simplemente por quejarse de su identidad centrada en lo doméstico, es posible que la madre de nuestro marido estuviera demasiado ocupada planchándole los calzoncillos (y encantada, ¿quién sabe?)

para revelar los colores de su verdadera identidad. ¿Consecuencia? Incluso el hombre más progresista, incluso en este siglo XXI, conecta la identidad de la esposa con el quehacer doméstico. No es de extrañar entonces que el chico recién casado se sienta confundido y sorprendido cuando pasadas las primeras semanas de dicha despreocupada, la gatita sexy con que se casó se convierta en tigresa y le gruña: «No te lo voy a repetir, ¡recoge tu ropa sucia del suelo!»

«Yo puse fin a eso muy pronto —dice Melanie, 30, refiriéndose a la imposición de la identidad doméstica—. Yo iba como loca subiendo y bajando por la escalera, ocupada con la colada, preparando la comida, intentando limpiar la cocina, y él me veía pasar de aquí para allá, sentado delante del televisor haciendo *zaping*. Así que de repente dejé caer todo delante de él y le dije: "Perdona, ¿es que no me ves?" "¿Qué? —me contestó él—. ¿Qué he hecho?" "¿Qué?, ¿es que eres tonto que no me ves corriendo sube y baja por la escalera?"»

Le pregunto si es eficaz en eso.

«La mayoría de las veces —contesta Melanie—. Igual él comienza a ponerse de morros, y entonces yo le digo: "Oye, te estoy pidiendo ayuda, así que escúchame y déjate ya de tonterías". Pasado ese pequeño episodio, me dice: "¿Sabes qué? Lo siento mucho, tienes razón, prometo ayudarte". Y entonces lo hace. Pero yo hablo, y muy claro, así que si no me gusta algo lo va a oír. Es mi manera de ser.»

Emily, 33, y su marido, con el que lleva casada seis años, tuvieron un bautismo de fuego similar. Me cuenta:

«Nuestro primer año de matrimonio fue muy difícil. Yo dirijo una empresa y trabajo más que él, de modo que no puedo ser "la esposa". Él decía: "Esto no es un talento, no es un talento. Simplemente no soy bueno para hacer la colada", y yo le contestaba: "¿Sabes qué? Yo tampoco soy buena para hacerla. Sencillamente los dos vamos a tener que hacerla".»

Dice Tracy, 36, casada hace doce años: «Yo veía a mi madre aguantar callada. Eran otros tiempos. No se le hablaba así al marido, pero yo no quiero ser jamás como mi madre».

Joely, 26, casada hace un año, da este consejo a las amigas que no desean ser como sus madres: «Ponte allí y empieza a gritar, porque eso es lo que hago yo y da resultado. Algunas amigas me dicen que no pueden hacerlo. Si te pones ahí y gritas un buen rato, alguien va a caer en la cuenta de que estás en medio de la habitación y se va a acercar a preguntar: "¿Por qué lo haces?" Mi madre no se enfrentaba. Se quedaba callada y yo veía que eso le perjudicaba».

Joely explica que el efecto pernicioso del silencio de su madre era una acumulación de frustración y desdicha que era causa de que sus padres se retiraran a sus mundos desconectados. Su resolución de comportarse de modo distinto da buen resultado en su matrimonio. Otras chicas reconocen que este método oral agresivo logra muy poco: sus maridos se «desconectan» y «se ponen a la defensiva». Entonces ellas han aprendido a sentarse a hablar, tranquila pero firmemente, de las consecuencias de las desigualdades en la relación.

Por ejemplo, Lena, 36, casada hace dos años. Ella también vio el efecto pernicioso de la identidad doméstica silenciosa, y recuerda: «Mi madre llegaba a casa por la noche, se metía en sus leotardos y salía corriendo a su clase de aeróbic; cuando volvía nos preparaba una comida completa. "Siempre cenáis tarde", nos decían, pero lo hacíamos porque nunca nadie se tomó la molestia de coger el relevo; todos éramos unos gandules, yo también. Nunca he visto a mi padre preparando una comida. Recuerdo que me fastidiaba cuando él me decía: "Lava los platos", y le contestaba: "Tengo deberes, lávalos tú", y él me decía: "Yo fui a trabajar hoy"».

Cuando Lena vio surgir esa conocida forma los primeros años de matrimonio, empezó a hervir.

«Me sentía furiosa y agotada, tal como estaba siempre mi madre. La diferencia es que mi madre jamás dijo una palabra. Yo sí. La conversación que por fin resultó fue cuando lo hice sentar y le dije: "Andrew, estoy desesperada porque esto cambie. Todavía no tenemos hijos y llego a casa agotada y está la comida por hacer; me voy a la cama pasada la medianoche, y tú no me ayudas. Tenemos que programar quién hace qué, porque si seguimos con este sistema cuando tengamos hijos yo me voy a morir. No puedo hacerlo todo sola y no lo haré. Esto no va a ser mamá hace la comida y hace esto y lo otro y papá sólo hace la parte divertida". Así lo comprendió por fin.»

Pero muchas de las chicas casadas con las que hablé, desde el primer momento de la convivencia dejaron establecido que la disposición a hacer los quehaceres domésticos no formaba parte de su personalidad.

«Dejé claro desde el principio, incluso antes de irnos a vivir juntos seis meses antes de la boda, que el trabajo doméstico no era sólo responsabilidad mía —dice Lou, 31, casada desde hace tres años—. Así que hicimos una lista de todas las tareas del hogar y pusimos nuestras iniciales junto a la que iba a hacer cada uno. Yo elegí cocinar porque en realidad me gusta, lo disfruto. Vaughn escogió la colada. Cuando llegamos a la limpieza del baño, se puso difícil la decisión. Pero yo elegí eso, sólo porque prefiero limpiar la taza del váter, sobre todo ahora que existen esas prácticas escobillas, antes que cambiar las piedrecitas de la bandeja para cacas del gato.»

¿Era importante dejar claro cuáles son las responsabilidades domésticas antes de casarse?, le pregunto.

«Ah, sí. Eso nos dio, en especial a mí, una ventaja para disfrutar de nuestro matrimonio. Pude ser yo desde el principio.»

Dice Laurie, 39, siete años de matrimonio: «Todavía me veo una mujer atractiva, joven y con sentido del humor. El trabajo de la casa no es sexy, y ciertamente no es divertido. Hay que comenzar como se quiere seguir. Yo siempre he lavado y planchado mi ropa, y Jerry la de él. Cocino cuando me apetece, y cuando no, Jerry hace el grueso del trabajo. Si no, comemos fuera. La limpieza la hacemos según el principio ya no se puede vivir en este desastre; entonces dedicamos medio día a fregar, ordenar y pasar el aspirador como locos. Es una faena, pero haciéndola los dos, es todo lo agradable que puede ser».

Aunque poquito a poco, la identidad tradicional e impuesta de esposa y madre va quedando rezagada en la distancia. Algunas casadas hacen los quehaceres domésticos de su elección. Otras prefieren hacer listas de quién hace qué, y se atienen a ellas enérgicamente. Y también están las que se muerden la lengua hasta cuando ya no pueden seguir conteniendo la furia. En otros casos, empiezan a surgir identidades masculinas y femeninas totalmente opuestas a las tradicionales.

«Rupert lo hace todo —dice Becky, 35—. Cuida de los niños, limpia la casa, hace la compra, todo. A él le gusta mucho, en cambio ser ama de casa no es para mí.»

También en el caso de Mary, que lleva seis años de casada, su marido se ocupa de las tareas domésticas mientras ella estudia. «Pero tengo que esforzarme muchísimo en hacerlo sentirse debidamente valorado», acota Mary.

Un número cada vez mayor de mujeres se niega incluso a plantearse hablarlo y sencillamente buscan ayuda fuera.

«Tengo una empleada del hogar —acota Ruth— que cocina, hace la limpieza y la compra de alimentos. Además, prepara la cena todas las noches.»

Patti, 34, que ha tomado su permiso de maternidad, dice que su asistenta sigue viniendo dos veces a la semana «a hacer las camas, los baños y una buena limpieza en la cocina».

«A mí me gusta cocinar —dice Sam, que no tiene hijos—, pero tenemos una empleada del hogar que hace todo lo demás.»

Sea cual sea el sistema, la nueva actitud dista mucho de la identidad femenina estereotipada.

«Ben y yo vivimos juntos desde antes de casarnos —dice Stacey—, y casi nos separamos debido al problema doméstico. Yo estuve con serias dudas durante un mes. Detesto todo lo relacionado con el mantenimiento del hogar, incluso plancho mis cosas en secreto, porque de verdad me deja mal sabor de boca. Eso no es lo que yo soy. Así que Ben salió y compró un lavavajillas y buscó una asistenta. Entonces me sentí mejor para continuar nuestra relación; no sé, eso me quitó la carga de algo que no soy yo. Así que decidimos casarnos. Ahora lo llevamos muy bien, mi hermano James pasó con nosotros el fin de semana pasado y comentó: "Ben y Harry (mi hijo) son bastante perezosos, ¿verdad? No hacen nada". Y yo le contesté divertida: "Yo tampoco, James".»

Yo primero, nosotros después

Dice Simone, de 29 años: «La manera como mis padres lograron hacer sobrevivir su matrimonio cuando yo me marché de casa, fue dejar de compartir la casa. Aunque seguían viéndose (eran especiales, no era una situación de amor libre del tipo años setenta), salían juntos, hacían vacaciones juntos, no vivían en la misma casa. Siguen casados, pero cada uno en su propia casa. Mi madre vive en la ribera izquierda del Sena y mi padre en la ribera derecha. Así, si mi padre quiere jugar al póquer un miércoles por la noche y mi madre sólo desea comer su bocadillo ante el televisor mirando algún programa estúpido, puede hacerlo. Fue la vida separados la que salvó su matrimonio».

La experiencia de sus padres fue aleccionadora para Simone. «Está esa imagen televisiva de los cónyuges que hacen todo juntos. Juegan al golf juntos, van al gimnasio juntos. Pero es muy importante que cada uno haga cosas por su cuenta, solos, fuera del famoso "nosotros". Creo que tradicionalmente las mujeres nos sentimos culpables de ser egoístas, pero hacer algo sola no significa decir "Ya no te quiero". Sencillamente hay que darse tiempo para una, para sentirse cómoda y especial», dice, y reconoce que si bien es una persona muy generosa en su relación y en el trabajo, también necesita, terriblemente, su espacio y su tiempo.

Simone dedica «el tiempo para ella» a ir al ballet y la ópera, cosas por las que su marido siente intensa aversión. «Pero también puede ser que me robe una tarde para ver un vídeo o cambiar canales tirada en el sofá comiendo patatas fritas.» La actividad no importa mientras pueda «tener un tiempo sólo para mí», dice.

Se ha escrito mucho acerca de la hambruna de tiempo que padecen las mujeres. Las últimas estadísticas aparecen en el informe *British Social Trends 2000,* el que revela que la mujer corriente tiene 50 minutos menos de tiempo al día que el hombre corriente. No voy a discutir esos datos, simplemente me horrorizan, justificadamente. Pero lo que sí sé es que toda la nueva generación de casadas entrevistadas, sin excepción, tengan o no tengan un trabajo o profesión, tengan hijos o no, siempre intentan contratar una asistenta o tener la capacidad de tomarse un «tiempo para ellas». Y no me refiero a una ida a solas al supermercado a comprar chocolatinas o sentarse una vez a la semana ante el televisor a ver *Sexo en Nueva York* bebiendo una copa de vino.

La chica casada defiende su tiempo y espacio con la misma implacabilidad con que lo han hecho los hombres durante siglos. Sin pedir permiso, sin pedir perdón, planta firmemente sus tacones aguja y es «egoísta».

«Mi actitud es que Murray no puede esperar que yo me quede siempre en casa el sábado por la noche —dice Gabrielle—. A veces tiene que pedírmelo con antelación. Yo necesito hacer cosas mías que no tienen que ver con él y preciso hacerlas durante momentos que podrían considerarse "nuestro tiempo".» ¿Por ejemplo? «Hago yoga —explica—, y podría haber una clase a la que necesito asistir y sólo puedo ir por la noche, así que voy. Eso significa que él tiene que pensar más acerca de su vida y comprender que no siempre tenemos que estar juntos. En realidad soy partidaria de defender mi espacio, sobre todo tratándose de actividades que se centran en temas de salud personal. Haciéndolo soy mejor persona y estoy mejor preparada para llevar adelante esta relación. Ser esposa no basta.»

«Yo voy religiosamente al gimnasio —dice Melanie—, de lunes a jueves. Cuando nos casamos tuve que dejarlo porque me mudé a su casa y mi gimnasio me quedaba demasiado lejos. Él me propuso que me inscribiera en su gimnasio para que fuéramos juntos. Pero ésta es una de las cosas de mi vida que deseo mantener aparte, es sólo para mí. Sinceramente, me produce paz mental, no tengo que hablar con nadie, es mi tiempo para relajarme del trabajo. Me reaprovisiona, me recarga la mente y así cuando llego a casa soy más simpática, más feliz, soy mejor persona.»

Emily, 33, es una empresaria que ha triunfado por sus propios esfuerzos, madre de un hijo, encuentra el tiempo «para ella» cada semana cuando va a hacerse la manicura; también hace yoga y corre en la cinta. «Lo hago cuatro veces por semana. Después me siento más al mando de mi vida, más diestra. Me hace pensar que hago algo por mí y por mi cuerpo y entonces soy mucho más flexible con mi pareja.»

Para Ellis, 43 años, cargar las «pilas» va desde su «increíble práctica de baile el viernes por la noche» a simplemente leer un libro sentada sola en el sofá. «Si no logro dejarme una cierta cantidad de tiempo para mí me vuelvo loca —afirma—. Soy bastante crítica de las parejas que hacen todo juntos y no pueden estar separados. Pienso: "¿es que no sabes quién eres?" No logro imaginarme sin necesitar estar a solas conmigo misma. Obtengo muchísimo de eso.»

Cuenta Petra, 37: «Los fines de semana salgo a montar en bicicleta sola. Voy al gimnasio, corro cuatro veces a la semana, juego en un equipo de *softball* una vez por semana». Además tiene su profesión y dos hijos, lo cual es justamente el motivo de que necesite tiempo para ella sola. «Es bueno saber pensar en una misma, y en definitiva esa actitud beneficia a toda mi familia.»

Anabelle encuentra su tiempo para ella haciendo natación dos veces por semana. Para Sabina es la práctica del piano; para Paulette, 38, es la equitación; para Sally, la pintura; para Lottie, 32, el tenis; para April, 43, la fotografía; a Lou, hacer de pinchadiscos le ayuda a no olvidar quién es.

Lena va al teatro casi cada semana y a un club literario los sábados por la noche. «Esta actividad independiente —dice— equilibra mi matrimonio.»

«Voy sola a los museos —comenta Rachel—. Necesito tiempo para mí, y en casa no puedo tenerlo. La semana pasada fui al Metropolitano, al Museo de Arte Moderno y salí a dar un largo paseo en bicicleta. Eso me hace sentir estimulada.»

Mary defiende su espacio privado con una fórmula propia. «El trabajo de voluntariado me sirve muchísimo emocionalmente —afirma—. Precisamente porque es ajeno a mi profesión y a mi matrimonio, contribuye a fortalecer mi identidad.»

Cuando la locura de barajarlo todo (trabajo, amor, amistades, familia) amenaza con consumirnos, la consecución de un «tiempo propio» no es sólo un placer, es una necesidad. La nueva generación de mujeres casadas cree que gran parte de la infelicidad y frustración de sus madres era consecuencia directa de negarse «tiempo para ellas». Así opina también Alice D. Domar, psicoterapeuta e investigadora, importante especialista en control del estrés en el Beth Israel Diaconess Hospital y la Facultad de Medicina de Harvard: «Las mujeres mayores de cincuenta años siguen aferradas a la idea de que el marido debe serlo todo para ellas. Eso es tan poco realista como anticuado».

Ésta es una lección que Fiona, 37, aprendió de la manera más difícil. Después de cinco años de matrimonio y dos hijos, estuvo oscilando al borde del divorcio. Se sentía como una madre soltera. «Al comienzo de nuestro matrimonio George parecía un hombre moderno. Continuó haciendo mucho deporte y saliendo con sus amigos, y como yo tenía mis aficiones e intereses eso no me molestaba. Pero después del nacimiento de nuestro primer hijo, a las pocas semanas, comprendí que mientras su vida seguía igual y trabajaba a todas horas, yo tenía que cargar completamente con la responsabilidad del bebé. En ese tiempo, estaba demasiado agotada para sentir algo, pero en realidad fue una pesadilla. Entonces yo debería haber comprendido que estaba haciendo algo contraproducente.»

Muy pronto volvió a quedar embarazada, y a pesar de que continuó trabajando después de que naciera el segundo hijo, aunque a media jornada, su marido se negó rotundamente a aceptar su necesidad de tener un «tiempo para ella». «En el fin de semana, no colaboraba en nada y encima estaba irritable y antipático. Y si yo necesitaba salir a comprar sola, era una pesadilla. Él me decía: "Sal, si tienes que salir", pero cuando regresaba a casa los niños lloraban, todo era un caos y encima él estaba de mal humor y no me hablaba. Entonces yo no salía porque no podía dejar a los niños en ese estado. Y si yo iba a salir por la noche, él me decía: "No puedo llegar a casa a tiempo para ver a la niñera". Era desesperante.»

Finalmente, Fiona ya no pudo aguantar más. «Estaba comprometiendo demasiado todo lo mío. Le dije que había decidido dejarlo y volver a mi ciudad, donde buscaría un apartamento y reanudaría mi vida. Entonces su reacción fue realmente sorprendente. Me dijo que me quería de verdad, y yo creo que era cierto. Dejó muchos de sus deportes y a muchos de sus amigos para concentrarse en mí. Además, le dije: "Necesito tener tiempo para mí periódicamente, quiero poder salir sin que haya peleas. Preciso tiempo para restablecerme, para estar sola, para descubrir quién soy y adónde deseo ir, y no puedo hacer eso estando todo el tiempo contigo y con los niños". Me esforcé muchísimo en encontrar y darme ese tiempo, y finalmente he vuelto a conectar conmigo misma. Él comenzó a entender que si yo deseaba salir un sábado, lo haría. Si necesito tumbarme en el sofá con un libro, lo hago. Siempre me ha gustado recortar cosas y ponerlas en cuadernos. Parece tonto, pero así soy yo, y creo que todo está poniéndose en su lugar. No se puede vivir una mentira ni negar lo que uno es si se desea tener un matrimonio feliz.»

¿Yo, hijos? No, gracias

Cuando la empresa de investigación y mercadotecnia Youth Intelligence preguntó a 3.440 mujeres de la generación X (entre 25 y 35 años) qué indicaba éxito en el año 2002, sólo un 20 por ciento contestó «tener hijos». Los hijos como indicador de éxito quedaron muy atrás de «satisfacer las pasiones», «poseer buenas amistades», «gozar de buena relación con la familia», «tener un matrimonio feliz» y «llevar una vida equilibrada». Aunque en la actualidad la mayoría de las mujeres considera el tener hijos como parte importante de su felicidad, se mantienen firmes en que su identidad y éxito no depende exclusivamente de ser esposa y madre. Para un número en aumento, esto significa no tener hijos.

He aquí algunas realidades:

- Las proyecciones demográficas sugieren que una de cada cinco mujeres que actualmente están en edad de concebir podría no tener hijos nunca.

- Las cifras del censo indican que en 1976, el 35 por ciento de las estadounidenses de edades comprendidas entre los 15 y los 44 años no tenían hijos. En 1996 el porcentaje era del 42 por ciento.

- Según el Instituto Nacional de Estadística de Reino Unido, dos de cada tres mujeres nacidas en los años setenta aún no han tenido hijos, mientras que entre las nacidas a comienzo de los años sesenta, la mitad ya tenía hijos a los 25 años.

- A partir de 1980 se ha registrado el mayor aumento de mujeres sin hijos entre aquellas de educación inferior a una licenciatura, según el U.S. Census Bureau.

- Entre las casadas y las que han estado casadas en algún momento, el número de mujeres sin hijos es equivalente entre blancas y negras (U.S. Census Bureau).

- Al margen del estado civil, hay menos mujeres sin hijos entre las hispanas que entre las no hispanas (U.S. Census Bureau).

Los expertos están de acuerdo en que los motivos para mantenerse sin hijos son tan diversos como las propias mujeres. Pero el hecho unificador es que la elección es el motivo de que las mujeres no tengan hijos. (Si bien no podemos ignorar su existencia, la menor fecundidad debida a procreación tardía no es la causa de estos datos.) Según Rosemary Gillespie, importante investigadora de la School of Social and Historic Studies de la Universidad de Portsmouth, lo que estamos presenciando es «el surgimiento de una identidad femenina radical, inequívoca y desligada de la maternidad».

¿Desligada de la maternidad? ¡Pues sí! Nos resulta difícil (a mujeres y hombres) imaginarnos ligados a algo, ya sea amigos, familia, trabajo o matrimonio. Nos hemos criado en un ambiente «libre para ser yo» en que las únicas expectativas que verdaderamente importan son las propias. Como consecuencia, nos resulta insostenible eso de tener que sentirnos obligados a ser algo. Sin embargo, el hecho de que se escriban tantas columnas sobre el tema de la infecundidad voluntaria (y el hecho de que yo lo incluya también) demuestra que la sociedad continúa sintiéndose amenazada por su presencia.

Cuando una mujer toma la decisión de mantener su identidad sin hijos (o «feminidad sin hijos» como la llama Rosemary Gillespie), no siempre es aceptado que se sienta contenta con su decisión. Esto sucede porque todavía hay muchas mujeres que no piensan así. Igual que el conservar nuestros apellidos, esta decisión se considera una ruptura más con la tradición, algo antinatural y para muchos un pecado. Explica Shelley, 35 años: «Una mujer me dijo: "Comprendo que si no puedes tener hijos lo aceptes sin más. Pero si puedes y no quieres tenerlos, está claramente mal". Y lo más increíble es que esta mujer se cree moderna. Lo que me irrita es que nadie pondría jamás en tela de juicio a un hombre que no quiera tener hijos».

Tiene razón, lógicamente. La identidad masculina nunca ha estado ligada a los hijos. Aunque un hombre participe activamente en la crianza de sus hijos, rara vez se definirá en primer y principal lugar como «Joe Bloggs, padre de dos hijos». Shelley, como la mayoría de las mujeres que no desean tener hijos, por lo general reacciona a las preguntas y comentarios escasamente, poniendo en blanco los ojos. «Dan ganas de girarse y decirle: "Métete en tus malditos asuntos" —dice furiosa—, pero la mayoría de las veces no lo hacen con mala intención, simplemente sienten curiosidad.»

Sin embargo, hay muchas mujeres que se oponen intensamente a estar en la línea de fuego. «No quiero tener hijos porque cuando era niña abusaron sexualmente de mí —cuenta Pauline, de 36 años—. Ya he tenido que batallar con bastantes problemas. No es justo traer un niño al mundo simplemente para ceder a la presión de gente ignorante. Tengo motivos muy íntimos de los que no deseo hablar con personas desconocidas, y sin embargo ellas se sienten con derecho a fisgonear. ¿Sabes lo que me demuestra eso a mí? Que las mujeres siguen considerándose propiedad pública. Eso me saca de quicio.»

Lo que a mí me saca de quicio es que la actitud general hacia las mujeres que eligen no tener hijos es que son irresponsables, lo cual, como sabemos, es algo que las mujeres no debemos ser nunca. Hombres irresponsables es una cosa; ¿mujeres irresponsables?, eso es un verdadero fenómeno de la naturaleza. Sin embargo, muchas chicas casadas desean ser y son «irresponsables». «¿Por qué el matrimonio ha de significar que uno tiene que establecerse y usar zapatillas el resto de su vida?», pregunta Shelley.

Obviamente esta elección no se debe a que carezcan de una actitud responsable hacia la vida. Según lo que yo he experimentado, la decisión de no tener hijos y ser libres se basa en un inmenso deseo de ser responsables.

Una de las estrategias de la gente próspera en los negocios es tener prioridades. Hacer una lista de ellas es una práctica empresarial responsable y eficaz. Puesto que muchas chicas casadas son empresarias prósperas, saben que tienen que tachar las tareas que no son una prioridad. Tenerlo todo, sabemos ahora, no es tan bueno como dice la gente. Lo mejor es tener lo que es apropiado y correcto para cada uno.

Las opciones que tienen las mujeres hoy en día son tantas y tan estimulantes y absorbentes que ser madres no está lo bastante arriba en su lista de prioridades. Dice Shelley: «Cuando se tienen hijos, uno no puede simplemente colgárselos al hombro y seguir adelante. ¿Has visto la cantidad de cosas que tienen que hacer los padres? No me entiendas mal, me gustan los niños. Pero hay otras cosas que sencillamente me gustan más, como los viajes, la aventura... Me encanta mi trabajo y simplemente no quiero renunciar a todo ello a cambio de tener críos. ¿Acaso hay algo peor que traer un hijo al mundo y luego sentir resentimiento hacia él? Eso sí es irresponsable».

Explica Niki, 39 años: «A mí me gusta pasar la noche

fuera y no preocuparme por eso, así que supongo que soy egoísta. Pero también miro hacia atrás y veo diversas ocasiones en que en mi infancia me sentí desgraciada; este recuerdo me provoca un miedo inmenso de herir a alguien. Aunque en realidad, supongo que simplemente no tengo un reloj biológico. Me imagino que si lo tuviera habrían empezado a relampaguear todas las señales de advertencia. Pero realmente no siento el anhelo de tener hijos».

Tampoco lo tiene Sabina, de 40 años, que asegura: «No tengo sentimientos maternales. Simplemente no me siento cómoda con los niños». Le pregunto si alguna vez la han llamado egoísta. «Mmm, puede ser... Pero yo considero egoísmo tenerlos cuando realmente no se desean. Matthew y yo hablamos de esto antes de casarnos, y ninguno de los dos lo deseaba. A veces me preocupa no tener sentimientos maternales. Pero así soy, de modo que si no lo acepto seré muy desgraciada.»

GUÍA PARA ANTEPONER EL YO AL NOSOTROS

Como cualquier terapeuta estará de acuerdo, comprometer lo que somos, poniéndonos siempre en segundo lugar, desconectándonos de los sentimientos, reacciones y actos que conforman nuestra identidad única, no es solamente el comportamiento clásico femenino sino también el que en último término destruirá y hará detonar nuestro matrimonio. En el pasado, nuestras madres antes del «Sí quiero» ya estaban programadas para el «Sí debo».

Habiendo visto las desastrosas consecuencias de este comportamiento abnegado, las mujeres inteligentes de hoy saben que ser egoísta no es malo ni vergonzoso, sino que en realidad es bueno para nuestro bienestar, y para nuestra relación. Así pues, cuando el impulso de sucumbir al «nosotros» en detrimento del «yo» amenace con avasallarte, fotocopia lo siguiente y atente a ello.

Tus sentimientos son normales

El hecho de que sientas o reacciones de modo diferente a tu marido no significa que eres una enferma mental. Observa Rae, 41: «A veces Louis me dice que estoy loca porque reacciono a algo de modo diferente a él. Esa actitud sí que me vuelve loca. Entonces le explico que si yo lo siento así es válido». Rae tiene razón. Los seres humanos no estamos programados todos igual. No te permitas creer que porque te sientes o te comportas de modo diferente a como siente o se comporta tu marido estás equivocada. Simplemente eres distinta. Y también eres distinta a otras mujeres. ¿No te has sentido más de una vez feliz/furiosa/entusiasmada/maternal? No eres un fenómeno de la naturaleza. Sencillamente no existe un comportamiento estándar. Lo malo es ignorar tus propios sentimientos. Y peor aún es que nada te motive (adiós sentimientos, hola depresión).

Grita, chilla, ríe, descontrólate

No hacerlo no es autodisciplina, es autodestrucción. Los hombres llevan tanto tiempo mofándose de la emotividad de las mujeres que creemos que es malo o inmaduro llorar, gritar, patear, incluso reírnos. Reprimir las emociones siempre es contraproducente. Cuenta Rachel: «Así fue en el matrimonio de mis padres. Ese acumular, acumular, acumular... hasta que de repente explota. Es positivo hacerle saber al otro lo que se siente en cada momento, aunque eso le desagrade o lo haga sentirse incómodo. Ahora que estoy embarazada, mantengo más aún esa actitud. La semana pasada le dije a Patrick: "Oye, he tratado de ser amable, pero estoy a punto de morirme de hambre, ¡y te voy a matar si no me traes algo ahora mismo!" A veces uno tiene que enfadarse». Sally, 31, está de acuerdo: «Si intento reprimir la rabia, simplemente ésta sale de otra manera. Me vuelvo una arpía sarcástica». Si el sarcasmo es lo único que padece Sally, tiene suerte. Reprimir las emociones finalmente se manifiesta de muchas maneras, desde enfermedad a ansiedad crónica e incluso alcoholismo (¿no has oído la frase «ahogar las penas»?)

Los sentimientos negativos no son malos

¿Una mujer enojada? «Debería dominarse.» ¿Sentirse herida? «Vamos, cálmate.» ¿Desgraciada? «Anímate.» ¿Decepcionada? «No seas cría.» ¿Asustada? «Sé valiente.» ¿Te suena conocida alguna de estas frases? Las mujeres son verdaderas profesionales a la hora de poner cara de felicidad. Asimismo, siempre contestan con un «Muy bien» cuando alguien pregunta «¿Cómo te va?» Las mujeres hacen grandes distinciones entre sentirse feliz, optimista, segura, valiente («buenos sentimientos») y sentirse desgraciada, insegura, temerosa, furiosa («malos sentimientos»). Recuerda Lottie, de 32: «Mi madre solía decirme: "No dejes que Ed te vea dolida. Tu padre no lo soportaba cuando sabía que yo me sentía desgraciada". Y yo le contestaba: "¡Mamá! Estar enfadada no te hace una mujer delincuente o loca". Sencillamente no sé representar el papel de esposa feliz si no me siento feliz. Creo que nuestra generación es mucho más consciente emocionalmente». Ten presente, cada sentimiento tiene su mérito. Si no valoras la tristeza, ¿cómo vas a valorar realmente la alegría?

Ten en cuenta tu debe y tu haber

Incluso el inversor más humilde espera un beneficio. ¿Por qué habríamos de esperar otra cosa cuando invertimos en nuestras emociones? Y si bien no todo traspaso ha de ser acreditado a los pocos minutos, es justo esperar un ingreso tarde o temprano. Sin embargo, como cuenta Simone: «El matrimonio no es siempre un ajuste de cuentas inmediato; pero las mujeres cambiamos del "yo" al "nosotros" más rápido que los hombres, y si no tenemos cuidado pueden empezar a "desacreditarnos" ya al inicio del matrimonio. Así que le dije a mi marido, que es médico: "Yo tomaré el relevo mientras estés trabajando en turnos de treinta y seis horas, pero cuando yo tenga un horario más largo tendrás que tomarlo tú"». Una, 37, está de acuerdo con esto: «Mi marido John pasó por un período muy difícil en el trabajo; éste duró más de un año y todo ese tiempo yo lo apoyé, tuve paciencia y sensibilidad. No me importaba, puesto que él estaba muy estresado. Pero cuando se marchó mi jefe y pusieron a otro al que yo detestaba absolutamente, John no correspondió con la misma moneda. Los dos habíamos tomado la costumbre de anteponer sus sentimientos; los míos ya no importaban al parecer. No volveré a cometer ese error. Tampoco él. No he dejado de preguntarle cómo se siente, pero espero que él también me lo pregunte a mí». ¿Y si no lo hace? «Simplemente le digo, sarcástica: "Gracias por preguntármelo, me siento...", y él capta el mensaje.» Gina, 34, va un poco más lejos: «Nadie, ni siquiera tus hijos, van a tener mejor opinión de ti si siempre das, das, das. Los hombres ciertamente no. La mayoría de ellos no tienen el gen de la culpabilidad. Así que, por rutina, tomo dos por cada uno que doy. Es la única manera de conservar el respeto y protegerse».

Celebra tus imperfecciones
No, por favor, no te rías. Escucha, nuestras madres estaban siempre intentando ser «la esposa perfecta», y se regañaban a sí mismas (si antes no las regañaba el marido o la suegra) si no lograban sobresalientes en cocinar, hacer la cama, criar los hijos, coser, organizar el tiempo... Pero en muchos sentidos, hay más presión ahora para que se esfuercen por la perfección. «Es increíble —dice Alessandra, 34—, esperan que una sea la esposa perfecta, la madre perfecta, la gatita sexy perfecta, la nuera perfecta, la jefa perfecta, que tengas un cuerpo perfecto, no acaba jamás.» Es cierto, todavía tengo que refrenarme para no decir a mis invitados: «Lo siento, no soy buena cocinera», a pesar de que disfruto muchísimo chapuceando en la cocina. No recuerdo haber oído jamás a ningún hombre pe-

dir disculpas por su falta de pericia en la cocina o en cualquier otra parte. Que él se digne a hacer algo es causa de celebración. Pero las mujeres siguen cayendo en la trampa de creer que tienen que ser perfectas. Dice Shelley: «Simplemente tienes que ser tú misma, con verrugas y todo». Y añade Suzannah: «Sólo somos seres humanos. Estoy dispuesta a aceptar la humanidad de los demás, así que ellos tienen que estar dispuestos a aceptar la mía. No se puede esperar que todo el mundo sea perfecto, pero tampoco pueden esperar que yo lo sea».

2

Buen sexo o adiós

«La buena relación sexual que teníamos con Danny fue decisiva para casarme con él. No lo habría hecho si no hubiera sido así. Deseo hacer el amor con él todo el tiempo; lo necesito; me encanta. Antes que Danny comenzara su nuevo trabajo lo hacíamos tres o cuatro veces a la semana. Ahora está más cansado... Pero ser compatible sexualmente con Danny fue uno de los principales motivos para casarme con él. ¡Y entonces va el muy cerdo y se me vuelve mujer!»

MELANIE, 30

¿Qué hay de ese viejo cliché de la esposa que constantemente se niega a tener relaciones sexuales con su marido alegando que le duele la cabeza? Coge un trapo y borra ese mito. No existe. A las casadas nos encanta el sexo. Lo deseamos, lo necesitamos. No es un deber; es una necesidad. Ésa es la verdad.

Las mujeres de hoy se enorgullecen de su sexualidad. Se saben seres sexuales, y con una libido activa. Y ese deseo no desaparece cuando se casan. ¿Has oído hablar de la joven ejecutiva casada que alquila películas porno para verlas sola cuando sale en viaje de negocios? Existe. ¿Y de Rachel, ilustradora de 28, casada hace tres años, que cada cuatro semanas va a hacerse una depilación especial en la entrepierna para que el sexo oral le resulte más intensamente placentero? Es una persona real. ¿Y qué me dices de Tina, que insiste en encontrarse con su marido en un hotel dos veces a la semana a la hora del almuerzo para una sesión? No, no es un personaje de ficción. No has oído hablar de estas mujeres simplemente porque el deseo, el morbo, es algo que sólo las chicas solteras reconocían haber sentido durante periodos de celibato impuestos, ¿vale? Error, error, error...

Se podría disculpar el suponer que las chicas casadas no exigen ni esperan placer si hemos de atenernos al criterio de las revistas que pretenden ir dirigidas a mujeres casadas. «Los seis secretos sexuales que él desea que sepas», proclama una. «Los cinco puntos erógenos que él desea que le acaricies esta noche», declara otra. ¿Pero esto qué es? ¿Acaso las mujeres casadas no tienen deseos secretos que quieren que sus maridos conozcan? Al parecer no, según estas «respetables» revistas para mujeres casadas. Pero eso es juzgar mal a la nueva generación de mujeres casadas. Porque la realidad es que las ellas dicen «sí, sí, ay, sí» más de lo que cualquiera pueda imaginar.

Incluso ahora, en el siglo XXI, la sexualidad femenina confunde y atemoriza a la sociedad. Es algo oscuro, misterioso; algo oculto, impenetrable. Por un lado, despierta fantasías; por el otro, provoca miedo. Todavía abundan las contradicciones de cincuenta años atrás para hacer sentir culpables a las mujeres por sus deseos y experiencias, aun cuando estén casadas.

Recuerdo a una chica casada de última generación, Skylla, 29, que llegó a nuestra entrevista vestida con unos pantalones de pana extremados, muy ceñidos justo por encima del pubis, y una blusa mínima de corte asimétrico. Se veía increíblemente sexy, y lo sabía. Observé cómo los ojos de todos los hombres la recorrían de arriba abajo con admiración cuando pasó meneándose por el bar. Sin embargo, ¿se atrevería a decirme que se había acostado con más de 25 hombres antes de conocer a Carl y casarse con él? No, por temor a que la considerara «fácil».

También recuerdo un desayuno-almuerzo en el Park Café de Nueva York con un grupo de mujeres cercanas a los treinta que habían estado en la misma universidad. Me hablaron de una compañera a la que le encantaba el sexo y disfrutaba de muchas, muchas relaciones sexuales. ¿Problema? Ninguno, en realidad, aparte de que era muy locuaz al respecto y, en consecuencia, prácticamente la habían aislado.

Otro recuerdo que me viene a la mente es el de la película *Infidelidad*, con Diane Lane y Richard Gere, que estaba causando revuelo en Nueva York mientras yo escribía esta parte del libro. No porque es sensual y explora el controvertido tema del adulterio sino porque, ¡oh!, presenta a una mujer casada que se acuesta con otro hombre simplemente porque el deseo la avasalla. Durante una cena en ese tiempo, una de las comensales aún no había visto esta película; cuando su marido se levantó de la mesa para ir al lavabo, otra le susurró: «Tienes que ir a ver esta película, pero no lleves a tu marido. La va a detestar».

La sociedad siempre ha aceptado la sexualidad masculina sin dificultad ni crítica. En cambio, sigue risiblemente desfasada con la realidad de cómo sienten, piensan y se comportan realmente las mujeres modernas. Ellas conocen y experimentan muy bien los beneficios del placer sexual. La nueva generación de esposas, en particular, considera la vida sexual activa como el barómetro de una relación sana, y también como algo que necesitan para sentirse bien. Tiene un efecto importante y positivo en su autoestima, sus sensaciones de felicidad, satisfacción y productividad. Sin placer sexual se sienten necesitadas, nerviosas, insatisfechas. Y el que tengan que comprometer su disfrute sexual por «complacer a su marido» les produce resentimiento y furia.

Es lógico. Las chicas casadas se han criado con una dieta que abarca desde la discografía de la MTV a Madonna, del *Cosmopolitan* al *Playgirl*, desde los agradables y sexys pantis de licra a los tejanos superbajos, desde *Nueve semanas y media* a *Sexo en Nueva York*... todos ensalzan las virtudes de ser y sentirse joven y atractiva. Los mensajes son contundentes y claros: expresarse es bueno, reprimirse es malo; ser atractiva y tener una sexualidad activa es fabuloso; el sentimiento de culpa es triste y estéril. Al haber asimilado estos mensajes siendo solteras y descubierto que les gustaban, sus expectativas sexuales para el futuro son mayores que las de cualquier otra generación de casadas.

Ninguna de las chicas casadas con las que hablé era virgen el día de su boda. La relación sexual prematrimonial no sólo está «viva y coleando», sino que pide más a gritos. Cuanto más, mejor. En realidad, la nueva generación de casadas considera «ridícula», «insana», e incluso «irresponsable» la sola idea de reservarse para el marido.

Y sin embargo, leer las más recientes estadísticas sobre sexo prematrimonial hace rechinar los dientes. La estadounidense corriente tiene su primera relación sexual a la edad de 16,4 años, y casi una de cada diez pierde la virginidad antes de los 13 años (fuente: Centers for Disease Control and Prevention; Centros para el Control y la Prevención de la Enfermedad).

Cuándo se pierde

Edad promedio para la primera vez:

Brasil	16,4
Estados Unidos	16,4
Francia	16,8
Alemania	16,9
Canadá	17
Gran Bretaña	17,1
Holanda	17,4

(Fuente: 2000 Durex Global Sex Survey)

Ahora bien, puedes discutir hasta ponerte morada acerca del panorama de la relación sexual de los adolescentes. Y para que conste, la sola idea de que mi hija tenga relaciones sexuales a los 13 años me da pánico. Pero también me daría pánico si fuera un hijo. No es un problema de sexos. En realidad es un tema candente en estos momentos decidir si a los críos hay que enseñarles a tener relaciones sexuales seguras. Seguramente este tema hace intensas las conversaciones durante las cenas y, también, hace intensa la retórica política.

En Estados Unidos el debate sobre la educación sexual llegó a su apogeo en 1996, con un proyecto de ley adjunto al Welfare Reform Act (Reforma de la Ley de Bienestar). Esta ley presupuestó 440 millones de dólares sobre un período de cinco años para apoyar los programas de educación sexual basados en la abstinencia, pero el dinero venía con algunas estipulaciones: sólo se financiarían los programas si se atenían a la definición federal, de ocho puntos. Entre ellos estaban: «que la actividad sexual fuera del matrimonio tiende a tener efectos psíquicos y físicos dañinos», y «que una relación monógama mutuamente fiel dentro del matrimonio es el tipo de actividad sexual humana esperado». Más aún, se rechazó una proposición de enmienda que pedía «programas de educación sexual correctos médica y científicamente». Es decir, ¡Hooola! ¿En qué planeta habita esta gente? Ciertamente en un planeta al que nadie que yo conozca va a ir de vacaciones en los próximos cien años.

Enviar el mensaje de que es malo tener relaciones sexuales fuera del matrimonio no va a asegurar que la gente no las tenga. Tampoco garantiza matrimonios más felices, más exitosos. Lo que sí garantiza es el regreso de la sexualidad a un escondite y a la práctica del sexo sin protección. En el reportaje principal de *U.S. News and World Reports* de mayo de 2002, Elizabeth Marchetta, 17 años, de la Universidad Rutgers de New Brunswick (Nueva Jersey), lamenta el hecho de que el personal adolescente de la hoja informativa *Sex, Etc.* tenían que atender a los chicos que llegaban en busca de las respuestas que no recibían de sus padres ni en el colegio. Muchas de estas preguntas giran en torno a los anticonceptivos de los que los jóvenes «periodistas» parecen saber inquietantemente poco. «Los programas de abstinencia no van a impedir la relación sexual de adolescentes evitando dar información sobre la manera de usar anticonceptivos. Quieren quitarnos lo único que podría mantener seguros a los críos. Son ciegos y sordos a la realidad.» Dicho por boca de niños...

A esos vetustos ideólogos, políticos o clericales, que aseguran sostener la institución del matrimonio, las chicas casadas les responden así: la relación prematrimonial «protege» la institución del matrimonio. Sin ella habría muchos más matrimonios desgraciados y también muchos más divorcios.

La compatibilidad y el deseo sexual dentro del matrimonio es esencial para su éxito. Cualquier persona y todas las encuestas y especialistas en relaciones estarán de acuerdo con eso. Sí, se puede disfrutar del sexo en una mala pareja, pero ¿no pasarlo bien en una buena? Eso es prácticamente inaudito. Pero ¿cómo se puede saber si hay compatibilidad sexual antes del matrimonio si no hay relación sexual prematrimonial? Incluso así, ¿cómo saber de verdad que hay compatibilidad sexual si no se ha practicado sexo con alguien con quien no se es compatible? No se puede. La relación sexual prematrimonial no es garantía de un buen matrimonio. Claro que no. Pero si se puede eliminar la posibilidad de sólo un conflicto futuro, ¿no es aconsejable hacerlo?

El *Janus Report on Sexual Behavior* afirma que alrededor de una de cada diez mujeres es virgen cuando se casa. Esto no se corresponde con mi estudio, pero *Janus* concede que cuanto mayor es el nivel cultural femenino, disminuye la probabilidad de que sigan siendo vírgenes. Hay muchos motivos que respaldan esta posibilidad. Pero puesto que actualmente un creciente número de mujeres recibe cierto grado de educación superior (no se casan tan pronto como acaban la enseñanza secundaria), su curva de aprendizaje sin duda tiene lugar tanto por debajo del cinturón como por encima del cuello. ¿Y lo lamentan? ¿Bromeas?

Ninguna de las chicas casadas con las que hablé lamenta haber tenido experiencias sexuales prematrimoniales. Ah, sí, algunas reconocieron haber tenido relaciones sexuales lamentables, pero la mayoría no se sentían más aniquiladas que con un corte de pelo lamentable, una compra lamentable de zapatos, o, si me urges, una cantidad lamentable de ligues indiscriminados en una noche. En 1993, cuando *Janus* escandalizó al mundo con sus hallazgos, casi el 60 por ciento de las mujeres, de 27 a 38 años, opinaba que era importante tener experiencia sexual antes del matrimonio. Ahora estoy dispuesta a apostar mi hipoteca a que ese porcentaje es mayor aún.

Si el matrimonio es una institución tan preciosa para entrar en él de modo total y comprometido, y se sabe que la buena relación sexual es uno de los requisitos de una unión feliz y duradera, ¿no deberíamos intentar catar todas sus diferentes dimensiones antes de hacer nuestras promesas? Es ridículo pensar de otra manera.

Gabrielle, 32, observa: «Nuestros padres se casaban porque se enamoraban y tenían todos esos sentimientos reprimidos. En muchos casos se casaban simplemente porque deseaban hacer el amor. Y entonces, cuando lo hacían se desilusionaban totalmente de la pareja con que habían acabado. Y no era sólo la relación sexual la que era mala. Dado que se precipitaban a casarse para poder ser respetables y tener relaciones sexuales, no sabían que eran incompatibles no sólo sexualmente sino también en otros aspectos de su relación».

Dice Rachel, 28: «Me alegra no haber llegado virgen al matrimonio. Realmente pienso que uno no puede saber si una relación sexual es buena mientras no haya tenido varias. Con algunos amantes no fue tan fabulosa, pero eso me enseñó que la pasión es muy importante y que hay muchos hombres que no saben ser apasionados».

Cuando le repito el consejo que dio Rachel a Tyler, 31 años, exclama: «¡Es muy cierto eso! Yo me acosté con unos veinte chicos antes de conocer a Dez. Algunos eran muy egoístas en la cama; sólo estaban interesados en ellos. Y cuanto más tiempo estaba con ellos más comprendía que si un hombre es egoísta en la cama lo es también en otras cosas. Es raro encontrar a alguien que sea egoísta en la cama y generoso en todos los otros aspectos de la relación. Olvídalo. Podría haberme casado con un par de ellos si no me hubiera acostado primero. Así pude ver cómo el egoísmo se infiltra en sus otros comportamientos. Dez es uno de los hombres más generosos que conozco, en la cama y fuera de ella. Y puesto que había experimentado lo generoso que era sexualmente, pensé que sería justo y desprendido en nuestro matrimonio». Resultó que tenía razón.

Patti, 34, también revela su afortunada huida de un matrimonio desastroso gracias a la relación sexual prematrimonial. «Antes de conocer a Tim y casarme con él estuve comprometida con un chico llamado Adam. Sobre el papel, Adam y yo parecíamos la pareja perfecta, historial similar, nuestros padres eran amigos y éramos como hermanos. Pero ése era el problema. No había absolutamente nada de pasión entre nosotros. Casi no manteníamos relaciones sexuales. Pero yo tenía tan poca experiencia que no sabía si eso era normal. Y lógicamente, no lo comentaba porque si íbamos a acabar juntos no quería que nadie supiera que nos acostábamos muy poco. En ese tiempo yo trabajaba en una empresa en la que todos eran jóvenes y lo pasaban pipa bebiendo y haciendo el amor. Y ahí estaba yo, comprometida y sin siquiera acostarme con mi novio. Me fastidió, así que aunque tenía que casarme con él empecé a salir también con otros chicos. Caí en la cuenta de que ése era el tiempo en que debía estar disfrutando de la vida de soltera, así que empecé a engañarlo, y fue entonces cuando me acosté con Tim, que después se convirtió en mi marido. Entonces fue cuando comprendí que mi relación afectiva y sexual con mi novio no era buena y que muy probablemente nunca lo sería. Así pues, tres semanas antes de la boda rompí mi noviazgo. Los dos años siguientes me sentía libre y simplemente lo pasé en grande. De verdad me apetecía quitármelo de la cabeza y jamás volví la vista atrás.»

¿Con cuántos te has acostado?

¿Has oído hablar del «lazo de la novia»? Créeme, no tiene nada que ver con ropa interior mona ni con formas creativas de hacer el amor. No, no, noooo. Se trata de una operación quirúrgica. Y sólo hace dos generaciones (¡pregúntale a tu abuela!) que las mujeres se sentían obligadas a hacérsela para engañar a sus futuros maridos haciéndolos creer que eran vírgenes. Consistía en unos pocos puntos pequeños en los labios de la vulva, que permitían a una mujer sexualmente experimentada enseñar la «sangre» derramada piadosamente la noche de bodas, como si acabara de perder la virginidad. Sería injusto culpar a estas mujeres; simplemente protegían su futuro. Pero ¿y el doble criterio de los hombres? Podríamos escupir plumas hasta llenar un edredón, pero de esto me he enterado: ese doble criterio todavía existe; puede que sea más sutil, pero está. Los hombres siguen batallando, pobrecillos, para adaptarse a la idea de que una mujer pueda tener tanta experiencia sexual como ellos. ¿Y si la mujer tiene más que él? Vamos, hombre...

El problema es que la nueva generación de casadas sabe que, tal como ellas, los hombres desean una cierta cantidad de seguridad y experiencia sexual en su futura esposa. Incluso en el informe de *Janus* de 1993, un 40 por ciento de hombres aseguraba que era importante casarse con una mujer sexualmente experimentada. Pero son finísimos los límites entre el muy poco y el efecto castrador del demasiado. Pregunté a unos cuantos amigos cómo consideraban los hombres la virginidad femenina ahora, y sus respuestas variaron de «No, no, de ninguna manera quiero el trabajo de desvirgar a una mujer» a «No me importaría, pero pensaría qué defecto podría tener ella, y me preocuparía si sería frígida cuando nos casáramos» (éste fue Pete, de 28 años, casado con Naiela, de 30, que ciertamente no era virgen cuando se conocieron y casaron).

Sin embargo, así es como resume el consenso general mi amigo Isaac, de 32 años: «Al hombre le gusta saber que su mujer ha tenido relaciones sexuales y las ha disfrutado. Pero no le gusta pensar que se ha acostado con todos los hombres del Estado de Texas. Si sabes que ella te supera en experiencias sexuales, puedes pensar que no has tenido las suficientes y dudar de que sea el momento adecuado para casarte». Neil, también de 32, añade: «Uno quiere aprender algo de la mujer en materia sexual. Es aburrido ser siempre el que dice "Haz esto, haz aquello". Pero uno no quiere saber cómo lo aprendió ni de quién lo aprendió, y ciertamente no quiere imaginársela haciéndolo con cientos de tíos. Resumen, a un hombre siempre le gusta pensar que es considerablemente más experimentado que su mujer».

Así pues, ¿cuál es el número ideal? Una rápida encuesta entre mis amigos revela que no les incomoda que sus esposas hayan tenido hasta cinco amantes. «Pero yo quiero saber que soy el mejor», afirma Richard, de 38, dando un codazo a Mel, de 37, que se apresura a tranquilizarlo: «Sí, cariño, eres el mejor. Por supuesto que lo eres».

Y todos nos tiramos al suelo con un ataque de risa.

Hice la misma pregunta a un grupo de mujeres: ¿con cuántos hombres crees que debe acostarse una mujer antes de contraer matrimonio? ¿Y adivinas qué? El número ideal de la mujer es considerablemente superior a esos insignificantes cinco hombres.

—Diez, como mínimo —dice Leslie, 34, que tuvo relaciones sexuales con el doble de ese número antes de casarse.

—De diez a quince —dice Stella, 32, y dice—: Tal vez unos cuantos más.

—Mmm, unos veinte. Sí, eso me parece bastante bien —dice Alice, 35, que se casó con el número veinte.

Dawn, 34, está completamente de acuerdo. Ella se acostó con 23 hombres antes de casarse con Kenneth, y todavía los recuerda con apodos afectuosos: Red Ferrari, el Caracol, Superman, Anal Pete, el Artista, el Poeta, el Constructor, el Estudiante, Caderas de Serpiente, Greg el Cabeza, Simon Seis Dedos.

—Vamos, había un tío que sólo te tocaba y te corrías

como una cabrona —exclama en voz alta en el muy atiborrado bar.

—Con mis amigas hicimos cuentas —dice Sam—, y es menos de cincuenta pero más de cuarenta. A mí sencillamente me fascinaba el sexo. Pero creo que cuarenta es un buen número. Me alegra haberme acostado con tantos hombres antes de casarme. Cuando conocí a Ray estaba agotada. Había disfrutado muy libremente, echado polvos con éste, ése y aquél. Sabía que algún día me casaría, así que pensaba, pásalo bien mientras puedes.

—¡Acuéstate con todos los hombres que puedas! Yo debo de haberme acostado con, eeeh, unos setenta tíos —dice Jenny, 36, a la que Stephano tuvo que llevar prácticamente a rastras hasta el altar hace dos años—. Me gustaba estar soltera. No me arrepiento nada de mis muchas relaciones sexuales. A mis amigas solteras les digo que hagan el amor con todos los hombres que puedan antes de casarse, porque con el hombre que se casen se van a acostar todo el resto de su vida.

Esto dista muchísimo de la generación de nuestras madres, cuando la mujer tenía que proteger su «reputación» a toda costa. Aun recuerdo a mi madre moviendo un dedo ante mí, diciendo: «Mandi, lleva años hacerse una buena reputación y basta una sola noche estúpida para cagarla». Y eso fue en 1982, para llorar a gritos. Ella no sabía entonces que mi supuesta reputación ya estaba bien y verdaderamente cagada. Tut-tut.

La discrepancia entre lo que los sexos consideran número ideal de parejas sexuales para la mujer antes de que se case sigue siendo causa de conflicto para aquellas tan valientes para ser sinceras con sus maridos. Pongamos el caso de Melanie, 30 años, que se había acostado con nueve hombres antes de conocer a Danny y casarse con él: «Él no quería que yo fuera virgen, pero le molestaba que yo hubiera tenido tantos hombres. Le molestaba porque, en su opinión, yo era sólo para él. Cuando al principio reñíamos, a veces me hacía sentir como si fuera una puta barata, pero yo acababa con eso muy rápido. Le decía: "Mi pasado me ha hecho lo que soy, tal como a ti tu pasado te ha hecho lo que eres. Si puedes decirme que no te has acostado con nadie antes, muy bien. Si has llevado una vida pura, tienes el derecho a juzgarme. Si no, jódete". No siento ningún remordimiento. Jamás tuve un ligue de una noche. Tengo que sentir afecto para meterme en la cama con alguien. Él no era la pureza en persona, por lo tanto no tuvo nada que decirme. Sabía que yo tenía razón».

Esos dobles criterios son la causa del trámite de divorcio de Shelley. Después de tres años de matrimonio, ella inició la separación no porque a su marido le disgustara su experiencia («lejos de eso, yo le enseñé a ser un amante fantástico», dice tristemente), sino porque se atrevió a echárselo a la cara en una pelea.

«Teníamos una vida sexual fabulosa antes de casarnos —explica—, y eso continuó en nuestro matrimonio. Hacíamos el amor cuatro a cinco veces a la semana, tal vez más en una buena semana. Pero él siempre fue raro cuando hablábamos acerca del número de chicos con los que me acosté antes que nos conociéramos. Digamos que mis parejas sexuales triplicaban las suyas, como mínimo. Oye, ¡que me gusta el sexo! Entonces una noche tuvimos una tremenda pelea a causa de las aceitunas, a mí me gustan en las pizzas y a él no. La discusión se puso fea. No había pasado una hora cuando me acusó de ser una fulana fácil. Eso implicaba que yo era impúdica e inmoral.»

La pelea entre Shelley y Matt duró hasta bien entrada la madrugada.

«Sacó a relucir muchas de las cosas íntimas que yo le había contado acerca de mis experiencias con chicos en el pasado. Fue como si todo el tiempo que llevábamos juntos lo hubiera tenido atragantado. Era evidente que le fastidiaba mi pasado sexual. Pero yo no estaba dispuesta de ninguna manera a pedir disculpas por mi comportamiento de antes de conocernos, ¿por qué iba a hacerlo? Y, Dios lo sabe, él había cosechado el beneficio de mi experiencia muchas, muchas veces. Sí, al final nos reconciliamos, pero nuestra relación no volvió a ser igual. Yo seguía deseando sexo, pero desde ese momento, me sentía inhibida cuando estábamos haciendo el amor, como si él me estuviera juzgando y pensando dónde había aprendido mi técnica. Para mí la relación sexual es tan importante como comer. A algunas parejas les gusta pasear por el parque; a mí me gusta pasar todo el día en la cama haciendo el amor. Es una parte esencial de mi vida. Y entonces algo me estaba inhibiendo la libido, y comencé a sentirme resentida y furiosa. Probamos con un par de sesiones de terapia de pareja, pero lo dejamos. Sencillamente yo no podía olvidar cómo intentó hacerme sentir esa noche durante la pelea y, lamentablemente, nuestro matrimonio se deterioró más rápido de lo que yo habría imaginado. Todavía me llama, y continuamos hablando; él espera que podamos arreglar las cosas, pero no podemos.»

La historia de Shelley es indignante, de acuerdo, pero demuestra que las mujeres de hoy en día simplemente no toleran los estereotipos y residuos hipócritas de la generación pasada, aun cuando se casen con alguien de esa generación, como hizo Connie, de 39 años, después de salir con Keith, de 55. Casarse con hombres mayores no es nada nuevo. Lo que es nuevo ahora es que en muchos casos se invierten los papeles del experimentado marido como profesor sexual y la esposa como novata.

Connie se ríe ante la idea de ella como novia virgen. Como muchas chicas casadas, a Connie ni se le ocurría pensar en el matrimonio mientras no tuviera satisfechas sus ambiciones profesionales, como corresponsal viajera y, hasta ese momento, se contentaba con disfrutar de citas libres de responsabilidades. En eso es totalmente diferente a su marido Keith, con el que lleva casada dos años, que conoció a su mujer a los 17 años, se casó con ella a los 20 y continuó casado 25 años. ¿Resultado? Keith había tenido muchas menos amantes que Connie cuando se conocieron y se casaron. En realidad, aparte de un breve romance, sólo había tenido relaciones sexuales con su primera esposa, e incluso así, su vida sexual con ella llegó a su fin después del nacimiento de su segundo hijo, hacía casi veinte años.

«Yo salí con muchos chicos, y tuve relaciones sexuales con muchos hombres. De hecho, llevaba una lista, hasta que se me hizo demasiado liosa. ¿Cuántos hombres? Fácilmente diría cien, fácilmente... podrían haber sido ciento cincuenta. Aunque Keith nunca ha sido ofensivo respecto a mi pasado, pasó por una fase de intensos celos por los hombres con los que yo había salido antes de conocerlo. Pero ha tenido que aceptar que yo no iba a llegar a mi edad siendo virgen. Tal como yo lo veo, he tenido relaciones sexuales fabulosas, fantásticas, desmadradas, muchas aventuras apasionadas, así que siento que he saciado mis deseos, he tenido lo mío. Cuando me casé con él, de verdad me sentía muy dispuesta a sentar cabeza.»

Sí, en efecto, ha cambiado la norma y continúa cambiando, y por lo menos algunos hombres empiezan a considerar buena, para ellos, la creciente actividad sexual prematrimonial de las mujeres. Pongamos a Stewart, 29 años, el marido de Alexandria, de 28. Él era virgen cuando se conocieron hace siete años. ¿Ha sido un problema eso? Tal vez un poco, pero ha tenido sus beneficios.

«Stewart no se estaba reservando —señala Alexandria—. Es muy seguro de sí mismo, lento en madurar. Había besado a unas cuantas mujeres antes, pero jamás había tenido una relación sexual con nadie. Estaba muy excitado y yo pensé, ¡guau!, tengo que crear al amante ideal de la nada, ya que no tiene ninguna idea preconcebida sobre lo que significa la relación sexual ni sobre cómo debe ser. Por suerte, Stewart tenía instintos fabulosos, así que el sexo siempre ha sido maravilloso, pero sé que a veces desea poder probar otras ofertas, en un universo paralelo, digamos. Yo respeto eso. De hecho, hemos hablado sobre si sería posible crear esa libertad para él, pero decidimos que no podíamos hacerlo sin dañar nuestra relación. A veces yo desearía que él tuviera más experiencia, y a veces deseo tener yo más experiencia también. Pero hemos hablado francamente acerca de la atracción que podemos sentir por otras personas. Aunque hemos elegido esta relación monógama, eso no significa que no tengamos toda una gama de fantasías sexuales.»

Actualmente, cuando una mujer se casa, está tan acostumbrada a recibir placer como a darlo. Es posible que haya reflejado un modelo típicamente masculino de comportamiento prematrimonial: la de una predadora sexual, que busca sistemáticamente amantes con la única y exclusiva finalidad de tener relaciones sexuales sin compromiso, disfrutar de la variedad, evaluar la experiencia y, con más frecuencia que menos, tener la seguridad en sí misma para ejercer el dominio sobre sus parejas sexuales. Sam recuerda: «Yo iba a los bares y clubes, pero siempre me los llevaba a casa, follaba con ellos hasta quedar sin sentido, por la mañana les preparaba el desayuno y luego les pedía que se marcharan. Y siempre me daban sus números de teléfono. Me decían: "Dame tu número", pero yo siempre les contestaba: "Yo te llamaré"».

Por lo general, la nueva generación de casadas ha tenido más de diez años de experiencia sexual; por lo tanto, no tienen el más mínimo problema en instigar las relaciones sexuales, adoptando un papel dominante y desplegando sus habilidades eróticas tal como hacían las mujeres de generaciones anteriores con sus talentos culinarios. ¡Ta-taa! Esa seductora sensualidad que exhibía sin duda cuando estaba soltera mantiene a su marido deseando continuar casado con ella. Eso proporciona el andamio cuando las inevitables dificultades de la vida conyugal moderna amenazan con estremecer sus cimientos. Pero, del mismo modo, es esencial que su marido mantenga su nivel para que la chica casada continúe deseando seguir casada con él. Chicos casados, escuchad.

Lo que ella desea: calidad y cantidad

Aunque nuestras madres podrían haberse contentado con dejar que sus maridos ocuparan el asiento del conductor en el dormitorio y fuera de él, las chicas casadas no. Ellas tienen muy firme el pie en el acelerador sexual, por lo menos con tanta frecuencia como sus maridos. También a diferencia de nuestras madres, ellas deciden cuándo tener relaciones sexuales y si toman el camino panorámico o dan una rápida vuelta a la manzana.

Dice Suzannah, 39: «Después de diez años de matrimonio, David y yo seguimos siendo muy sensuales. Pero yo dicto las condiciones sobre el cuándo y también sobre el cómo».

Todos conocemos el estereotípico acto de la actividad sexual matrimonial: el marido hace las insinuaciones, la esposa alega tener dolor de cabeza, el marido insiste implacable y monta encima de la esposa, dos minutos después acaba la experiencia mutuamente insatisfactoria, la esposa se baja el camisón, el marido se pone a roncar, fin del acto. Sí, es un cliché, pero como la mayoría de los clichés, proviene de la verdad. La verdad de ayer.

Ahora, la verdad de hoy.

Mis entrevistas revelan que la nueva generación de esposas espera practicar sexo por lo menos dos veces a la semana, de preferencia más. Un considerable número de chicas casadas desean tener relaciones sexuales cada día (y ciertamente no se reservan para la noche), destruyendo el mito de que una vez casadas las mujeres se desconectan y se dan media vuelta. El ideal está por ahí entre dos y cinco veces a la semana, una vez que la vida conyugal se ha establecido en algo semejante a una rutina.

La mayoría de ellas se quejan de no tener relaciones sexuales con la frecuencia que quisieran.

—Yo suplico en cuatro patas —dice Sam—: «Por favor, ¿podríamos hacer el amor?»

—Yo también —tercia Petra, 33—. Ciertamente deseo más sexo en nuestra relación.

Y Emily, 33, cuenta:

—No hace mucho tuvimos una tremenda pelea porque yo quiero tener más relaciones sexuales que él.

A esto se debe que todas las chicas casadas recuerden con nostalgia los primeros embriagadores meses de su relación con sus maridos, cuando prácticamente no podían quitarse las manos de encima mutuamente.

«Follábamos, follábamos y follábamos —dice Amie, 33 años, casada hace cinco con Otis—. Follábamos antes de irnos al trabajo, follábamos tan pronto volvíamos del trabajo. ¿Y los fines de semana? ¡Mis amigas creían que había desaparecido de la faz de la tierra! Nos pasábamos todo el fin de semana acostados, comiendo y follando. Era fantástico.»

«Nosotros también —dice Carmen, 37, casada diez años con Michael—. Recuerdo la primera Navidad que pasamos juntos, sólo tres meses después de casarnos. Les dijimos a nuestros padres que queríamos pasar las vacaciones solos, y las pasamos enteras en la cama. Teníamos un apartamento minúsculo, así que pusimos el sofá cama delante del televisor e hicimos sólidamente el amor durante tres días. Lo hacíamos incluso entre regalo y regalo que íbamos abriendo. Y, je, je, comí mi almuerzo de Navidad sobre el vientre de Mike. Los guisantes rodaban por todas partes; incluso le vertí un poco de salsa encima, que estropeó totalmente el sofá cama, pero no nos importó, estábamos en celo y eso era lo único que de verdad centraba nuestro interés».

La regla empírica afirma que la frecuencia con que tenemos relaciones sexuales se reduce a la mitad pasados los primeros doce a dieciocho meses, pero que el ritmo sexual sea más lento no es ni debe considerarse señal de que la relación está cayendo por la pendiente más rápido que Eddie the Eagle (esquiador británico terriblemente malo).

«Si no hemos hecho el amor durante una semana —comenta Carmen—, comienzo a preocuparme. De hecho me preocupa más a mí que a Mike. La verdad es que lo echo de menos. Echo en falta la intimidad, y echo en falta la sensación.»

«Sí, yo valoro mucho nuestra conexión sexual —acota Gabrielle, 32—. Y me aflijo muchísimo si, por algún motivo, no tenemos relaciones sexuales por lo menos una vez a la semana. Hay ciertas ocasiones en que me siento gorda, y me doy cuenta de que no es que esté gorda sino que no he sido sexual. Comienzo a sentirme confundida, como pensando "¿Qué pasa?" Esto lo siento yo más que Murray. Y vigilo si no lo hacemos durante dos semanas. Pienso, esto no puede seguir así porque si no hay sexo durante dos semanas, luego serán tres semanas, y luego serán cuatro, cinco y seis. Y entonces nos divorciaremos. Así que voy y le digo: "¡Ven aquí y quítate la ropa!"»

La chica casada tiene buen motivo para preocuparse si no tiene relaciones sexuales periódicamente. Aquí apunto dos observaciones científicas que conviene que sepas: las mujeres que mantienen relaciones sexuales frecuentes sin condón (es decir, la mayoría de las chicas casadas, para quienes la píldora es la opción anticonceptiva preferida) son menos propensas a deprimirse que aquellas que lo hacen con condón, y las que se abstienen. Según investigadores de la Universidad de Nueva York, esto se debe a las sustancias químicas modificadoras del ánimo que transfiere el hombre (¡bien por el semen!) ¿Y la segunda? Algunos estudios de investigación han demostrado que las parejas necesitan compartir actividades placenteras con regularidad para mantener equilibrada la relación. Pero nuestras vidas se van volviendo cada vez más ajetreadas. No sólo hacemos malabarismos con las exigencias del trabajo, la familia y las amistades, también está la presión para hacer ejercicio en el gimnasio, continuar con nuestras clases de arte, las horas programadas en la peluquería, el salón de belleza para la manicura, el dentista, el homeópata, el ginecólogo, el aromaterapeuta y todo lo demás, lo cual significa menos y menos actividades diarias compartidas entre las esposas y maridos modernos. De hecho, para las chicas casadas, la relación sexual podría muy bien ser lo único que hacen con sus maridos.

En realidad, cuando los terapeutas intentan determinar lo feliz que es una pareja, sus conclusiones suelen reducirse a una sencilla operación aritmética: restar el número de peleas del número de actividades sexuales que ha tenido la pareja durante un determinado período de tiempo. Si las relaciones sexuales superan en número a las peleas, se considera feliz a la pareja.

Eso es lo que me dice Suzannah, 39, mientras tomamos una copa.

«Cuando no hacemos el amor durante un tiempo, esto se manifiesta en toda nuestra relación. Nos distanciamos. Normalmente llevamos vidas sociales y laborales bastante separadas, pero he notado que empezamos a distanciarnos más aún y discutimos más por cosas tontas. Por ejemplo, yo me sulfuro porque él nunca me llama desde su oficina. De pronto caigo en la cuenta, anda, hace siglos que no me llama del trabajo. Pero sé que eso sólo me enfada porque no hemos tenido ningún contacto físico. Y me meto con él, le digo: "Parece que ya no te interesan los niños, no les has leído un cuento desde hace semanas". Pero sé que eso se debe a que no hemos tenido relaciones sexuales.»

Según diversos estudios, entre las parejas felices, pasado el primer par de años, la frecuencia sexual tarda otros veinte años en reducirse a la mitad, sin tomar en cuenta las sequías sexuales temporales debidas al nacimiento de un hijo, enfermedad u otro acontecimiento importante de la vida. Hasta ese momento, la chica casada considera el sexo el pegamento que no sólo sostiene el matrimonio sino que también lo mantiene vivo y bien. Es también lo que permite a los cónyuges seguir considerándose seres sexuales, a pesar de las vulgaridades de la vida conyugal cotidiana. Cuantas más relaciones sexuales tienes, más probabilidades hay de que consideres a tu marido un dios sexual, y no «el tío que saca la basura y ronca en la cama».

Cuenta Natasha, 31:

—Bill y yo tenemos el acuerdo de decir siempre sí al sexo, aun en el caso de que uno de los dos no se sienta exactamente con ganas. Aunque yo no haya estado de ánimo antes, después siempre me alegra haberlo hecho. Así que si Bill no lo desea cuando yo sí, simplemente le meto la mano por los pantalones hasta que él no puede evitarlo. No quiero ser machacona pero, sin sexo, ¿qué tienes?

—Sólo amistad —tercia Melanie, metiendo su trozo de plátano en la *fondue* de chocolate—. Y eso no basta para un buen matrimonio. Tengo muchísimos amigos, pero no deseo estar casada con ellos. El sexo está ahí, junto con la amistad y la confianza. Hay que tener ambas cosas. Si no tengo relaciones sexuales, me siento malhumorada y desgraciada. Podría estar enferma una semana, con un catarro bestial y echando los pulmones al toser, y le pregunto: «¿No te vas a acostar conmigo?» Y él dice: «Pero es que estás enferma». A lo que le contesto: «Pero no me estoy muriendo». Es muy amoroso cuando estoy enferma, porque no intenta nada, simplemente me abraza y ni siquiera lo menciona. Mientras tanto yo digo: «Oye, que no estoy en el ataúd. ¡Venga! Sólo deja que me ponga arriba porque no puedo respirar si estoy debajo».

—¡Tiene razón! —afirma Natasha—. Y he notado que cuantas más relaciones sexuales tengo, más deseo. Y mejor es nuestra relación.

Yo también lo he notado. La relación sexual es el excitante definitivo de la libido. Y si bien es fantástico un revolcón ardiente, apasionado, los beneficios pueden ser bastante cortos si no se complementa con relaciones sexuales periódicas, tiernas, menos frenéticas. Las probabilidades de esos revolcones ardientes, apasionados, de agárrate, aumentan cuando, en otras ocasiones, tenemos relaciones sexuales perezosas, o sexo por el deber, sexo triste o incluso enfadado. Realidad biológica: todo esto tiene que ver con la oxitocina, hormona superpotente producida por la excitación sexual. La oxitocina nos estimula a formar fuertes vínculos emocionales que nos incitan a enamorarnos profundamente una y otra vez de nuestra pareja y a experimentar las acometidas sexuales que adorábamos al comienzo de nuestra relación con él.

La hora para el éxtasis

Si cuando estaba soltera encontraba que le faltaba tiempo, después de su matrimonio la mujer está atrapada en medio de una hambruna de tiempo. Podrías imaginarte entonces que teniendo tan poco tiempo en sus manos, cuando consigue un segundo libre, tal vez prefiere un baño de burbujas y tiempo para leer tranquilamente. Concedido, eso lo disfruta. Pero si crees que leer un libro sobre sexo basta para saciarla, estás muy equivocada.

¿Recuerdas a Tina, la chica casada que mencioné al comienzo de este capítulo? Empieza a trabajar a las ocho y media de la mañana en un ajetreado departamento de *marketing* de unos grandes almacenes de ropa en Nueva York, y normalmente sale del trabajo pasadas las ocho de la noche. Su agenda es tan apretada que en lugar de ir al gimnasio se va directa y rápidamente al trabajo. En lugar de dedicar el tiempo libre a quehaceres domésticos, contrata a una asistenta de la limpieza. En lugar de tener cansadas e insatisfactorias relaciones sexuales por la noche con su marido Billy, que da la casualidad que trabaja a pocas manzanas de ella, periódicamente reservan una habitación en un hotel para un encuentro sexual, aprovechando el tiempo del almuerzo. (Afortunadamente, Billy conoce al director, al parecer hace muchos agasajos por parte de la empresa en esa cadena de hoteles, lo que les asegura una reserva rápida.)

«Seguro que mi jefa pensaría que soy una adicta al sexo si lo supiera —dice Tina—. No soy adicta, pero me gusta. Y he descubierto que hacer el amor a mediodía, cuando estoy a tope de energía nerviosa, es mejor que hacerlo por la noche, cuando lo único que deseo es dormir. Así como a algunas personas les gusta golpear un saco de arena a la hora del almuerzo, a mí me gusta hacer el amor con mi marido. ¿Qué hay de malo en eso?»

Ah, pues nada.

«Hacer el amor es mi manera de relajarme —dice Lottie, 32, corredora de fincas para locales comerciales—. Mi trabajo es estresante, son muchas y largas horas y, como sabes, la mayoría de las veces sencillamente no hay tiempo para sentarse a disfrutar de una cena romántica y hablar. Cuando llego a casa después de catorce horas de trabajo, estoy tan tensa que sólo deseo sexo y después ya me siento feliz y tengo ganas de hablar.»

Lo que experimentan Tina, Lottie y muchas chicas casadas es un apetito sexual inducido por el estrés. Cuanto más estresadas están, más ansían sexo satisfactorio. (Un estudio realizado por la revista *Good Housekeeping* en 2002 en Reino Unido revelaba que una de cada seis mujeres asegura que la relación sexual es importante para aliviar el estrés.) Pero yo me refiero a un cierto tipo de estrés, no al que tal vez experimentaban nuestras madres cuando se desinflaban sus pasteles o se estropeaba la lavadora. No, ése era un estrés agotador, irritante, temible; el tipo de estrés que encoge los pezones y hace caer las nalgas a las rodillas; el tipo de estrés que hace experimentar la relación sexual como otro pesado quehacer más.

El estrés que diferencia a la nueva generación de esposas de sus madres es aquel que hace relampaguear los ojos, brillar la piel, brincar el corazón, levantar los pechos, y que la confianza en sí misma y la libido salten a la estratosfera. Es el estrés que proviene de una situación difícil, exigente, de un entorno imprevisible, de la competitividad, el triunfo, el peligro, incluso, el desastre. Investigadores de la UCLA descubrieron que desastres importantes y la guerra pueden desencadenar sentimientos de peligro que estimulan la libido, por eso algunos incluso han pronosticado otro bum de natalidad después del trauma del 11 de septiembre. Pero en este contexto, me refiero al tipo de estrés provocado por la adrenalina, debido al tipo de ambiente de trabajo difícil en que las chicas casadas se están forjando sus exitosas carreras y en el que la relación sexual recompensa (o alivia, si quieres). Una relación sexual deliciosamente calmante, tranquilizadora, que restablece la sensación de seguridad o armonía, o una explosiva, tipo olla a presión, que alivia la tensión mediante la pasión.

Lottie comenta que a su marido le encanta su apetito sexual, y compara notas con sus amigos en el bar.

«Dice que algunos de sus amigos se quejan de que sus esposas están demasiado cansadas para querer sexo. Estas mujeres son amigas mías también, y te aseguro que no están tan cansadas ni estresadas. Desean sexo tanto como lo han deseado siempre. ¿La verdad? Simplemente no les apetece en ese momento, o tal vez pretextan agotamiento cuando en realidad es aburrimiento. Actualmente muchos hombres o están demasiado cansados para hacer un esfuerzo en la cama o se sienten tan castrados por sus mujeres inteligentes y prósperas que son incapaces de hacer el esfuerzo. O tal vez sencillamente sus maridos no sintonizan con el horario de sus esposas. Pero el deseo sexual está.»

«Pues sí, claro que sigue ahí el deseo —dice Elizabeth, 29, diseñadora de páginas web—. Y he observado que lo siento más ahora que trabajo a jornada completa. De hecho, el año pasado cuando quedé en el paro mi impulso sexual se vino al suelo, lo cual era raro pues pasé tres meses holgazaneando en casa, simplemente yendo al gimnasio y vagando por el parque; lo lógico era que me hubiera sentido mejor dispuesta. Tan pronto como volví al trabajo, ya estaba ¡oye, oye!, ¿eh? Y un día pesado de trabajo me hace más sexual que uno flojo. A veces salto sobre los huesos de Leon en el instante en que llego a casa del trabajo. Él igual está cocinando, pero yo le pellizco el culo y ya está. Lo ves, no es el estrés el que mata mi libido. Lo que la mata es si tengo baja la autoestima, si no me siento un éxito. ¿Estar ocupada en el trabajo? No, no, no.»

Entonces si no es el apetito, ¿es la hora, el momento?

«Exactamente —dice Sonja, enfermera de 24 años, que lleva tres años casada con Jackson—. Yo me levanto a las cinco de la mañana. Él es director de tienda, por lo tanto se levanta a las ocho, así que por la noche tiene más energía que yo. Pero muchas veces le entierro mi culo antes de levantarme para indicarle que estoy con ánimo de sexo. Me encanta hacerlo por la mañana, me hace sentir fabulosa el resto del día. No espero al fin de semana. Me volvería loca.»

Gracias a la confianza y seguridad sexual que adquirió durante esos años de soltera, la mujer actual tiene las agallas para dirigir cuando está casada. La mayoría de ellas no van a sacrificar su sexualidad por sus apretados horarios, lo más probable es que incorporen sus necesidades y deseos sexuales a sus agendas haciendo uso creativo de su tiempo. Pero según sus condiciones. El sexo no se reserva para cuando se pone el sol. De hecho, ocurre que cuando menos les gusta la relación sexual es por la noche («estoy demasiado cansada», dice Suzannah, 39), prefieren hacerlo cuando llegan del trabajo («inmediatamente después del trabajo el viernes por la noche», dice Alice, 35), cuando la adrenalina discurre por sus venas, justo antes de tener que salir (cuando también la adrenalina está en su cumbre, o se sienten deseables o fabulosas), a cualquier hora del día, o un sábado. El consenso es que el encuentro sexual la tarde del sábado es el mejor de todos.

Dice Suzannah, que tiene dos bulliciosos hijos, un ajetreado horario de trabajo y una muy movida vida social: «Sexo a la hora de acostarnos para mí es un nunca o casi nunca. Lo mejor es por la tarde, cuando los niños están jugando abajo, o por la mañana, cuando nos despertamos. Pero puede ser a cualquier hora del día, cuando se presenta el momento. Nunca lo hacemos cuando nos metemos en la cama por la noche, y eso a insistencia mía. Me gusta llevarme el té a la cama y leer un libro. Ahora bien, decimos francamente: "Ah, nunca a la hora de acostarnos", o muy rara vez, a no ser que hayamos bebido y estemos achispados; entonces lo hacemos al acostarnos».

Paulette, 38, tiene dos hijas y aunque por el momento ha dejado en suspenso su profesión, está tan ocupada como siempre haciendo malabarismos entre su papel en la asociación de padres y profesores y su activa vida social y la de sus hijas. «Es importante que haya espontaneidad en nuestra vida sexual, y eso es difícil cuando se tienen hijos. Pero muchas veces digo: "Muy bien, ahora mismo y aquí", y Simon responde: "¿En serio?", porque a esa hora de la noche los dos estamos muy cansados. Igual estamos en el baño y las niñas están absortas viendo una película, y yo continúo: "Venga, ahora", y entonces pasamos por eso de "No, no podemos; ah, pues sí que podemos, hagámoslo". Así que aunque todavía me gustan las maratones de dos horas, muchas veces sencillamente no tenemos tiempo y hacemos el revolcón de cinco minutos, que es francamente divertido. Te sientes como si estuvieras realizando algo malo porque te podrían pillar.»

Aunque Amanda, 29, y Larry, 28, no tienen hijos, todavía, ella sigue prefiriendo la tarde del sábado. «Casi siempre hacemos el amor los sábados por la tarde. Es el mejor momento para mí. No se trata del estrés, se trata de cansancio, y no me gusta hacerlo cuando estoy cansada. Sí que tenemos relaciones sexuales durante la semana, pero es más ese sexo de meterse en la cama. El sábado estamos juntos en la casa y muchas veces ocurre antes de salir. Estamos jugando, echando una siesta, hablando, riendo, y entonces sucede en cualquier habitación, en cualquier lugar. Rara vez lo hacemos en el dormitorio los sábados. Puede ser en el sofá, en el suelo o en el sillón, y es realmente fantástico.»

Romper moldes y tener relaciones sexuales a cualquier hora, excepto por la noche al acostarse, es sorprendentemente común entre los casados actuales. El sexo «rebelde», espontáneo, con un elemento de riesgo, peligro o prohibición, lleva el placer añadido de la emoción del temor a ser sorprendidos, equivalente a las citas a escondidas. El que sea manipulado no los refrena; eso es insignificante comparado con los beneficios. Dice Jo, 33: «El sexo puede convertirse en una rutina. Si no tienes cuidado, se convierte en "Ya, ponte encima, levanta las piernas...". El reto es alcanzar continuamente nuevas alturas, brrr, mala metáfora. Pero hay que estar siempre redescubriéndose mutuamente, si no el sexo se hace ritualista y aburrido, como lavarse los dientes. Entonces no dan ganas».

Cuándo hacen el amor las chicas casadas:

Caliente	sábado por la tarde
••••	viernes por la noche
•••	domingo por la mañana
••	al anochecer
•	días laborables por la mañana
•	sábado y domingo por la noche
•	a medianoche
Frío	días laborables por la noche

«Las mejores relaciones sexuales que hemos tenido Aaron y yo —continúa Jo— han sido cuando está prácticamente a punto de marcharse al trabajo. Cuando se está vistiendo, abotonándose la camisa y está ahí sólo en ropa interior y camisa, no hay nada más divertido que yo me ponga cachonda, le baje los calzoncillos y comience a besarle el pene. Es inesperado. No soporto la idea de irme a la cama cada noche, leer unos pocos capítulos de mi libro y luego decir: "Venga, cariño, ¿quieres ponerte encima?"

Eso es tremendamente deprimente para mí. El sexo debe ser una sorpresa, algo inesperado.»

Dice Jess, 34, casada con Bob: «Lo último que se nos ha ocurrido es hacerlo en un taxi. Una noche salimos, bebimos unas cuantas margaritas, cogimos un taxi para volver a casa y de repente yo comencé a excitarlo. Pero eso sólo lo puedes hacer cuando él va sentado detrás del taxista. ¡Ja, ja, ja! Ahora lo hacemos cada vez que podemos. Es tan divertido que me da risa sólo recordarlo».

Dice Lottie: «Me gusta esa sensación de peligro, de que estamos haciendo algo indebido. Prefiero con mucho el sexo un domingo por la mañana en Central Park que por la noche con las luces apagadas. No siempre es posible si hay mucha gente, pero el riesgo de que nos sorprendan me recuerda mis tiempos de adolescente. Aunque estoy casada, sigue gustándome sentirme joven y alocada».

Dice Claire, 32, artista maquilladora: «Yo creo que la vida conyugal de nuestros padres era mala porque el sexo era algo que se hacía como un quehacer más, cuando todos los demás estaban hechos, como sacar la basura y llevar a pasear al perro, o era un lujo que tenía que esperar a que todas las necesidades estuvieran cubiertas. Es decir, la verdad es que me maravilla que mis padres tuvieran la decisión de concebirme. Pero creo que las mujeres de hoy, las parejas de hoy, hacen de su vida sexual una de sus prioridades. O sea que lo hacen cuando les apetece, al margen de la hora o el lugar. De hecho, hay algo muy anticuado en la relación sexual en la cama. Si yo sólo lo hiciera por la noche, en la cama, con las luces apagadas, estaría muy cabreada por el estado de nuestra vida sexual. Me haría sentir como si tuviera la vida sexual de mis padres, y de ninguna manera quiero eso».

En realidad, no reservar el sexo para la noche, en la cama, ha transformado positivamente la relación sexual de Tracy, 34, con su marido Jeff. Cuando su madre se fue a vivir con ellos debido a problemas de salud, Tracy se vio obligada a cambiar su programa sexual. «Su dormitorio está contiguo al nuestro —dice—, así que ya no lo hacemos en casa. Ahora tenemos que salir para tener relaciones, y si no, yo protesto. Lo hacemos en el coche, vamos a hoteles, lo hacemos en el aparcamiento de hoteles, sin entrar a pedir habitación. Follamos en autocines. Si alguien se nos acerca a preguntar qué estamos haciendo, pienso, esta persona no me conoce, yo no la conozco, así que no importa. Esto ha intensificado nuestra vida sexual. Está mejor que nunca. Y después, me siento fabulosamente. Me siento como si se me hubiera aliviado un tremendo estrés. Es como beber un largo trago al final de un día estresante.»

—¡Camarero! —grito yo—. Tomaré lo que está tomando ella.

El orgasmo... preparada o no

«Me gusta que haya una conclusión en todo lo que hago —dice Sabina, 40, casada desde hace siete años con Matthew—. Es muy importante para mí tener un orgasmo durante la relación sexual.»

Sabina no está sola. Para cada chica casada que conozco, el orgasmo es el objetivo final. Sin embargo, hace menos de medio siglo, el orgasmo femenino no era más que una nota al pie de la experiencia sexual masculina. El mundo en el que se casó mi madre parece estar a años luz del mundo en el que existe la nueva generación de casadas. La calle de una vía sexual de hace una generación ha experimentado una drástica transformación, convirtiéndose en una superautopista sexual en que los dos lados esperan llegar a su destino orgásmico. Mi madre se habría cortado los dedos de los pies con un cuchillo para mantequilla antes que hablar despreocupadamente de los beneficios de la estimulación del clítoris y de la penetración profunda que se consigue con la postura del perrito. En la época en que ella era una recién casada, no se pronunciaban jamás las palabras «clítoris» ni «masturbación», y el sexo insatisfactorio era la norma. La recién casada de hoy no sólo pontifica libremente (y muchas veces en voz muy alta) acerca de los méritos superiores de la estimulación del clítoris con respecto a la penetración, sino que también insiste en tener su orgasmo aun cuando su flamante marido no se corra, y, si es necesario, hace ella misma lo que tenga que hacer para lograr su objetivo.

Las mujeres modernas conocemos muy bien los complejos mecanismos de nuestros cuerpos, y sabemos que estamos biológicamente hechas para experimentar el orgasmo con regularidad. De hecho, aunque la mujer puede concebir sin tener un orgasmo, estudios realizados en el Hospital Hammersmith de Londres indican que las contracciones uterinas producidas por el orgasmo aumentan inmensamente la posibilidad de quedar embarazada, al impulsar el semen desde el útero a las trompas de Falopio, donde se fertilizan los óvulos. De todos modos, tengan este conocimiento o no, las mujeres, con toda razón, esperan el orgasmo y saben cómo lograrlo. No se adhieren a la opinión de que simplemente deben servir y gratificar a los hombre en la cama. Y la palabra «frígida» se ha borrado del vocabulario de la chica casada. Desde antiguo se ha usado esta palabra para definir a la mujer que no lograba llegar al orgasmo en pocos minutos, en la postura horizontal del misionero, de modo que la mujer llamada frígida pertenece al medioevo, época en que ni las mujeres ni los hombres sabían hacerlo mejor. Ahora es mayor que nunca la presión para que el marido comprenda bien el cuerpo de su mujer y adopte las mejores posturas para ambos. Porque la verdad es que si bien son muy pocas las mujeres que llegan al orgasmo durante el coito sin estimulación manual adicional, un somero frotamiento del clítoris durante el coito horizontal tampoco basta. Cuanto más hablan las mujeres entre ellas, y hombre, vaya si no hablan, más se enteran de que hay una miríada de maneras de experimentar el éxtasis.

Concentrarse simplemente en el clítoris podría ser mejor que no prestarle atención, pero actualmente sabemos que la capacidad erótica llega a más profundidad aún, y comprenderlo exige de nuestras parejas un elevado grado de creatividad, paciencia, energía y generosidad. Me refiero en parte al omnipresente punto G, esa zona pequeña pero gloriosamente sensible situada a un tercio de camino por la pared frontal de la vagina. Pero también me refiero a esa zona muy erógena cuyo nombre, poco acertado, es AFE (*anterior fornix erotic*, arco erótico anterior), que está situada entre el punto G y el cuello del útero y que, si se estimula, prácticamente garantiza el orgasmo. Para más de un tercio de las mujeres, significa orgasmos múltiples.

Pero, como me han dicho muchas mujeres, no dependemos tanto como los hombres de los genitales para nuestra gratificación. Todo nuestro cuerpo es una zona erógena en potencia.

«Yo puedo tener un orgasmo con sólo la estimulación de los pezones», revela Lottie.

«Yo puedo correrme si me acarician la espalda y el cuello», confiesa Alice, 35.

De hecho, en pruebas hechas en el Center for Marital and Sexual Studies, de California, se ha descubierto que en el espacio de una hora la capacidad orgásmica de una mujer puede ser ocho veces mayor que la de un hombre. El estudio, realizado por los doctores William Hartman y Marilyn Fithian, estableció que por lo menos un 75 por ciento de las mujeres son multiorgásmicas. Pongamos eso en el contexto de la historia. Hace apenas cincuenta años, el informe *Kinsey* declaraba que tan sólo el 14 por ciento de las mujeres eran multiorgásmicas. Ahora diversas encuestas han elevado esa cifra al 50 por ciento. ¿Hemos de creer que las mujeres han evolucionado físicamente en ese tiempo? Ciertamente no. Dice el doctor Hartman: «Lo que ha cambiado es lo que esperan de la relación sexual, de los hombres y de sí mismas, en todos los aspectos».

Mi opinión es que si espero obtener lo que deseo en los negocios o el trabajo, ¿por qué no esperar obtener lo que deseo en la cama? Elaine, 43, y casada desde hace dos años, comparte mi opinión. Dice que una mujer ha de ser tan exigente en la cama como lo es en una entrevista con el jefe para revisar el sueldo. «Si no pides, no obtienes, y cuando no obtienes te sientes como una mierda.»

Sí, las mujeres ansían la intimidad del sexo. Y lógicamente ven el efecto de esa intimidad y placer compartidos en su estado de ánimo, en la sensación de bienestar y armonía conyugal. Pero ¿relación sexual sin orgasmo?

«Es como cuando tiras un petardo en una fiesta y no explota —dice Shelley—, todo el mundo protesta. Qué decepción. Te sientes estafada. Aunque todos los demás petardos de la caja estallen con ruido, siempre queda esa sensación de desinflarse cuando uno sólo hace puff.»

Shelley tiene derecho a sentirse desinteresada y decepcionada si no tiene un orgasmo. Experimentar un orgasmo con la pareja es algo más que un deseo egoísta o un impulso emocional. Los psicólogos evolucionistas dicen que influye en la formación del vínculo y en la selección de la pareja. Se ha descubierto que una mujer tiene más probabilidades de formar el vínculo más duradero de todos, la paternidad, con un hombre con el que tiene orgasmos que con uno con el que no los tiene (¿te acuerdas? Los orgasmos sirven para quedar embarazada).

De hecho, Rosa, 26, se casó con George porque fue el primero con el que pudo tener orgasmos.

«No fue ése el único motivo —añade, después de enumerar las muchas cualidades del magnífico George—.

118

Pero sí fue un factor importante. Simplemente sentí esa conexión intensamente animal.»

«Conocí a Danny en un bar —dice Melanie— y nos pusimos a hablar. Antes de darme cuenta ya nos estábamos metiendo mano. Salimos y lo hicimos, apretados contra la pared, yo con las piernas alrededor de su cintura, parecíamos lunáticos. Yo estaba agarrada a su culo, fue como algo bestial. Pero lo importante, incluso entonces, fue que no era sólo para él, sino para mí también. Todavía lo es. Me encanta el coito, pero necesito un orgasmo también. Y Danny se preocupa de que lo tenga. Es muy generoso. Es muy importante que él se preocupe así de mí. No me habría casado si para él mi placer no hubiera sido tan importante como el suyo.»

Expongo la teoría orgasmo/matrimonio a Sally, 31, que manifiesta su acuerdo y añade: «Hay algo en tener un orgasmo, ya sea uno alucinante o una serie de esos pequeños estremecedores, que diferencia la relación sexual de casada con las que tenía cuando estaba soltera. En esa época me acosté con algunos tíos que sólo querían correrse ellos. Después me sentía vacía e insatisfecha. En las raras ocasiones en que no tengo un orgasmo con Jed, me acuerdo de cuando estaba soltera. Es agradable, sí, pero no me siento tan conectada con él. Estar casados quiere decir formar un equipo, y en un equipo los dos tienen que ganar».

Dice Sara, 35, casada con Ken desde hace ocho años: «Para mí, no sólo la relación sexual sino tener un orgasmo durante ella es señal de que mi matrimonio en ese momento está más que bien, está fabuloso. He notado que cuando estoy resentida o enfadada con Ken, me cuesta tener orgasmos. Tampoco me resulta fácil tener un orgasmo cuando sé que lo he fastidiado. Es como si no me diera permiso para entregarme totalmente a él o para abandonarme a nuestro placer».

Buen argumento ése: tener un orgasmo delante de otra persona es algo intensamente emotivo, ¿verdad? Es decir, no se trata del puro placer, habla de confianza y de sentirte absolutamente cómoda en la presencia de tu marido. Tener un orgasmo significa desnudarte totalmente, quitarte la máscara y revelar el fondo de tu ser. No es de extrañar que las encuestas siempre revelen que la frecuencia del sexo mutuamente satisfactorio, en que los dos experimentan placer total, es el indicador más fuerte de felicidad y éxito conyugal.

Pero para muchas chicas casadas, el orgasmo es también un importante reductor del estrés. Llevan vidas tan ajetreadas que muchas veces se sienten como ollas a presión a punto de explotar. Hablan largo y tendido de las dificultades de una agobiante responsabilidad y de las expectativas que les impone la vida moderna. Incluso reconocen, sintiéndose culpables, sentimientos de violencia.

Cuenta Julie, 36, creativa directora de una importante agencia de publicidad: «Hay días que creo que me voy a descontrolar y a destrozar la oficina. Si alguien me mira o dice algo que no me gusta, me dan ganas de arrearle una bofetada». Eso está en claro contraste con la vida de su madre. «Ella no tenía nada interesante que hacer. Lo único en que pensaba era en cómo iba a redecorar el cuarto de baño o qué compraría para la cena si no lograba encontrar un bistec decente. Mi padre "tenía" que comer carne. Pero ella lo único que hacía era cocinar y limpiar, limpiar y cocinar. Eso no la convertía en una persona tranquila, sólo la deprimía, lo cual es mucho, muchísimo peor que sentirse agotada. Pero de todos modos, detesto esa sensación de emociones y energía reprimida, es esencial tener una liberación.»

Ya se trate de un revolcón rápido a mitad de semana («como el miércoles por la noche, cuando los dos estamos cansados», dice Julie) o de sexo en el fin de semana, cuando tiene el tiempo y la energía para entregarse a hacer el amor a sus anchas, la finalidad de la relación sexual es a partes iguales la intimidad emocional y la liberación física del orgasmo. «Esa intimidad es muy calmante, pero a veces no basta. Es tener un orgasmo lo que de verdad evita que me desmorone al día siguiente.»

Lola, 30, abogada, coincide en eso: «No logro imaginarme un coito sin orgasmo. Es una pérdida de tiempo. Si no me corro le digo a Tommy: "Ahora voy a ser una arpía todo el día, así que tienes que hacerme acabar"».

Joely, editora de 26 años, dice lo siguiente: «No le veo sentido a tener una relación sexual si no voy a tener un orgasmo. De verdad que no. En especial durante el fin de semana, sencillamente carezco de tiempo para eso. Lo tengo todo programado hasta los últimos quince minutos. Ésa es mi personalidad y mi vida. Es decir, esta semana sólo tuve una noche en que al llegar a casa pude sentarme a mirar la tele. Así que necesito ponerme a ello, tener un orgasmo y ser feliz».

Explica Rae, 41, dentista y madre de un hijo, casada con Louis hace nueve años: «Hacemos el amor dos veces a la semana, aunque estemos cansados o de mal humor. Para mí eso significa mucho». ¿Como qué?, le pregunto. «Reconexión e intimidad entre nosotros. Pero es igualmente importante un orgasmo, por supuesto, porque me chiflan los orgasmos y ese increíble *ssuaaass*. Es una tremenda liberación. Es como saltar sobre una enorme sandía. Es como si abriera una maleta a rebosar de ropa. Es fantástico... Sé que los días siguientes me voy a sentir feliz conmigo misma y con la vida en general. Siento más confianza en mí misma, así que soy capaz de hacerme valer y ser más productiva en el trabajo. Es curioso, pero estoy mejor para tratar con el director del banco o el mecánico del coche después de un pasmoso orgasmo.»

Rae y yo prácticamente nos sostenemos mutuamente aullando de risa después de esta revelación final. Qué cierta es. Olvida esa odiosa sensación de sufrimiento y obligación que tenían las mujeres de generaciones anteriores respecto a la relación sexual. Por eso casi me atraganto cuando cojo un ejemplar de *Redbook* y leo el título de su reportaje principal: «¡El mejor sexo de su vida [de él]! El sencillísimo toque de aaaah que a él le encantará que pruebes». Brrr. Ojalá hayan seguido el programa. Por todos los demonios, no sabían que el sexo no va de servir a tu marido. Claro que quieres que lo disfrute. Lo amas, por lo tanto deseas que se sienta feliz y satisfecho. Pero experimentar orgasmos en el coito va de derechos propios también, de hacerse un servicio a una misma, y a la sociedad.

Hace veinte años, la madame Cynthia Payne salió con las inmortales palabras: «Los hombres necesitan desfogarse periódicamente». Reza la sabiduría popular que la liberación física de la eyaculación calma a los hombres, los hace menos propensos a estallidos, incluso menos agresivos, y a eso se debe que en los círculos deportivos se mantiene alejadas a las esposas y amantes antes de un partido. Ahora que las vidas de las mujeres están igualmente, o más, sobrecargadas que las de sus maridos, hemos despertado a los beneficios desestresantes de la gratificación sexual y exigimos que se nos desfoguen también. Sí, la relación sexual intensifica los sentimientos de amor, ternura y autoestima en las mujeres, sentimientos que no se pueden ni deben infravalorar en el matrimonio. Pero la liberación física del sexo vigoroso y el orgasmo es tan importante para ellas como para ellos. Las mujeres que rara vez tienen orgasmos con sus parejas suelen considerar insatisfactorias sus relaciones sexuales y sus relaciones en general. Por lo tanto, dados el papel y las expectativas cada vez más importantes de las mujeres en la sociedad, la relación sexual periódica y gratificante es de un interés mundial a la vez que matrimonial. ¿Orgasmos? Vengan.

Diez buenas razones para tener un orgasmo

Fotocopia estos puntos, pégalos en el refrigerador, y no pares hasta que tengas suficientes...

1. El orgasmo reduce la necesidad de ir al gimnasio. Tenerlo es un excelente ejercicio cardiovascular, acelera brevemente el ritmo cardiaco hasta un nivel comparable al que produce una carrera de velocidad.

2. Un orgasmo reduce la posibilidad de tener un ataque de pánico, pues induce la respiración completa y efectiva. Cuando el ritmo respiratorio se intensifica hasta llegar a su profundidad y velocidad máximas, los pulmones expulsan el aire residual.

3. Se alivian los dolores de cabeza y los menstruales, gracias a la mayor irrigación sanguínea y la circulación de endorfinas analgésicas por el cuerpo.

4. Durante el orgasmo se aflojan y contraen los músculos vaginales y pelvianos. ¿Consecuencia? El efecto tonificante previene la incontinencia urinaria por esfuerzo.

5. Aumentan espectacularmente las posibilidades de dormir bien toda la noche, debido a la sensación de bienestar que inunda todo el cuerpo.

6. Durante el orgasmo se acelera momentáneamente el metabolismo, lo que contribuye a quemar calorías y eliminar la grasa tenaz.

7. El orgasmo mejora temporalmente el cutis y elimina las arruguitas finas. La sangre que fluye por los capilares llena y estira la piel, dándole un atractivo tono arrebolado.

8. Olvídate de cremas y pastillas; un orgasmo produce un aumento del volumen de los pechos, aunque sea temporalmente, debido a que mejora su tono muscular y a la hinchazón producida por la mayor irriga-

ción sanguínea. Así pues, ten una sesión de éxtasis antes de una fiesta, o de una entrevista de trabajo. ¿Por qué no?

9. Tu matrimonio mejorará y se revitalizará instantáneamente. Te sentirás más tranquila, más comprensiva hacia tu pareja, y tendrás más claro lo que deseas de él. También te sentirás muchísimo más atractiva, porque:

10. Tener un orgasmo aumenta las posibilidades de tener otro, y otro, y otro. Y, ¡hurra!, ¡ahí va otro! Los orgasmos contribuyen a formar fuertes vías nerviosas desde el lugar del estímulo al cerebro. Si esas vías se debilitan por falta de uso, disminuye la capacidad orgásmica. Tener un orgasmo esta noche prácticamente garantiza que mañana tengas otro.

Las posturas sexuales predilectas

Cada mujer tiene su opinión acerca de lo que le procura placer. Ninguna de las mujeres con las que hablé tenía dudas al respecto. Sí, es probable que tome en consideración lo que excita a su marido, pero puesto que la mayoría de los hombres pueden correrse en casi todas las posturas, es más que probable que sea ella la que elige aquélla, o las dos o tres, en que tienen la relación sexual. Pero de las 243 posturas sexuales del *Kama-sutra*, ¿cuáles presionan más sus botones del placer? A continuación, en orden de popularidad, las cuatro primeras posturas que garantizan el máximo placer a la chica casada; tres de ellas no son muy comunes, pero son posiciones avaladas por la experiencia que tal vez te convendría probar esta noche.

Orgasmo en la número uno

La mujer arriba

Puesto que esta posición prácticamente garantiza los orgasmos, no es extraño que sea la «Reina del Castillo» y obtenga la máxima puntuación. Moviendo el cuerpo así y asá, la chica casada puede controlar el ángulo de penetración y las zonas erógenas exactas que se estimulan.

«Estar yo arriba es mi única manera de tener esos orgasmos alucinantes —dice Melanie—. Esos en los que puedes decir: «¡Vale, me duele el clítoris, no lo toques! ¡No te muevas!»

Y lo mismo decimos la mayoría. Pero hay otras ventajas también.

«Me gusta estar al mando —dice Rachel, 28—. Soy una fanática del mando en todos los aspectos de mi vida.»

«Me encanta la sensación de la penetración profunda, sobre todo cuando levanto las rodillas y estoy acuclillada», explica Rosa, 26.

«Él me ve mejor y puede acariciarme otras partes», dice Sabina, 40.

Vanessa, 30, manifiesta su acuerdo con lo anterior y añade: «Esta posición tiene un algo de adorador. Me siento tipo Adonis. Todas mis zonas erógenas están en su lugar. Y, claro, una vez que él se ocupa de mí, yo estoy dispuesta a hacer todo lo que él desea».

«A mí me gusta ponerme arriba porque ésa es la única posición en que tengo orgasmos múltiples —dice Jess, 34—. Aunque no siempre fue así. Ésa es la gran diferencia entre tener un marido y tener un ligue. Antes que nos casáramos, me sentía violenta o avergonzada cuando los pechos me volaban por todas partes. No siempre es como se ve en las películas, ¿verdad? Cuando estás encima tienes que sentirte verdaderamente cómoda con tu pareja.»

Y muchas veces hay motivos prácticos para preferir esta postura.

«No puedo hacerlo en la postura del misionero porque mi marido es muy alto —explica Stella, 32—. Mide uno noventa y ocho. Pero ésta sí que me encanta, porque para mí es la única manera de tener orgasmos, dirijo yo, y también me gusta la intimidad. Me gusta poder mirarle la cara y ver su reacción.»

Para el máximo placer: tu marido se tiende de espaldas y tú te sientas encima a horcajadas con las rodillas dobladas. Empieza a mover lentamente el cuerpo bajando y subiendo a lo largo de su pene. Cuando subas, levanta y echa hacia atrás la pelvis para que su pene te friccione más firmemente la vagina. Cuando ya estés muy excitada y al borde del orgasmo, cambia lentamente la posición hasta quedar tendida a lo largo de su cuerpo, con las piernas juntas entre las de él. La estrechez de la vagina en esa posición te llevará al orgasmo. Baja el cuerpo a lo largo del suyo para sentir su pene dentro de ti para las últimas sensaciones orgásmicas.

Al grano con la número dos

La postura del perrito

La posición agachada a cuatro patas sobre la cama y tu marido o bien arrodillado detrás o de pie en el suelo, permite la penetración más profunda de todas, razón por la cual surge como una firme favorita.

«Hay algo muy animal en eso de que él te embista por detrás —afirma Lottie, 32—. Y cuando me pone la mano por delante y me acaricia el clítoris, me siento como si fuera a explotar. Ésta es la única postura en que yo he "eyaculado".»

Más testimonios a favor de la postura dos.

«Soy más propensa a tener un orgasmo cuando me penetra desde atrás —asegura Amy, 32—. Creo que se debe a que me toca el punto G.»

«¿Sabes? —dice Rae, 41—, yo soy tan fuerte y controladora durante el día que me gusta la sensación de descontrol cuando estoy en la cama. Me encanta que Louis haga la mayor parte del trabajo y asuma el mando para variar.»

«Cuando lo hacemos estilo perro, a Christopher le resulta más fácil acceder a mi clítoris —comenta Mandy, 43—. Le cuesta poner la mano en el lugar correcto cuando estamos en la postura del misionero, o si yo estoy encima de él. En esta posición tiene lo que yo llamo una "mano espástica", en que parece una garra y de verdad me excita.»

«Esta postura es realmente frenética y divertida», ríe Tyler, 31 años.

«Me gusta la del perrito porque él puede besarme la nuca», comenta Julienne, 30.

Para el máximo placer: ponte frente a un espejo para estimularte visualmente también. Entonces, una vez que ya hayas conseguido el ritmo y la cadencia sexual, colócate dos dedos en V sobre el clítoris, presionando los labios. Aprieta y amasa rítmicamente y mírate en el espejo mientras tienes el orgasmo.

Una muy íntima número tres

La del misionero

Puesto que la pelvis de su marido le frota el clítoris de manera similar a la estimulación de que goza con la masturbación, la postura del misionero continúa siendo popular para la chica casada, pese a su asociación con la dominación masculina y el sexo tradicional y aburrido.

«Me encanta la postura del misionero pura —asegura Joely, 26—, de espaldas, con las piernas estiradas. Recibes la cantidad perfecta de fricción para tener un orgasmo superintenso—. Pero no es cuestión de machacar. Siempre trato de explicarles esto a mis amigas. Para mí, va de cabalgar. Como el mar. Normalmente tenemos el orgasmo al mismo tiempo.»

¿Por qué a otras les gusta la postura y disfrutan con ella?

Explica Dee, 29: «Va bastante en contra de todo en mi personalidad, pero también soy egoísta, y no quiero ser la que hace todo el trabajo. Sólo deseo estar de espaldas y disfrutar».

«Es mi oportunidad de adoptar un papel más sumiso, para variar», asegura Chloe, 29.

«Esta posición es tan íntima que me encanta —acota Naiela, 30—. Me siento como si él me estuviera devorando.»

«Yo sencillamente tengo más placer en la posición del misionero —dice Lena, 30—, sobre todo cuando me pongo cojines debajo de la parte de la pelvis, para elevarla un poco. Es fabuloso.»

Dawn, 34, asegura: «He probado todas las posturas que se explican y siempre vuelvo a la del misionero. No, no es aburrida, porque hay muchas variantes, como cuando doblo las piernas sobre sus hombros, pero hay una cosa esencial que sigue ocurriendo, él frota el clítoris, y eso me produce un orgasmo cada vez».

Para el máximo placer: convierte la postura del misionero básica en la cascada. En otras palabras, ponte de espaldas en la cama, atravesada, de modo que la cintura quede en el borde y la parte superior del cuerpo caiga. Pon cojines en el suelo para apoyar la cabeza si, como en mi caso, tu suelo es de madera dura. Mientras tu marido está entre tus piernas y te penetra, el estiramiento te hace apretar los músculos de la vagina, aumentando la sensación en los dos. Pídele que haga embestidas largas y profundas («cabalgar, no machacar», insiste Joely). Si saca la punta del pene hasta el borde de tu vagina y mueve la pelvis ligeramente hacia delante puede frotarte el clítoris con el pene. Que te lo digo yo, resulta.

Y presentar la retaguardia, número cuatro

La vaquera al revés

Esta variante espalda-delantera cuando la mujer está encima resulta muy satisfactoria para los dos, según muchos, sobre todo si ella lleva puesto un tanga. (Curiosamente, en una reciente encuesta del *Cosmopolitan* en que se preguntaba a los hombres cuál era la postura que más les gustaría probar, el 33 por ciento contestó «que ella me cabalgue dándome la espalda». Tal vez la mayoría de los encuestados eran solteros, puesto que mi teoría es que las mujeres casadas tienen la suficiente confianza en sí mismas, y en su relación, para buscar descaradamente su placer no eligiendo las posiciones cara a cara de más conexión emocional.) Cuando te montas sobre él a horcajadas mirando hacia sus pies y bajas a lo largo de su pene, él tiene un amplio panorama de tu glorioso culo, lo que lo hará correrse muy pronto (fabuloso para un revolcón rápido durante el día). Y puesto que lo más probable es que te toque el punto G y sea bien estimulado tu clítoris, son enormes las posibilidades de que tengáis el orgasmo al mismo tiempo.

«Esta posición es fantástica para mí. Estoy estupenda de atrás, y lo sé —dice Alessandra, 34—. Puedo llevar yo el ritmo. Puedo controlar lo profundo de la penetración. Me corro cada vez. Además —añade—, me siento como una puta haciéndolo, lo que me aumenta el placer.»

Más elogios a la retaguardia:

Dice Stella, 29: «Ésta es ciertamente la postura que me gusta. Mi marido no se puede mover muy bien porque yo lo cojo por los tobillos, pero no importa. Lo ve todo... absolutamente todo, incluso cuando me corro».

«No podría imaginarme a mi madre haciéndolo —dice Beth, 35—. Igual lo ha hecho, no quiero saberlo, pero es muy impúdico. Me encanta.»

Según Carmen, 33, va de tener el mando: «Eso es lo fantástico de esta postura. Llevo yo las riendas, absolutamente».

Y dice Alison, 33 años, embarazada de seis meses: «Muchas posiciones sencillamente resultan imposibles cuando estás embarazada. La relación sexual se hace incómoda, pero ésta es realmente fácil. Además, no me estorba la barriga».

Para el máximo placer: una vez que hayas establecido el ritmo y las oleadas de placer vayan en aumento, desliza las manos hasta sus tobillos y haz que tus pechos casi se apoyen en sus piernas. Pídele que te acaricie las nalgas o te sujete por las caderas; entonces mueve el hueso pelviano en círculos, apretando y frotando el clítoris contra su pene (o con la mano, tú misma) y, ¡fantástico!, el orgasmo llegará acompañado de un grito...

Sexo a tope

De pie bajo la ducha

Dice Joely, 26: «El sexo bajo la ducha es muy sensual. A veces uno prueba todas esas posturas y parecen como una receta médica. En la ducha se siente diferente, no sé, más natural. ¿Mi consejo? Tienes que ponerte en buen ángulo así que apoya un pie en el borde de la bañera y el otro en la esquina. ¿Toda esa agua y vapor? Fabuloso».

¡Manos arriba!
Ésta resulta mejor con tacones muy altos. La mayoría de las chicas casadas tienen lo que ellas llaman botas «fóllame», que compraron porque les quedaban de maravilla con una falda de ante, pero resulta que sientan muchísimo mejor sin otra cosa que un liguero.

Karen, 34, nos da las instrucciones: «Ponte de cara a la pared con las palmas apoyadas en ella bastante por encima de la cabeza, como si estuvieras arrestada. Dobla ligeramente el cuerpo echando el culo hacia atrás y levantándolo lo más que puedas, para que él te penetre desde atrás. Tal vez tenga que estimularte con las manos, pero a mí me excita la combinación de tacones altos y penetración por atrás».

Las tijeras
Bueno, ésta es difícil de explicar, pero ten paciencia conmigo. La he probado, por lo tanto sé que vale la pena intentarla. Así la explica Sandy, 31: «Comienza por sentarte encima a horcajadas y luego echa el cuerpo hacia atrás hasta quedar también de espaldas. Los dos estiran y abren las piernas y las colocan cada una a un lado del cuerpo del otro, de modo que la postura de vuestros cuerpos forma una X». Imagínate dos pares de tijeras que se cortan entre sí, de ahí el nombre. Lo que me encanta de esta postura es que el esfuerzo y el placer se comparten

por igual. Además, si deseas experimentar esos estremecedores orgasmos pequeños, son tuyos. Y para la explosión de éxtasis final, bastan unos pocos segundos de estimulación.

¿Analmente tuya?

Sólo unas pocas palabras sobre el acto sexual más tabú de todos: el anal. Si toneladas de chicas casadas lo practican y les gusta, lo mantienen muy en secreto. Muchas han dicho que lo han probado, pero menos de un puñado reconoció que lo disfrutaba.

Dice Melanie, 30: «Me gusta el sexo anal, pero no me encanta. Si nos estamos preparando para salir y él dice que lo desea, el culo se me cierra y aprieto automáticamente. Pero cuando tenemos más tiempo y él me excita, me manosea y me lame ahí, se me abre; se puede meter una barra ahí. Pero él sabe hacerme desearlo». En cuanto a cómo la incita a hacerlo su marido es fácil, comienza tranquilizándola, inspirándole confianza y dándole mucha atención. «Una vez lo hice con el chico con que salía entonces, y no me gustó nada. Pero con Danny sí, él me lubrica, me prepara, me hace desearlo, suplicarle. La sola idea de que yo le suplique, no me la puedo creer, pero es que confío muchísimo en él; sé que va a parar si me duele.»

Alessandra, 34, está absolutamente de acuerdo: «Nunca probé el sexo anal con nadie antes de de conocer a Stephan. No me fiaba de nadie tanto como para hacerlo. Incluso ahora, sólo suele ocurrir cuando hemos salido y bebido algunas copas. Entonces estoy más relajada. Y he de admitir que lo disfruto. Pero eso solamente porque me fío incondicionalmente de Stephan y sé que a él le gusta muchísimo».

Es la perspectiva del dolor la que desanima a la mayoría de las mujeres.

Dice Tracy, 34: «Una vez estábamos haciendo el amor y él erró el lugar donde debía entrar y yo salí volando hasta el otro extremo de la habitación. "Te odio, te odio, te odio —le grité—. ¡No me hables!", y desde entonces, simplemente digo no, no, y no. He oído muchas historias de personas que han tenido que pasarse yendo al baño una semana después del sexo anal. No, gracias».

Suzannah opina igual: «Si David me toca en cualquier parte cerca del ano, le digo fuera de ahí».

Por otro lado, muchas reconocen que la estimulación anal es muy erótica y excitante. Al fin y al cabo es una zona llena de terminaciones nerviosas que si se estimulan durante el acto sexual pueden hacer aún más intenso el orgasmo.

«Si estoy bien caliente y mojada, me gusta que Bill me masajee ahí —dice Natasha, refiriéndose al perineo, el espacio que queda entre la vagina y el ano—. A veces, cuando estamos haciendo el amor, él me mete el dedo en el ano y lo mueve en pequeños círculos, y yo me siento ¡guau! Es increíble. Pero tienes que estar bien excitada para no expulsar el lubricante.»

Quienquiera que haga la estimulación anal, es esencial que use un lubricante (además de tener las uñas cortas) para evitar desgarros. «Cuando yo le meto el dedo en el ano, la mano prácticamente me chorrea de lubricante», explica Alessandra. Le pregunto cuánto lo penetra.

«Unos cinco centímetros, y luego presiono.» Esa parte es esencial, según los expertos, puesto que ahí está localizado el punto G. Consejo final: lavarse las manos (o el pene o el juguete sexual) antes y después de la estimulación anal. Es la única manera de prevenir infecciones o la transmisión de bacterias a otras partes del cuerpo.

¡Cómeme! ¡Cómeme!

A todas les encanta el sexo oral. Las chicas casadas declaran que si tuvieran que elegir entre coito y sexo oral, preferirían una buena lamida cualquier día de la semana. Dice Melanie, 30: «Una cosa que me dijo mi madre cuando estaba de novia con ese tío que sólo me lo hizo una vez en siete años fue: "Si no quiere hacerlo ahora, no lo va a hacer cuando estéis casados". Finalmente rompimos. Entonces el requisito para el hombre con el que me iba a casar fue que tenía que bajar ahí a darme unas buenas y largas lamidas».

Sam, 36, no podría estar más de acuerdo: «Los hombres que no me hacían sexo oral eran un gran no para mí. Si no estaban dispuestos, me libraba de ellos. "¡Vete al cuerno, entonces!", les decía. No, no me habría casado con Ray si no me hiciera sexo oral. ¡Es fantástico!»

Todas estamos de acuerdo, ningún orgasmo se compara con los que tenemos durante el sexo oral. Éstos son pasmosos, dicen las chicas casadas.

«Son prolongados e intensos, como que salen más de la cabeza», dice Joely, 26.

«Y dura el doble que un orgasmo por coito normal», añade Rachel, 28.

«Yo no tengo orgasmos durante el coito, sólo con sexo oral —dice Alexandra, 28—. Así que me encanta.»

«El sexo oral es tan increíblemente abierto —comenta Amanda, 29, que lo practica más que el coito con su marido Larry—. Normalmente estás totalmente al descubierto, tan... al aire. Entonces estás ahí haciendo algo francamente excitante y tienes la sensación de libertad, así que hacemos muchísimo más sexo oral que coito.»

En realidad, dejando de lado el placer (sólo un minuto, por favor) hay un algo en la confianza necesaria entre mujer y hombre que hace tan maravilloso el sexo oral para la chica casada.

«Yo me acosté con muchos chicos, pero sólo a unos pocos selectos les permití meter la boca ahí —dice Tonia, 30—. Cuando una mujer acepta la boca de un hombre en su vulva, le demuestra que confía en él por completo. Y cuando confías totalmente en alguien puedes abandonarte sin miedo, que es lo principal para un sexo oral verdaderamente bueno.»

Entonces se trata de confianza, pero también de seguridad en sí misma. Nunca he tenido una conversación con mi madre, ni con nadie, acerca del sexo oral. Pero se me ocurre que es algo que está empezando a dejar de ser secreto. Recuerdo un viaje que hice hace diez años con un grupo de otros periodistas. No me acuerdo qué nos llevó a veinte de nosotros a Escandinavia, pero no he olvidado una conversación en el bar del hotel una noche en que todos estábamos un poco achispados. Un chistoso que estaba especialmente borracho nos contó: «Estaba con una mujer, y ella va y me dice: "Probemos el sesenta y nueve", y yo le respondo: "Probemos el sesenta y ocho, chúpamela y te deberé una"». Ja, ja, ja. Ahora bien, me gusta reírme con los mejores chistes, pero lo que encontré más divertido fue cómo reaccionaron con el chiste tres mujeres, de unos 48 años. Horror puro; humillación ardiente; las caras como remolacha. Ciertamente eran restos de una generación de mujeres que tenían problemas con los genitales, que usaban esas «duchas» femeninas con aroma a fresa y probablemente pasaban tanto tiempo lavándose para eliminar sus olores naturales como el que pasaban limpiando la mesa de la cocina. Qué diferencia con las otras cinco periodistas jóvenes, que empezamos a comentar en voz alta algunos encuentros, lo cual hizo que a los pocos segundos el chistoso se fuera a hurtadillas a esconderse en su habitación.

Verás, las chicas casadas están absolutamente convencidas de que nadie te puede dar placer si no estás dispuesta a aceptarlo. Se adhieren a la idea de que tienen el derecho a recibir placer y a disfrutarlo en el momento. No se nos ha educado para dar placer a otros sin esperar, como mínimo, que se nos devuelva el favor. «Va de reciprocidad», dice Alexandra.

¿Y en cuanto a los «problemas» con los genitales? La higiene elemental es sencillamente una señal de respeto con uno mismo, pero ninguna mujer moderna cree que tiene que oler como un ramillete de flores. La aceptación de nuestros cuerpos, con su olor único, vello y textura, es una importantísima manifestación de la mayor confianza sexual con que está bendecida nuestra generación.

Y por fin se ha enterrado la idea de que los hombres sólo hacen sexo oral movidos por un exagerado sentido de la justicia. En un número de *Cosmopolitan* de 2002, aparece el resultado de las respuestas de setenta mil hombres a la pregunta: «Si pudieras dedicar todo el tiempo del juego preliminar a hacer una sola cosa, ¿cuál sería?» Hacerle sexo oral, fue la respuesta mayoritaria. El 28 por ciento respondieron que les encantaba «hacerle sexo oral», un 2 por ciento más de los que dijeron «acariciarnos mutuamente», y un 5 por ciento más de los que dijeron «recibir sexo oral».

Dice Jess, 34: «Bob es muy bueno para el sexo oral y a veces se pasa largos ratos haciéndomelo, me dan ganas de decirle: "Oye, a ver cuándo te veo"».

Y nada, nada, refrena a Noah de hacerle sexo oral a Kath, 33: «Lo hace incluso cuando estoy con la regla. Lo haría aunque yo llevara semanas sin ducharme. Y a mí me gusta muchísimo eso».

Ciertamente nuestra capacidad para disfrutar del sexo oral tiene más que ver con lo que pasa arriba (la cabeza) que con lo que pasa abajo (la entrepierna).

Así pues, ahora que sabemos lo que pasa arriba (por ejemplo, no muy diferente a: ¿cómo puedo hacerlo durar eternamente?), ¿qué pasa ahí abajo?

GUÍA PARA UN FABULOSO SEXO ORAL

¿Sientes la necesidad de convertir a tu bien intencionado marido en un «Labios Diestros»? Continúa leyendo, sabrás cómo conseguirlo gracias a las chicas casadas Freya, Sam, Rachel, Tonia y Joely...

- Que se concentre en el clítoris, succionando, mordisqueando suavemente, pasando la lengua y moviéndola. Puesto que hay pocas terminaciones nerviosas dentro de la vagina, a no ser que tu marido tenga una lengua muy larga, que la meta dentro no es tan gratificante como cuando la mueve por fuera.
- Tómate tiempo para disfrutar de las sensaciones. Dice Tonia: «A mí me gusta cuando Jon comienza besándome el cuello, luego los pechos, baja hasta el abdomen deteniéndose antes de llegar a las zonas que rodean mi clítoris. Es una excitación gradual. No se le puede meter prisa al sexo oral».
- Calibra tu sensibilidad. Agrega Tonia: «El mejor sexo oral se da cuando estás tendida de espaldas; tienes más expuesto el clítoris». Pero Freya añade: «Yo soy tan sensible que de pie puedo durar más tiempo. En todo caso, me siento como una diosa cuando estoy de pie, como si me estuviera adorando ante mi altar».
- Si quieres maximizar tu sensibilidad, hazte el depilado para tanga, aconseja Rachel, refiriéndose a ese depilado que elimina todo el vello de la entrepierna. «Yo me hago uno cada cuatro o seis semanas. Cuando no hay vello ahí abajo, el sexo oral es pasmoso.»
- Nada de lengüetazos bruscos. «¡Ah, nooo! —exclama Tonia—. Yo salía con un tío que usaba la lengua como un atizador de barbacoa. Era terrible. No, tiene que mover la lengua más como una paleta, con movimien-

tos suaves, amplios.» Añade Sam: «Nunca tiene que girarla y girarla alrededor. Es hacia arriba y hacia abajo, lento, agradable; no girando».

- Poca humedad no sirve. Mojada como si fuera a sorber es mejor, así que tiene que usar mucha saliva.
- Y en el momento del orgasmo, que no pare, por favor. «A veces estoy jadeando como un pescado y entonces Jon para, y eso es lo peor que puede hacer —dice Tonia—. Tiene que continuar con el ritmo hasta que yo me corra, sólo entonces debe parar. En realidad, después yo ya quiero gritar: "¡Para! ¡Ayy!"» «Yo también —dice Freya—. Pero si Michael deja de lamer antes que me corra, se me escapa el orgasmo, ¡pst! (chasquea los dedos).»

Vídeos, juguetes y todas las maravillas

No se puede restar importancia al elemento juego en la actividad sexual de los cónyuges modernos. La espontaneidad para elegir el momento y los lugares no tradicionales ciertamente forma un abismo entre el sexo conyugal estereotipado y lo que ocurre actualmente. Pero no se detiene ahí. El erotismo viene en muchas formas y formatos, y la chica casada es tan propensa a introducir juguetes potenciadores del placer como su marido. De hecho, puesto que su cónyuge suele seguir relacionando estímulo erótico con gratificación secreta (el niño pícaro metido bajo las mantas con su «revista prohibida»), la chica casada es la que con toda confianza lo sugiere y lo lleva al dormitorio, o sala de estar, cocina, cuarto de baño, etc.

Cena y película

Que las mujeres no eviten el porno duro no es ninguna novedad, pero lo que sí es digno de nota es que el porno ya no es un problema para las feministas. Las chicas casadas no se sienten degradadas, devaluadas ni asqueadas por la pornografía. De hecho, el 70 por ciento de las mujeres que entrevisté opinan que el porno intensifica positivamente sus vidas sexuales.

Lo consideran lo que es: un entretenimiento con contenido *voyeurista*.

«Creo que hay una gran diferencia entre nosotras y la generación de nuestras madres —dice Freya, 35—. No vemos a las mujeres que actúan en vídeos porno en el sentido de que son utilizadas. Es decir, actualmente la mayoría de estas mujeres lo hacen porque quieren hacerlo, y se ganan bastante bien la vida con ello. Sí, hay chicas que hacen porno para satisfacer su drogadicción, pero conozco a muchas personas con trabajo de oficina que se gastan todo el sueldo en drogas. Lo que no se puede justificar jamás es el porno con niños. Pero el que vemos Michael y yo es el típico de médico y enfermera. No se le hace daño a nadie, no se denigra a nadie.»

«Me gusta el porno, pero no el de tipo duro —asegura Jess—. Lo prefiero con un poco de argumento. Es erótico ver a un hombre subir la mano por la pierna de una mujer. Me gusta más el aspecto seducción, no tanto el puro pum, pum, dale que dale. A veces le digo a Bob: "Ve a buscar un vídeo y pasamos la noche en casa, cenamos, y bebemos unas copas mientras lo vemos".»

Sam tampoco tiene ningún problema para sugerirlo: «Cuando vivíamos en Manchester teníamos cajas de vídeos. Y como en Manchester no escasea nunca la maldita lluvia, simplemente nos quedábamos en la cama todo el día, y yo le decía a Ray: "Venga, pon uno de los vídeos incitantes". Digan lo que digan, basta que veas a alguien haciéndolo para que te den ganas. "Ah, venga, ¿hagamos lo mismo?" Eso es de lo más normal».

«Nosotros vemos películas del canal Playboy —explica Amy, 32—; la calidad es fatal y yo suelo ser francamente crítica, pero hay sexo, y eso lo encuentro erótico.»

Sabina, 40, está de acuerdo y añade: «El porno es diferente, te produce un tipo de excitación distinta. Además, te da unas cuantas buenas ideas. Me gusta ver sexo hétero, entre hombre y mujer, pero cuando lo veo entre dos mujeres, me provoca rechazo».

«A mí en cambio me gusta —afirma Dee, 29—. Son las mujeres las que encuentro más excitantes. Los hombres son tan poco atractivos... Las mujeres son algo que no probarías necesariamente, y eso es justamente lo que lo hace tan excitante.»

«A mí me gusta mirar a las lesbianas —dice Kath, 33—. Los hombres no son atractivos desnudos, y el pene de un hombre al que no amas me provoca rechazo. No soy lesbiana, pero encuentro mucho más excitante mirar el cuerpo femenino.»

A Melanie también le gustan las escenas entre lesbianas: «Una escena de sexo heterosexual me deja fría. Pero una entre lesbianas me calienta porque es algo que no haría nunca. Es pura fantasía. Como una escena sadomasoquista, sin sangre ni azotes, es decir, algo desconocido, fuera de lo que habitualmente yo hago o veo».

¿Y en cuanto a las películas concretas que gustan a las mujeres? La mayoría estuvieron de acuerdo en que la industria del porno todavía no atiende a los gustos del femenino.

«Pero hay una que es realmente maravillosa —cuenta Rachel—. Se titula *The History of Porn* (La historia del porno). Es una serie de cortometrajes, algunos de cinco minutos, del cine mudo de comienzos del siglo pasado, hasta los más explícitos de la actualidad. En muchos no los ves realmente follando. Pero generalmente lo que no se ve es más sexy.»

Ficción, imaginación...

La política de géneros se ha introducido lentamente en todos los aspectos de nuestras vidas y matrimonios. Rompiendo con los estereotipos, con la tradición... El dormitorio es justamente el único lugar donde podemos bajar la guardia y, de tanto en tanto, jugar a representar papeles que normalmente nos asustan. El comportamiento prohibido en el mundo real se hace seductor en el dormitorio mediante detalladas fantasías y disfraces. Despreciamos a la recién casada dócil y sumisa en la vida real, pero nos excita hacer el papel de la virgen avasallada en nuestra vida de ensueño. Puede que nos inspire lástima la mujer que se ve obligada a hacer la calle para ganar unos cuartos, pero simular ser una prostituta en nuestros dormitorios es extrañamente revelador y divertido. Representar a la enfermera pícara, la vaquera descocada, la maestra estricta mientras tu amado hace el papel del médico gazmoño, el vaquero indiferente o el alumno ingenuo, es una novedad erotizante para muchas. Y ya se deba a la timidez, pereza o falta de seguridad o imaginación de los hombres (o a que han perdido la costumbre de ejercitarla), resulta que son las mujeres las instigadoras y directoras de la fantasía.

Dice Gemma, 30: «A Peter le encanta cuando le digo "¿Necesitas algún tratamiento?" Eso significa que yo voy a ser la doctora y él el paciente. O hacemos que él es virgen y yo le enseño a hacer el amor. Es una manera fabulosa para hacer cosas que he leído por ahí. Representar escenas es una excelente forma de hacerle saber a tu marido qué debe hacer y qué te gusta, sin tener que decirle directamente: "Oye, me gustaría, de verdad me gustaría, que probaras esto o aquello". Ya sabes lo dados que son los hombres a interpretar como crítica una petición».

Pat, 38, está de acuerdo en eso: «Sí, representar una fantasía es una manera fabulosa de experimentar. Puedes esconderte detrás de la fantasía si no te atreves a sugerir algo nuevo. Mi favorita es la de la esclava, en la que Mike me examina todo, el pelo, la espalda, los pechos, para ver si quiere comprarme». Las dos nos morimos de risa cuando me cuenta lo que le dice Mike: «Vamos a frotar este pezón para ver si se endurece. Porque no voy a comprar una esclava que no responde a mis órdenes». Nos desternillamos. Pero es lo que pasa con las fantasías, se ven ridiculísimas a la fría luz del día, por eso son pocas las mujeres que reconocen entregarse a ellas. Sin embargo, las que lo reconocen dicen que son una parte importante en su vida sexual.

Cuenta Eve, 34: «A mí no me gusta especialmente el porno, así que representar una fantasía rompe la monotonía cuando llevas unas semanas follando de la misma manera. Normalmente no tengo ningún plan para empezar, pero si le digo cosas incitantes a David, enseguida se nos ocurre alguna escena. Mi favorita es aquella en que él es un ladrón que entra en mi apartamento y me encuentra dormida. Cuando la hicimos el mes pasado, me dijo: "Silencio, no grites, no te muevas, o las pagarás". Yo soy bastante ruidosa durante el sexo, así que fue una verdadera novedad para mí».

Dice Gabrielle, 32: «Jugamos muchísimo a la ficción. Me atribuyo el mérito de haberlo iniciado muy pronto en nuestra relación. Ahora los dos somos unos aventureros mentales. Mi fantasía preferida y la que siempre resulta es la de la prostituta, sobre todo cuando estoy en los días previos a la regla y deseo ese contacto, pero no me siento atractiva porque estoy toda hinchada. Las tetas se me hinchan y me duelen, así que me imagino que soy una profesional del *striptease* o una puta con enormes tetas, y me han ordenado que vaya a esa casa, y quiera o no sexo tengo que hacerlo. Es como una fantasía funcional, en el sentido de que sólo la necesito unos cinco minutos y luego vuelvo a la realidad de lo que está ocurriendo».

Pero Gabrielle no se limita a hacer de prostituta para superar el dolor de sus pechos en su periodo premenstrual. Su repertorio es colorido y variado. «A veces Murray es el profesor y yo soy la alumna que tiene que ir a su despacho a entregarle un trabajo atrasado y a seducirlo. A él le encanta esa fantasía. También hemos hecho aquella en que él es el cliente y yo soy una chica de un club nocturno caro y al salir he ido a su casa con él. Y el de hacer dedo en la carretera. A él le gusta ser el que lo hace. Recorrió todo Estados Unidos cuando tenía 20 años y es un experto en hacer dedo. Entonces yo soy una mujer de negocios que recorre el país en un viaje de ventas. Voy conduciendo un buen coche y él es un chico al que he recogido en la carretera y que de pronto quiere meterse dentro de mis bragas.»

Juguetes eróticos

Aunque las mujeres periódicamente usan vibradores para masturbarse (véase capítulo 6), no son egoístas en compartir sus juguetes. Dice Melanie: «Lo pasamos en grande cuando sacamos los juguetes, tenemos vibradores grandes, pequeños, delgados, gruesos. Esto no quiere decir que Danny no sea bueno, él se siente seguro y sabe que es bueno en el sexo. Pero lo cierto es que nos divertimos con ellos. Él los usa para darme placer a mí y yo los uso para dárselo a él». Habla incluso de su juguete sexual favorito, el Matador, provisto de cuernos, que compró por catálogo. «Me encanta mi Matador, pero también lo uso con Danny, si le pongo la parte del anillo cuando él me penetra, todas las pequeñas bolitas te dan en el clítoris. Es tremendamente potente, pero maravilloso.»

«A mi marido le gustan los juguetes tanto como a mí», afirma Tracy.

En realidad, al marido de Stella, 32, le gustan tanto que «con frecuencia me sorprende con una nueva compra», dice.

Una encuesta a 7.700 adultos de edades comprendidas entre los 18 y los 90 años (¿eh?), realizada por la Universidad de California en 1996, reveló que el 10 por ciento de los adultos sexualmente activos usan vibradores y/u otros juguetes sexuales en pareja. Mmmm, no son tantas parejas como indica mi propia encuesta, pero una lectura más a fondo revela la causa de esta discrepancia: las personas mayores de 50 años, la generación de nuestras madres, son menos aficionadas a usar juguetes sexuales. De hecho, mis hallazgos se corresponden muy de cerca con una encuesta realizada por mypleasure.com en la que el 32 por ciento de parejas contestaron que a veces usan juguetes sexuales.

El marido de Lena, 30, la introdujo en el uso de juguetes sexuales. «Mi mayor temor era pensar que después no podría hacerlo sin las malditas pilas.» (Éste es un gran temor entre las no iniciadas, por lo tanto elige un juguete que vibre suavemente, para estimular sin desensibilizar.) «Pero —continúa Lena— cuando una noche llegó a casa y me dijo: "Te he comprado un juguete", me picó la curiosidad. Cuando lo sacó, exclamé: "¡Qué horror, qué horror, qué horror!", pero cuando lo probamos me sentí "Ay, qué horror, aah, aah,aah, guau". Ahora lo usamos juntos.»

Chloe, 30 años, al principio tenía las mismas dudas que Lena, pero después que una amiga le regaló uno, ahora asegura: «La manera de prolongar una relación es prolongar lo que estás dispuesta a hacer».

Sin embargo, los juguetes que usa la chica casada durante el sexo con su marido difieren de los que usa para masturbarse a solas. Por mucho que le guste la gran variedad de vibradores que hay, no quiere herir el orgullo de su marido cuando ambos se ponen a jugar juntos (¿quién dice que las chicas casadas son egoístas siempre?) Por ejemplo, Gabrielle, 32, dice: «Estuve en esa famosa tienda de dildos de California y volví a casa con un vibrador fantástico. Le dije a Murray que debíamos usar ese artilugio en nuestra vida sexual para ver qué ocurría. Él me contestó: "¿Lo uso en ti?", y yo le dije: "Sí, y yo en ti. Pero decidí comprar uno que no fuera más grande que tu pene". "Ah, muchas gracias", me dijo. Cuando estaba soltera siempre pensaba, bueno, si él no quiere usar el anillo para el pene, no pasa nada, pero ahora que estoy casada pienso que, si de verdad me apetece probar algo nuevo, como el consolador con doble extremo, tengo la libertad para hacerlo, de una manera que no tenía cuando estaba soltera. He derribado barreras personales».

Aunque no zumban, ni giran, ni vibran, las ligaduras y esposas también son juguetes populares. Dice Petra, 37: «Mi madre se escandalizaría si supiera que a veces usamos ligaduras, pero hacer algo así inesperadamente mantiene vivo el deseo».

Tina, 30, está de acuerdo: «A Billy le encanta cuando lo ato con esposas a la cama y refriego mis tetas sobre su cara. Y cuando él me ata a mí para hacerme sexo oral, bueno...»

Dice Sonja, 24: «No me gusta ninguna de esas cosas sadomasoquistas (no está sola en eso, porque a casi todas las chicas casadas con las que hablé les repele la idea del dolor), pero tengo un par de ligaduras de vaporosa tela rosa que me regalaron mis amigas en la fiesta de despedida de soltera. Llevaban meses en un cajón de la cómoda. Una noche Jackson las usó para atarme a la cama. No me penetró, pero se pasó horas besándome, acariciándome y lamiéndome toda entera. Casi me volví loca de placer».

¡Luz, cámara, erección!

Alessandra, casada de 34 años, me cuenta su aniversario de bodas favorito. Para celebrar sus cinco años de dicha conyugal, Stephan y ella fueron a cenar al restaurante Palm Beach en que él le propuso matrimonio hacía seis años. Pero no fue la botella de champán obsequio del *maître* ni la pulsera de oro blanco de Tiffany que le regaló Stephan las que hicieron tan memorable la velada. No, su recuerdo más vívido de esa noche es algo de lo que jamás nunca se enterarán su madre ni su padre.

«Los dos somos muy desinhibidos y lo hemos probado todo en la cama —me dice—. Yo sabía que él me regalaría algo súper para nuestro aniversario, pero a mí no se me ocurría qué regalarle a él. Una bonita corbata no lo entusiasmaría. Es decir, ¿qué le puedes regalar a un tío para el quinto aniversario? Entonces me vino la idea, ¡una cámara de vídeo! Tendrías que haberle visto la cara cuando abrió el regalo en el restaurante. Estaba verdaderamente complacido, pero no entendía por qué yo me reía.»

Pero una botella de champán y una cena de mariscos después, descubrió el motivo de su risa.

«Yo lo había estado excitando con el pie por debajo de la mesa. Habíamos hablado de las veces en que el sexo había sido realmente alucinante en nuestra vida conyugal y yo le dije algo más o menos así: "¿No sería fabuloso que nos grabáramos en vídeo cuando estamos haciendo el amor?" Se le notó en la cara cuando sumó dos más dos, y desde ese momento estuvo impaciente por salir cuanto antes del restaurante.»

Esa noche se filmaron haciendo el amor. Esto fue lo que ocurrió:

«Pusimos la cámara encima de la cómoda, enfocando la cama. Yo lo empujé sobre un montón de cojines y mientras él me contemplaba apoyado en los codos, hice un *striptease*. Tuve buen cuidado de no quitarme las sandalias de tacón alto. A Stephan le encanta hacerme el amor con mis zapatos puestos. A mí también, porque me hacen ver más largas las piernas. Pero cuando le caí encima él estaba tan excitado que no podía contenerse y la acción ya estaba casi a punto de acabar, y yo estaba tan atacada de risa que simplemente le caí encima. Incluso ahora me río cuando lo recuerdo. Fue divertidísimo.»

Desde entonces Alessandra y Stephan han grabado muchas veces sus encuentros sexuales. «No es algo que hagamos todas las noches —dice ella—. Lleva tiempo, hay que planearlo, lo que también resulta divertido. Decidir la escena, la ropa y los accesorios. Y cuando no tenemos el tiempo ni la energía para filmarlo, a veces simplemente miramos una que hemos hecho.»

Guía para filmar películas eróticas

Si bien Alessandra no pretende ser una productora profesional, está encantada de dar algunos consejos sobre lo que ha aprendido. Yo he añadido mis diez céntimos también. ¡Acción!

- Vigila que la cámara esté bien colocada y enfocada. Necesitas una base estable alejada de la cama, el sofá o dondequiera vayáis a hacer el amor.
- ¡Enciende las luces! Grabar dos figuras meneándose torpemente en la oscuridad no dará como resultado una película erótica.
- Quita todos los objetos inadecuados del escenario. Relojes parpadeantes, fotos de los críos, servilletas o pañuelos usados.
- Ponte maquillaje. No es necesario que te parezcas a Tammy Faye Baker, pero hay una buena razón para que a Casper el fantasma amistoso no se le considere un *sex symbol*. Y todas las pieles se ven más atractivas cuando se les ha dado un poco de aceite. No olvides pringar a tu amado también.
- No te busques un argumento muy complicado (demasiado estresante); unas pocas ideas predeterminadas te darán una estructura para el vídeo, y es mejor si te

sientes un poco insegura. La favorita de Alessandra: «Él es virgen y yo soy su profesora sexual». Ordénale que te acaricie así y asá, e insiste en que te lleve al orgasmo ¡justo así!

- Habla en voz alta, cuanto más alto mejor. Hablarle a la cámara de lo que estáis haciendo y de lo que sentís hará que ver la película luego os resulte superexcitante.
- Sonríe, pues estás ante una cámara indiscreta.

¿Te parece que esto exige conocimientos técnicos? Tomemos, por ejemplo, a Diane, con la que hablo por teléfono desde Chicago, donde ella trabaja de representante de ventas. Viaja mucho, de modo que, como su marido, Brandon, tengo suerte al localizarla.

—Puesto que estás en la carretera dos de cada cuatro semanas, ¿cómo afectan a tu vida sexual estos viajes? —le pregunto, después que ella me revela que el sexo es esencial en su relación.

—Eso siempre ha sido algo a lo que hemos tenido que darle solución —dice—, simplemente tienes que encontrar la manera.

Ahora bien, Brandon es asesor de empresas, y en un ataque de nostalgia de Diane, compró un par de artilugios que cambiaron totalmente sus períodos de separación. Diane los llama las cámaras web «de él y de ella».

—Son cámaras pequeñas que se enchufan en el ordenador de escritorio o en el portátil y entonces nos oímos y vemos mutuamente por Internet —explica Diane—. La idea de él era que pudiéramos vernos y desnudarnos el uno para el otro mientras yo estaba lejos.

¡Y resulta!

—Cuando estoy en mi habitación del hotel —continúa—, conecto mi móvil al PC en un puerto y la cámara en el otro, y hacemos sexo virtual. A veces la imagen no es muy buena, pero es mejor que nada. Nos hemos inventado escenas en que fingimos que él es el cliente difícil que no acepta cerrar una venta mientras yo no me quite una prenda de ropa, luego otra y otra... Es fantástico, y divertido también. Sigo echando de menos a Brandon, no es lo mismo que tocarlo, acariciarlo, pero hace menos frustrante el tiempo que pasamos separados. En realidad, ahora a veces me hace ilusión salir de viaje...

El deseo perdido y reencontrado

Incluso los más ardientes devotos del sexo aceptan que en cualquier matrimonio hay épocas de sequía sexual. Manejar la pura logística de la vida, especialmente de la vida moderna, puede paralizar sexualmente hasta a la pareja más apasionada. Cambios de turno en el trabajo, frecuentes viajes dentro de la comunidad empresarial mundial, parto reciente y la compaginación de la paternidad/maternidad, matrimonio y profesión, cambios drásticos en la rutina o entorno, etc., son muchos los elementos de la vida en el siglo XXI que conspiran para volvernos del revés o quitarnos el apetito sexual.

La mayoría de estas cosas han de considerarse lo que son: interrupciones inevitables, obstáculos para la continuidad sexual día a día. En general, una interrupción de la actividad sexual debida a estas cosas puede durar entre una semana y tres meses. Es posible que un poco más. Pero lo importante es que son temporales y no deben considerarse una señal de que la relación está en declive y éste es para siempre. Las parejas que durante ese tiempo no pierden el cariño y respeto mutuos, o bien hacen un esfuerzo consciente hacia una re-unión apasionada (y el hecho de que sea un esfuerzo no la hace menos válida) o ésta ocurre con mucha naturalidad, casi inconscientemente, una vez que empiezan a estabilizarse las hormonas o los relojes biológicos, o se han encontrado y puesto en marcha las formas prácticas de sincronizar los horarios físicos y emocionales.

Si bien es innegable que el deseo es importante para las chicas casadas, vivimos en un mundo en el que participamos activamente y no somos simples observadoras protegidas. Nuestra participación es justamente por lo que luchó la generación anterior, y la asumimos y celebramos. Sin embargo, este estimulante y exigente mundo libre es también uno en el que «ocurren cosas que nos exceden», como lo expresa Shelley.

A veces los acontecimientos nos superan, escapan a nuestro control, son remotos, e incluso de dimensiones mundiales. Pero el hecho de que no ocurran en nuestra proximidad no cambia la posibilidad de que afecten a los aspectos más personales e íntimos de nuestras vidas. Por ejemplo, el caso de Amanda, 29, que explica: «El 11 de septiembre estábamos con Larry en nuestra luna de miel en Mauricio, y cuando estás de luna de miel casi en lo único que piensas es en hacer el amor. Pero esa noche ni siquiera nos abrazamos. Estábamos sumidos en una desesperación existencial total. No nos sentíamos a gusto haciendo el amor, porque lo ocurrido era tan terrible que no había consuelo en hacerlo, carecía de sentido ante la magnitud de lo que había pasado».

Mónica, 42, coincide con Amanda, y dice: «Muchos familiares míos viven en Israel, y yo estoy siempre aterrada pensando que en cualquier momento me van a llamar por teléfono para comunicarme que a uno de ellos le ha caído una bomba o lo han matado. No paro de pensar en eso, hay días en que estoy tan angustiada y preocupada que no puedo comer nada. ¿En cuanto al sexo? Olvídalo. Me siento demasiado culpable para hacerlo. Pero hay días en que pienso que voy a hacer algo al respecto, hacer algo por Israel, y entonces sí se despierta mi libido. Pero por lo general me siento impotente, es como si la preocupación me paralizara. Como si fuera imposible que yo pudiera cambiar algo, lo cual es una tontería. Todos podemos hacer algo, cambiar algo. Pero esos días en los que he estado obsesionada por las noticias y creo que nadie puede hacer nada para conseguir la paz, me siento vacía y deprimida, y entonces el sexo es lo último que me pasa por la mente».

A veces, sin embargo, ocurre un acontecimiento trágico o traumático en nuestro entorno que sólo nos afecta a nosotros. La muerte de la madre de Lynn, 43, por ejemplo, o el desplome del pequeño negocio de Helen, sólo a los dieciocho meses de haber dejado su lucrativo trabajo de oficina para instalarse por su cuenta. Generalmente, la magnitud de esa experiencia tiene una consecuencia desastrosa en nuestra manera de sentir la vida, el amor de pareja y la capacidad de compartir.

A algunas mujeres, nada de lo que pase a su alrededor las afecta sexualmente. Tienen una suerte extraordinaria, he conocido a un par de ellas durante mis entrevistas para este libro, parecen estar mejor por ser así, siempre seguras y conectadas consigo mismas y en su matrimonio. Pero son casos excepcionales. A la mayoría, un acontecimiento que nos cambia drásticamente la vida hace caer en picado nuestra vida sexual, tan rápido que nos lleva a dudar de que alguna vez podamos volver a experimentar deseo, pasión e intimidad. Sea cual sea el acontecimiento que nos cambia la vida (y no olvidemos que todo es relativo), el que esos sentimientos eróticos recuperen su intensidad anterior será lo que determinará, en último término, si el matrimonio triunfa o se hunde. Y eso sí es importante tenerlo en cuenta.

Hablando con mujeres para este libro, he oído muchas historias de deseo sexual perdido y encontrado. Sin embargo, ninguna ilustra mejor el efecto negativo de la tragedia en la libido ni los inmensos beneficios de la intimidad sexual en el matrimonio como la que vas a leer. Y agradezco desde el fondo de mi corazón a Lucy, Joe, Harriet y Thomas (cuyos nombres he cambiado respetando sus deseos) el haberme permitido contar sus experiencias.

Lucy, 38, y Joe, 42, llevaban ocho años casados. Con una casa y un estilo de vida que la mayoría envidiaríamos y dos preciosos hijos, Harriet, 6, y Thomas, 4, se sentían verdaderamente afortunados. Dice Lucy: «Los dos críos eran el vivo retrato de su padre, rubios, de ojos azules, hermosos y muy, muy parecidos entre ellos, no sólo en el físico sino también en la personalidad. Se querían mucho y jamás se peleaban. Y yo me sentía muy feliz con mi realidad». Un día Thomas tuvo un fuerte ataque de diarrea y vómito y rápidamente lo llevaron al hospital. Pero la ansiedad se transformó en espanto cuando aún no habían pasado dos días y enfermó de meningitis. «Thomas murió a los cinco días de haber sido ingresado en el hospital. Y la tragedia no paró ahí, Harriet también contrajo meningitis dos días después de la muerte de Thomas, y pasó los siete días siguientes en el mismo hospital.»

Evocando los días posteriores a la muerte de Thomas, Lucy recuerda: «Al principio no nos enfrentamos realmente a la tragedia de haber perdido a Thomas porque teníamos todas las energías concentradas en Harriet y en mantenerla animada. Yo estuve en el hospital las veinticuatro horas del día con cada uno, durmiendo a los pies de sus camas. Además de cuidar a Harriet, tuvimos que ocuparnos del funeral de Thomas, de modo que la semana posterior a su muerte fue un huracán de cansancio en el que se mezclaban, el miedo por la salud de Harriet y los terribles trámites para el funeral.

»Sólo cuando finalmente llevamos a Harriet a casa todo comenzó a hacer mella. Estábamos agotados, conmocionados, traumatizados, aterrados, con sentimientos encontrados por la mala suerte de que esa bomba hubiera golpeado a nuestra familia, por un lado, y por otro creer que teníamos suerte de que por lo menos hubiera sobrevivido Harriet. Joe y yo funcionábamos en unidades totalmente separadas, pero nos sentíamos seguros sabiendo que el otro estaba a segundos de distancia. No necesitábamos hablar ni comunicarnos, andábamos como zombis, vigilantes, de que el otro no se estuviera hundiendo demasiado y al mismo tiempo consolándonos mutuamente lo mejor que podíamos. Pero si tuviera que definir el instinto general, diría que era fundamentalmente de supervivencia. Supongo que, en cierto modo, evitábamos la intimidad por el peligro de que se derribaran esas barreras. Además, ten presente que Harriet estaba con nosotros todo el tiempo y ella era, lógicamente, nuestra principal prioridad. Yo no podía dormir, no soportaba cerrar los ojos, por los pensamientos que se me acumulaban en la cabeza. En cambio, para Joe, dormir era un gran consuelo, una fabulosa manera de mantener a raya los pensamientos, así que nos encontrábamos en la cocina ante la tetera hirviendo, nos asegurábamos de que el otro estuviera pasable, nos dábamos un beso y cada uno a lo suyo.»

A poco más de medio kilómetro de distancia, vivía Catherine, una de las mejores amigas de Lucy, que estaba tratando de arreglárselas con las complejidades del sufrimiento en su familia. Su madre había muerto el mismo día que murió su suegro.

Lucy recuerda: «Catherine vino a verme a las pocas semanas del funeral de Thomas, y estuvimos hablando de los problemas y peligros de sufrir una misma pérdida. Iba a decir "sufrir juntos", pero no es así; cada uno sufre aparte, por su cuenta, porque padece por algo diferente. En nuestro caso, sufríamos por la muerte del mismo hijo, pero en cada uno la pérdida era diferente, la relación distinta, las expectativas, recuerdos y pesares distintos. Catherine y su marido habían caído en una trampa terrible, una especie de competición de quién lo pasaba peor, algo así como "Soy yo el que está peor, tu sufrimiento/cansancio/desesperación/sentimiento de pérdida no puede ser tan grande como el mío". Empezaron a odiarse, a resentirse de que el sufrimiento personal de cada uno quedara como diluido. Ella no soportaba que él la tocara, pensaba que iba a explotar. Y concentró en su relación con él toda la rabia por la muerte de su madre. La pareja se vino abajo, la relación sexual se acabó y ahora, desgraciadamente, están en vías de divorcio.

»Catherine me preguntó si Joe y yo habíamos reanudado nuestras relaciones sexuales. Le dije que no soportaba la idea de relajarme de esa manera, de bajar la guardia. Creía que si lo hacía, empezaría a llorar y no podría parar nunca. Entonces fue cuando ella me dijo que creía que si hubiera logrado continuar con la actividad sexual, el resto se habría arreglado solo. Me aconsejó que estuviera como estuviera todo lo demás, aunque nos sintiéramos demasiado desolados para hablarnos, debíamos, por todos los medios, tener una activa vida sexual. Cuando todo lo demás falla en la comunicación, el sexo lo dice todo.»

Afortunadamente, Lucy reconoció al instante el enorme valor de la comprensión y el consejo de su amiga. «Tan pronto como lo dijo, comprendí lo cierto que era y, curiosamente, sentí ganas de llorar de alivio, casi como si me hubieran dado permiso para esa complacencia, aun cuando me sentía culpable por la sola idea de entregarme a ese placer. Pero no sería placer por el placer, sería para consolarnos y unirnos, que era lo que los dos necesitábamos angustiosamente. No podíamos soportar hablar, pero una gratificación física, un recordatorio de que éramos reales, que estábamos vivos, nos amábamos y apoyábamos, lo diría todo.»

Cuando le pregunté acerca de sus primeros y tentativos pasos para reanudar su relación sexual con Joe, me contestó: «Para ser franca, una vez que hablé con Catherine se me evaporó todo el miedo y la renuencia que sentía respecto a reanudar nuestras relaciones sexuales. No recuerdo exactamente cómo fue el sexo, sencillamente no había nada que se pudiera destacar, lo cual es maravilloso, pero no particularmente notable. Sin embargo, fue lo mejor que podíamos haber hecho, y nos hizo muchísimo bien a los dos. Decidimos que si todo lo demás fallaba, por lo menos nos merecíamos unos buenos "polvos" diarios. Seguramente, si Catherine no me hubiera explicado la trampa en que cayó ella, y dado el permiso para ocuparme de mí, de mi marido y de mi matrimonio todavía podría estar en ese aislamiento. El sexo es mejor que nunca ahora, porque los dos sabemos que nos salvó. Al fin y al cabo, a pesar de todos los traumas, las pérdidas y todo lo malo que vivimos, seguimos aquí, lo cual, si volvemos al tema de la supervivencia, era nuestro objetivo».

A cualquier otra pareja que tuviera que enfrentar una tragedia así en su vida, Lucy les aconseja: «Entended el poder sanador de la relación sexual y la intimidad. Cuando uno se siente desesperada, asustada, sola, vacía, claro que no se siente excitada. Pero si en lugar de quedarse hundida en una piscina de agua helada, hace acopio de sus fuerzas y nada, llega al otro lado sintiéndose un poco más humana, con menos miedo y un poco menos helada. Y cada vez que lo hace resulta más fácil y los beneficios se van acumulando. Así sanaréis tú y tu marido, y vuestro matrimonio se salvará, y éste, cuando todo lo demás está en peligro, como nos ocurrió a nosotros cuando murió Thomas y Harriet estaba enferma, es el bien más importante que tenéis».

GUÍA PARA ENCONTRAR EL DESEO PERDIDO

Cuando el bebé hace bajar en picado el impulso sexual

Dice Patti, madre trabajadora casada con Tim: «Desde que tuvimos a Charlie hace un año no ha cambiado nuestra actitud hacia el sexo pero sí nuestro tiempo. Ciertamente tenemos menos relaciones sexuales ahora, lo cierto es que yo me meto en la cama a las nueve y a las nueve y media ya estoy profundamente dormida. Conversando con una amiga acerca de tener un segundo hijo, le pregunté si creía estar embarazada. "¿Cómo podría estarlo? No hacemos jamás el amor", contestó».

Es una historia conocida. La llegada de un bebé, o de bebés, como en el caso de Dorotta, 36 años, puede obstaculizar el deseo, la energía y hacer que no se tengan relaciones sexuales no sólo en semanas sino en meses. «Vamos, por favor —me cuenta ella—, después de nacer los gemelos yo estaba dolorida, agotada, emotiva y estresada. No sabía lo que me había caído encima. Tampoco Colin. No creo que ninguno de los dos haya dormido durante cuatro meses. Ahora lo recuerdo y pienso: "¿Cómo logramos pasar por eso?" Siempre habíamos deseado tener hijos, pero tenerlos casi nos destrozó. Sólo cuando mis padres vinieron de Polonia a estar tres semanas con nosotros y pudimos escaparnos a un hotel un fin de semana logramos decir: "Hola, a ti te conozco". Ese fin de semana hicimos el amor dos veces y después nada durante un mes. Nos ha llevado dos años volver a una especie de normalidad.»

Episiotomías, cesáreas, pechos sensibles y lechosos, hormonas tremendamente cambiantes, por no hablar de las barrigas fofas, las estrías, las varices; la lista no acaba ahí... No es sorprendente entonces que a pocas mujeres les apetezca hacer el amor inmediatamente después de dar a luz. La mayoría recuperan sus deseos sexuales, algunas a los pocos días, otras a los pocos meses, pero, reconocen, la sexualidad se modifica.

«Te cambia el cuerpo —dice Emily, 33, que dio a luz a James hace poco más de un año—. Yo prefería ponerme arriba porque así me era más fácil tener orgasmos. Ahora prefiero que él esté arriba, porque así me es más fácil tener un orgasmo. Además, estoy absolutamente obsesionada con mis pechos, me quedaron asquerosos por dar de mamar, seguramente ya no me gusta estar arriba porque me siento demasiado a la vista.»

¿Consejos para salvar el sexo post-bebé? Míos y de otras chicas casadas que también son madres:

- Cómprate todo un guardarropa nuevo para recompensarte, sentirte sexy de nuevo y agasajarte.

- Muchos conjuntos de ropa interior, con sujetadores con aro para levantar los pechos, que ahora parecen orejas de spaniel, medias pantis con panel de control, para camuflar la barriga y sexys bragas de seda que te hagan sentir guapa y oculten las imperfecciones de la piel hasta que desaparezcan naturalmente.

- Una niñera amorosa que te inspire confianza para dejarla a cargo de tu precioso bebé periódicamente por lo menos dos horas (de preferencia cuatro) para que tú y tu marido podáis escaparos y reconectar.

- Un *walkie-talkie* especial para bebés que se pueda conectar de forma que sepas que la nena o el nene está bien cuando te escapas unos minutos para un encuentro rápido en la cocina.

- Una colección de zapatos y bolsos nuevos. Simplemente porque...

Cuando el trabajo obstaculiza el sexo

Dice Amy, 32 años: «Garry es enfermero, o sea que trabaja en turnos, lo que significa que a menudo no estamos en la cama al mismo tiempo o él está cansado cuando yo estoy estupendamente bien para hacerlo. Eso puede arruinarte la vida sexual».

Anne, 37, enfermera en la sala de urgencias, casada con Michael, bombero del Departamento de Bomberos de Nueva York, explica: «Los dos trabajamos en horarios en los que no siempre coincidimos. No es raro que no nos veamos durante cuatro días seguidos. Puede costarnos volver a sincronizar cuando nos encontramos».

Acota Stacey, 30: «Este último tiempo Ben ha estado tan apremiado en el trabajo que le ha disminuido tremendamente el apetito sexual. Ha habido muchos cambios en la empresa, no todos bien recibidos, así que anda preocupadísimo. Está tan estresado que para él el sexo es sencillamente otra cosa más que le ordenan hacer».

Mindy, 35 años, comprende muy bien el problema de Stacey y Ben: «Mi horario de trabajo no tiene pies ni cabeza. Ya no hay ni un momento de descanso. Es difícil no sentir que el sexo es simplemente otra cosa más que tengo que hacer».

«Si estoy cabreada en el trabajo y lo aborrezco —dice Dian, 32, casada con Ollie—, esos sentimientos me acompañan a casa. Este último tiempo han estado haciendo reestructuración en la empresa, y la tensión es tremenda. Ollie trabaja para la misma empresa, aunque en otro lugar, y también lo está pasando muy mal. Así que ¿sexo? No.»

Como hemos dicho antes en este capítulo, la falta de oportunidad para practicar sexo no es un impedimento tan grande como podríamos suponer. Las personas que realmente desean tener una relación sexual, y sabemos que la gran mayoría de la nueva generación de casadas sí la desean, siempre logran encontrar el tiempo para el erotismo, no solamente a pesar de su intensas horas de trabajo sino también debido a ellas. No, el estrés y el agotamiento de compaginar trabajo y familia, para las mujeres, y la satisfacción en el trabajo, para los hombres, son los más potentes estimuladores de la libido.

Receta para la apatía debida al trabajo: mmm, ¿cambiar de trabajo?... Si no es posible, pide una entrevista con tu jefe, pero mantén las quejas en el mínimo. La mejor táctica: haz una lista de la forma como podrías hacer más satisfactorio tu trabajo. Si te resulta difícil compaginar el trabajo y la familia, no vaciles en buscar ayuda. Suponiendo que tu marido hace la mitad de los quehaceres domésticos y sigues escasa de tiempo, considera la posibilidad de enviar la ropa a la lavandería, aumentar las horas de la persona que te hace la limpieza, contratar una niñera y alguien que ayude a la mujer de la limpieza también. Programar «citas» no cancelables con tu marido, lejos de casa, durante las cuales podáis hablar de todo, excepto de trabajo (dónde vais a pasar las vacaciones, qué haréis el próximo aniversario de bodas para que sea muy especial, cinco actividades que deseáis hacer juntos el próximo año), servirá para recordaros a los dos que el placer, no el trabajo, es lo que hace especial vuestro matrimonio.

Cuando la depresión derrota a la libido

Más de uno de cada veinte estadounidenses sufren de un trastorno depresivo cada año. Las mujeres tienen casi el doble de probabilidades que los hombres de sufrir de depresión a lo largo de sus vidas, y eso puede hacer estragos en su deseo sexual.

Cuenta Rosie, 33, recordando un muy negro período de hace dos años: «Estuve muy deprimida después de tener el bebé. Paulo y yo casi no teníamos relaciones sexuales entonces».

Lynn, 40, que aún está muy deprimida por la muerte de su madre hace tres años, dice: «Se cree que la depresión es algo sólo de la mente, pero afecta a todo, incluso a tu nivel de energía y a tu deseo sexual. Por mi parte, yo no siento nada».

Y Una, 37, acota: «Llevo dos años en terapia por la depresión. Perder mi trabajo no fue la causa, pero sí su desencadenante. Noto que poco a poco me va volviendo el deseo sexual, pero pasamos mucho tiempo sin hacer el amor».

Si bien las mujeres casadas (junto con las de problemas económicos graves o en el paro, las adolescentes y los hombres solteros) están en la categoría de mayor riesgo, durante las entrevistas para este libro me ha sorprendido la frecuencia con que sale el tema de la depresión entre los maridos y el subsiguiente bajón en el deseo sexual.

«Robbie se quedó en el paro hace siete meses, y desde ese día fue perdiendo el apetito sexual —comenta Carla, 35—. Cuando recién perdió el empleo hacíamos el amor unas dos veces a la semana. Ahora, no lo hacemos nunca. Está absolutamente deprimido y nada de lo que yo haga o diga le sirve. Le explico que ya no existe eso de que hay trabajo para todos, pero él no está acostumbrado a estar sin hacer nada. Conozco a muchos maridos en esta situación, y lo llevan muy mal. Hay muchísimos hombres deprimidos.»

Niki, 35 años, está de acuerdo: «Sea cual sea el motivo, hay muchos hombres sin trabajo en estos momentos y sus mujeres los mantienen. Es curioso, parece difícil entenderlo, pero actualmente es al revés». Le pregunto si ha notado un efecto negativo en su vida sexual desde que Ron perdió su trabajo hace un año. «Sí, ha sido una mala época. Nuestra actividad sexual estaba disminuyendo antes de que surgiera el problema, pero ahora ya ha pasado casi un año desde la última vez que hicimos el amor.»

Dado que estoy escribiendo este libro en medio de una grave recesión, única en el sentido de que no es sólo una fuerza laboral más prescindible como la femenina la que ha quedado repentinamente sin empleo, sino también hombres que trabajaban a jornada completa y cuyas identidad y autoestima siempre han estado inextricablemente ligadas a sus trabajos, este aumento de la depresión masculina no debería sorprender a nadie. Afortunadamente, un mayor conocimiento entre los profesionales de la medicina respecto a las formas como se manifiesta la depresión en los hombres (consumo de drogas, alcoholismo, irritabilidad, comportamiento violento y desconexión de sus seres queridos) significa que hay más facilidad de encontrar mejores tratamientos. Pero una mejor medicación no es la única solución para una intensificación de la depresión y una disminución de la libido. El doctor en asistencia social, Terence Real, autor de *I Don't Want to Talk About It* (No quiero hablar de eso) (Scribner, 1997) y co-director del Gender Research Project at the Family Institute, de Cambridge, Massachusetts, dice: «La reconexión es esencial. Las mujeres deprimidas tienden más a hablar de sus problemas y a buscar ayuda. El ideal de estoicismo masculino y el consiguiente aislamiento está en la raíz de la depresión masculina. La intimidad es la solución más duradera».

Cuando la medicación sabotea la «magia»

En su acción para elevar el ánimo, los antidepresivos tienen efectos secundarios muy preocupantes: hasta la mitad de sus usuarios sufren de pérdida de impulso sexual, disfunción eréctil, disminución de la lubricación vaginal, dificultad para llegar al orgasmo o pérdida del placer en el mismo.

«Son muchas las personas que toman antidepresivos —dice Connie, 39—. Aunque yo no tengo una depresión importante, he estado tomando y me ha ido bastante bien. Pero ya no siento deseo sexual, lo cual es una pena.»

Uma, 37, afirma: «Una combinación de terapia y antidepresivos hace maravillas para la depresión. Pero espero dejar de tomarlos pronto, porque sé que me impide reencarrilar mi vida sexual, y echo de menos la que tenía».

Y Stacey, 30 años, dice: «Ben comenzó a tener ataques de pánico y le recetaron un medicamento, pero eso le ha quitado mucha marcha. Ahora está un poco mejor, pero cuando empezó a tomarlo, no lograba correrse ni nada. Era muy frustrante».

Si crees que algún antidepresivo es el responsable de estropearte la vida sexual, no seas tímida; pídele a tu médico que te reduzca la dosis o te lo cambie por otro que tenga menos probabilidades de causarte problemas sexuales.

Cuando la falta de sexo podría ser una disfunción

¿Qué demonios es disfunción sexual? La verdad es que el nombre suena siniestro pero, en resumen, es la incapacidad o falta de deseo, constante o recurrente, de tener relación sexual o incluso de iniciar una actividad sexual. ¿Por qué conviene saberlo? Porque es un infierno para la pareja que uno de los cónyuges caiga víctima de ella.

En las mujeres, la disfunción sexual se clasifica en cuatro categorías principales: poca libido o aversión al sexo; dificultad para excitarse; incapacidad de tener un orgasmo; dolor durante el coito. Según un estudio publicado en *Journal of the American Medical Association*, cuatro de cada diez mujeres experimentan un cierto grado de disfunción sexual. En los hombres, el trastorno va unido principalmente a la disfunción eréctil, lo que significa que no pueden tener una erección ni eyacular. Algunos estudios estiman que entre diez y veinte millones de estadounidenses tienen cierto grado de disfunción eréctil.

Los orígenes de la disfunción sexual son muchos y diversos. Si no logras experimentar excitación ni llegar al clímax, puede ser por sexo insatisfactorio (no se te estimula lo suficiente), hostilidad (nunca subvalores el efecto de la rabia o el resentimiento), problemas hormonales (sí, la píldora puede causarlos, como también cualquier fármaco que altere el equilibrio hormonal) o vaginismo (contracciones vaginales involuntarias que hacen dolorosa o incluso imposible la penetración). Si tu marido no logra excitarse o mantener la erección a lo largo del coito, su disfunción sexual podría ser un síntoma de muchas cosas. En un extremo del espectro, podría tener ansiedad, haber bebido demasiado alcohol (tal vez el mal efecto de ambas cosas) o sentirse hostil (lo ves, reprimir los sentimientos no beneficia a nadie); en el otro extremo del espectro, podría tener un desequilibrio hormonal (bajo nivel de testosterona).

¿Hay remedio para la disfunción sexual?, estarás preguntándote. Sí, por supuesto. Pero por lo general requiere medicación (en el caso de desequilibrio hormonal, por ejemplo) o psicoterapia, o ambas cosas.

....

Los altibajos del sexo en busca del bebé

Tengo dos preciosas hijas y me alegra que ninguna de las dos fue un accidente. Aunque eso no habría cambiado lo que siento por ellas, lógicamente. Sólo quiero decir que tenía que experimentar el placer puro, animal, que surge al tirar los condones, prescindir de las píldoras y arrojarme de lleno en un acontecimiento cuyo resultado no sería simplemente placer sino otra persona. Ahora bien, como cualquiera que me conozca te lo dirá, no soy de ninguna manera del tipo Madre Tierra. Siento náuseas sólo de pensar en el humus, y los únicos cristales que puedo usar son los que están cosidos como adorno en mi tanga. Y no es que tenga nada contra la Madre Tierra, no, pero el asunto es que mi experiencia sexual con la finalidad de procrear fue la mejor época de mi vida. Me sentía liberada, desenfrenada y entregada.

Recuerdo que poco después de haber decidido intentar tener un bebé, estábamos haciendo la compra en un supermercado y de pronto nos detuvimos ante el talco para bebés. Martin y yo nos miramos y yo le susurré: «Imagínate, si nos fuéramos inmediatamente a casa a hacer el amor, dentro de nueve meses podríamos estar comprando estas cosas». Ni siquiera acabamos la compra, nos precipitamos hacia la salida, saltamos al coche, volamos a casa, abrimos la puerta y ahí mismo en el suelo hicimos el amor. Frenético y desenfrenado, sí. ¿Como animales? Ja, ja, supongo que sí. Pero también fue supermaravillosa la intimidad y compenetración que experimentamos después, abrazados sobre la alfombra, riendo y preguntándonos si el bebé que tal vez acabábamos de concebir tendría la nariz de Martin o mis pecas (resultó que salió con ambas cosas).

Muchas chicas casadas que tienen hijos están de acuerdo conmigo.

«Ah, sí, no hay nada igual a la primera vez que lo haces después de decidir tener un bebé —afirma Shaunei-ce, 36—. Nosotros no veíamos la hora de empezar. Y hacíamos el amor todo el tiempo. En realidad, mientras lo hacíamos yo no estaba pensando: "Ah, podríamos estar concibiendo un bebé", pero sé que era diferente, y ciertamente mejor para los dos.»

Dice Gabrielle, 32: «Antes de que empezáramos a intentar tener un bebé, si uno de los dos estaba cansado o no muy interesado, le correspondía al otro ponerle en marcha el motor con conversación o fantasías estimulantes. Pero como de repente teníamos los dos el objetivo de tener un bebé, el sexo nos resultaba mucho más sencillo.

Hacíamos el amor porque podíamos y porque queríamos, y sólo muy de tanto en tanto porque debíamos. Además, dado que tendíamos a hacerlo más durante mi período de ovulación, a mí sólo me llevaba unos cinco minutos excitarme, lo cual era fantástico porque significaba que podíamos tener revolcones y sesiones más largas sin que ninguno de los dos se sintiera estafado. Aunque yo no me corría cada vez, nos esforzábamos en procurar que yo tuviera el orgasmo, porque habíamos leído que eso ayuda a los espermatozoides a llegar al óvulo. Hacerlo para concebir da al sexo un giro especial. Comprendes que al unir nuestros cuerpos tienes la capacidad de crear vida».

Cuenta Patti, 34: «Hay un algo de travesura en hacer el amor sin protección, aunque sea con tu marido. Así que lo hacíamos muchísimo».

Mel, 37 años, está de acuerdo: «Saber que no importaba si me quedaba embarazada, de hecho, saber que podría quedar embarazada, me estimulaba mucho. Además, éramos aún más cariñosos mutuamente mientras hacíamos el amor. Yo deseaba mimar más a Richard, besarle, bajarle la lengua por el cuello, quería intimar de verdad con él. Era muchísimo más apasionada. Recuerdo que una vez Richard incluso me dijo: "Guau, nunca te había visto así antes". Tenía razón. Había algo como primordial en el sexo».

Carmen, 37, está de acuerdo: «Noté que Michael era mucho más atento durante el sexo, más cariñoso y protector. Me besaba y me acariciaba toda entera, como si yo fuera una especie de animal trofeo. Se tomaba más tiempo que de costumbre. Parecía que cada vez que hacíamos el amor era un acontecimiento muy especial».

Sin lugar a dudas, poco es comparable a los primeros tres o cuatro meses de relaciones sexuales después que has tomado la decisión de tener un bebé. La expectación precoital de «quién» podría resultar de los próximos cinco a cincuenta minutos, y el entusiasmo poscoital del podría, podría ser, que hubieras quedado embarazada. Sin embargo, las chicas casadas han reconocido que pasados esos primeros meses de sexo en busca del bebé, el entusiasmo y la expectación pueden transformarse en ansiedad o incluso temor.

Yo recuerdo muy bien esos sentimientos. Con mi primera hija quedé embarazada casi inmediatamente. Pero concebir a la segunda nos llevó cuatro meses más. No nos parecía que estuviéramos haciendo algo diferente. Ninguno de los dos consumía más cafeína, alcohol ni hidratos de carbono. Concedido, éramos mayores (yo 32, él 28), pero sólo tres años. No nos parecía posible que nuestra fertilidad se hubiera reducido o desaparecido en ese tiempo. Y sin embargo...

Cuenta Patti: «Yo pensaba que quedaría embarazada en un mes más o menos. Al no ocurrir comencé a preocuparme. Es decir, había pasado quince años tratando de no quedarme embarazada, y cuando me moría de ganas de quedarme, pensé que no podía. Con mis amigas no parábamos de hablar de eso. Nos conocíamos el ciclo de cada una y sabíamos el tiempo que llevábamos intentándolo. Cada vez que me venía la regla sentía deseos de llorar, y lloré, al menos unas tres veces. Entonces el sexo comenzó a tomar todo un nuevo sentido, era como un trabajo. Al final, mi mejor amiga me recomendó que comprara un predictor de ovulación; entonces le decía a Tim que necesitábamos una cita esa noche y él me respondía que iba a consultarlo con su chica, ésa era nuestra bromita, pero era tan poco romántico. En todo caso, dio resultado el primer mes, así que ahora le digo a todas que deben comprar un test de ovulación cuando quieran quedarse embarazadas».

Gabrielle afirma: «Debo admitir que después de siete meses de tratar de quedarme embarazada comencé a preguntarle a mis amigas qué les daba resultado a ellas. Una me recomendó levantar las piernas después, y lo hice. Y me compré un libro dedicado a aumentar al máximo las posibilidades de concebir y con consejos para evitar los abortos espontáneos. Pero a Murray no le interesó para nada el libro. Creo que sabía que si empezaba a creer que tenía un problema eso heriría los sentimientos de su pene y dejaría de levantarse a la altura de la ocasión».

«Das por sentado que tan pronto como dejes de tomar la píldora vas a quedarte embarazada —dice Shauneice—. Cuando eso no ocurre el primer mes, te sientes decepcionada, pero piensas, bueno, el sexo es fabuloso, continuemos. Pero cuando han pasado tres meses y no ocurre, empiezas a ponerte nerviosa. La verdad es que cuando pasaron cuatro meses y no me quedaba embarazada fui a ver al doctor. Me preguntó: "¿Con qué frecuencia tenéis relaciones sexuales?" "Cada día", contesté. "Ése es el problema." Yo no sabía que cuantas más relaciones sexuales tienes más se debilitan los espermatozoides. Empezamos a hacerlo cada tres días. Dos meses después, estaba embarazada.»

175

Patti, Gabrielle y Shauneice nunca sabrán si la solución fue el predictor de ovulación, poner las piernas en alto o reducir la frecuencia de las relaciones sexuales. Cuanto más sabemos más comprendemos que concebir bebés requiere una combinación perfectamente sincronizada de elementos femeninos y masculinos, desde físicos a emocionales. Incluso metafísicos (Gabrielle me confía que fue a ver a un acupuntor que le dijo que no tenía «suficiente *chi*» para quedarse embarazada). Y aunque siempre hemos sabido que cuanto mayores somos más difícil es concebir y parir un bebé sano, la llegada del polémico libro de Sylvia Ann Hewlett, titulado *Creating a Life: Professional Women and the Quest for Children* (Creando vida: Mujeres profesionales y la búsqueda de la maternidad) ha puesto el dedo en el mayor temor de esta generación de mujeres: que una vez que ha logrado sus ambiciones profesionales y encontrado al hombre con el que puede tener una relación equitativa, la pieza final de su rompecabezas para la vida perfecta podría faltarle.

Si bien un creciente número de chicas casadas eligen no tener hijos (el número de mujeres sin hijos a ambos lados del Atlántico es actualmente el doble de lo que era hace veinte años), la mayoría desean tenerlos. Sin embargo, la edad promedio para tener un hijo en Estados Unidos, Reino Unido y Australia oscila entre los 28 y los 29 años, la edad en que la fertilidad comienza a bajar (después de los 35 años vuelve a bajar de forma importante, dicen los expertos). Refiriéndose a eso, añade Gabrielle: «Llega una etapa en el que decidir cuál es el momento adecuado para tratar de quedar embarazada es un asunto peliagudo. Yo tenía 31 años y uno cuando comenzamos y lo encontraba un poco pronto. Me habría encantado postergarlo hasta los 33. Pero decidí descubrir lo antes posible si había algún problema, porque así tendríamos tiempo en el caso de necesitar un tratamiento para la fertilidad o decidir adoptar».

Ya se deba a la edad o a otra cosa, descubrir que es posible no quedar embarazada con la misma facilidad con que se desenvainan guisantes puede tener efectos muy negativos en el grado de deseo y en la vida sexual. Dice Connie, 39, que lleva dos años intentando quedarse embarazada: «Se convierte en un trabajo, y no debería ser así».

Ésta es la base de un momento difícil en mi conversación con Mary, 32. Ella reconoce: «El peor sexo de mi vida fue cuando lo hacíamos para concebir un bebé. Lo intentamos mucho tiempo y, dado que mis reglas son tan irregulares, nunca logro saber cuándo estoy ovulando. Así que hacía una suposición al azar y teníamos relaciones sexuales cada día durante toda una semana, y era tremendo. Llegas al punto en que no deseas hacerlo nunca más». Finalmente el estrés se hizo excesivo. «Comencé a atormentar al médico porque yo no lograba manejarlo. Ahora sé que podemos tener actividad sexual por placer, pero no para tener hijos, a no ser que estemos dispuestos a invertir veinte mil dólares para la fertilización *in vitro*. Esto me afectó emocionalmente en relación con el sexo. Es parte de tu definición como individuo. Lo único grande que puedes hacer como mujer es tener hijos. Es duro comprender que no puedes. Así que aunque le volví la espalda a Tom, seguí deseando acostarme con él, es la depresión la que te hace sentir que no deseas tener una relación sexual. Luché por cambiar la situación y lo trabajé con un terapeuta. Ahora disfruto nuevamente del sexo y es fabuloso no tener que usar condones. Así que lo hacemos por placer y es fantástico.»

Dice Jo, 33 años: «Yo creo que la búsqueda de hijos le quita lo atractivo al sexo. Durante un año tratamos de tener hijos y el sexo era fabuloso. Yo le gritaba a Aaron: "Creo que estoy ovulando, cariño", y era maravilloso. Pero se hizo mecánico. Y cada vez que me venía la regla, era angustioso. Yo inventaba la metáfora de que mi útero estaba llorando y Aaron hablaba de disparar municiones de fogueo». En realidad, han descubierto que la causa de su incapacidad para concebir es el bajo número de espermatozoides de Aaron. «Cuando nos enteramos de que no podíamos tener bebés fue terrible. Yo me deprimí muchísimo y fui a terapia. Después de un año, nuestra vida sexual está mejor. Hemos superado la pena de saber que no nos quedaremos embarazados jamás, pero podemos adoptar, y eso nos da un tipo diferente de control sobre cuándo tendremos hijos. Como resultado, los ocho meses pasados el sexo ha mejorado porque siento, nuevamente, que su finalidad ha cambiado y vuelve a ser todo por el disfrute.»

3
Dinero y sentido común

«La independencia económica es francamente importante para mí, y es la principal diferencia entre mi madre y yo. Ella nunca tuvo dinero propio. Sólo tenía para llevar la casa, nada de ella. Siempre tuvo que depender de que mi padre ganara el dinero, siempre tuvo que ceñirse al presupuesto y arreglárselas para que llegara a fin de mes. Eso era lo que hacía una buena esposa. ¡Al diablo con eso!»

GABRIELLE, 32

La chica casada es muy materialista, pero su obsesión por el dinero no es del estilo Madonna. El himno que muchas bailábamos en nuestros años de adolescencia puede haberle puesto letra a un mayor deseo de estabilidad económica, pero la primera dama del pop de los ochenta sostenía, incluso entonces, que la mejor manera de tener mucho dinero era conseguir un hombre con un billetero bien repleto.

Si la música es el barómetro de nuestro tiempo, el megaéxito de Destiny's Child lo define. Declaran: «La ropa que llevo la he comprado ¡porque dependo de mí! [*The clothes I'm wearing, I've bought it/Cause I de p depend on me!*]». Esos sentimientos se hacen fuerte eco en las chicas casadas que han aprendido de la lamentable situación de las mujeres económicamente dependientes, como muchas de nuestras madres; mujeres que eran inteligentes, hermosas y sabias, que sin embargo no podían tomar ni la más simple decisión financiera. Y hemos visto cómo esa dependencia se manifestaba en una baja autoestima, falta de confianza en sí mismas, infelicidad y depresión. Observábamos, desesperadas e incrédulas, cómo nuestras madres tenían que pedir permiso, ¡permiso!, para comprarse ropa, zapatos, tal vez un coche para llevarnos al colegio. Advertíamos, con una terrible vergüenza, cuando ella trataba de justificar el gasto. Y muchas vimos a nuestras madres atrapadas en crueles matrimonios sin amor sencillamente porque no tenían dinero personal para comprarse un billete de autobús, y mucho menos para mantener una existencia frugal hasta que se presentara otra fuente de seguridad.

Pero la revolución económica femenina de los cuarenta últimos años puede atribuirse también, cada vez más, a nuestras madres como modelos positivos. Algunas sí aportaban al bienestar económico de la familia y demostraban que la gratificación no se limitaba a los aspectos materiales. Otras, al encontrarse divorciadas o viudas, no tuvieron otra opción que arreglárselas solas para mantener a sus hijos pequeños. Al hacerlo, inculcaron a sus hijos, niñas y niños, que el dinero no sólo representa comida en la mesa sino también autosuficiencia, elección y oportunidad. Elección para gastar libre o frugalmente; oportunidad para dictaminar su futuro y la posibilidad de casarse nuevamente (si decidían hacerlo) por los motivos correctos, no simplemente para tener un techo sobre sus cabezas.

No es de extrañar que la nueva generación de mujeres casadas creciera creyendo que la dependencia económica era un desastre absoluto. Actualmente la seguridad económica no es el motivo que nos lleva a casarnos. Queremos tener dinero (dinero propio) en nuestros bolsos antes incluso de decidir si deseamos casarnos. Anhelamos tener dinero para poder viajar, divertirnos, hacer vida social y llenar nuestras vidas según nuestro criterio. Lo deseamos para poder disfrutar y participar plenamente en el mundo. No nos consideramos espectadoras, somos miembros activos e influyentes de la sociedad, cuyos actos y opiniones importan; pero todo esto sólo lo podemos hacer cuando tenemos dinero. Cuanto más dinero propio controlamos, mejor equipadas estamos para vivir bien y ser fieles a nosotras mismas (y a nuestra identidad, tan largamente peleada). Y la mayoría sabemos que sólo podemos adquirirlo por nuestros méritos, ingenio, astucia e inteligencia. Si luego llega un marido rico, es un plus, claro (vamos, todas hemos fantaseado con casarnos con un tío rico para aliviar la carga económica), pero incluso en ese caso, no renunciaríamos a nuestros ingresos. ¿Bromeas? El precio de hacerlo supera incluso el de la más fabulosa colección de bolsos Prada.

Dice Joan Richmond, de la *American Demographics*: «Las mujeres cuya relación con las finanzas se reduce a coleccionar cupones y pagarle al lechero son ahora tan escasas como los propios lecheros». Actualmente para ellas, el dinero es un símbolo de independencia, libertad, éxito y poder. Es esta sola idea la que impulsa a un creciente número de chicas a terminar el colegio y entrar en la universidad. Nuestro diploma de licenciatura es un trozo de papel que realmente significa algo. Es un indicador de éxito e independencia económica para hombres y mujeres por igual, un título universitario suma aproximadamente tres millones de dólares a los ingresos de toda una vida. Esto seguramente es el equivalente a depósito lleno de zapatos y bolsos de diseño, pero también nos compra coches, tecnología, asistencia sanitaria y, como mínimo, un cómodo apartamento para vivir. Y, lo cierto es que, decidamos casarnos o continuar solteras, esos tres millones de dólares nos compra, algo más importante aún, la libertad de poder elegir.

Ahora bien, mis hallazgos en el aspecto financiero son francamente deprimentes. En Estados Unidos las mujeres sólo ganan 72 centavos por cada dólar que ganan los hombres (fuente: *Investors Business Daily*). En Reino Unido la cifra es similar, lo que revela que el empleado a jornada completa gana 23.412 libras mientras la empleada a jornada completa sólo gana 16.481 libras (fuente: U.K. Office for National Statistics). Propongo que montemos en nuestros caballos de guerra. Mejor aún, desmonta y habla con un abogado para averiguar si cobras un salario justo con relación al trabajo que realizas. Sin embargo, en lo que a las mujeres se refiere, la realidad financiera no es para morirse de depresión.

En la actualidad las mujeres ganan colectivamente un billón de dólares anuales (fuente: U.S. Census Bureau), lo que las convierte en una innegable influencia en la salud de la economía.

Un tercio de las mujeres casadas gana más que sus maridos.

El poder adquisitivo de las mujeres va ciertamente en aumento; su sueldo por hora en relación con el de los hombres ha pasado del 61 por ciento en 1970 al 83 por ciento ahora. Esta cifra aumenta al 95 por ciento si las mujeres son menores de 30 años, y se pronostica que en 2030 las mujeres conseguirán por fin equidad en la paga (fuente: Abbey National).

Al 77 por ciento de las mujeres les resulta más fácil invertir que hace cinco años (fuente: Today/Oppenheimer Funds).

El 63 por ciento de las mujeres participan en la toma de decisión respecto a inversiones en sus familias (fuente: Today/Oppenheimer Funds).

Pese a todo el bla-bla sobre el renacer de la espiritualidad y el antimaterialismo, pese a nuestras quejas sobre la infame falta de tiempo, pese a la firme creencia de que el dinero no compra la felicidad, las chicas casadas, principalmente las de la generación X, siguen deseando dinero por encima de cualquier otra cosa. En una encuesta realizada por Youth Intelligence a 1.125 mujeres de edades comprendidas entre 25 y 35 años, a la pregunta de si preferían tener más tiempo o más dinero, el 76 por ciento respondieron: «¡A mí que me den el dinero!» (el 79 por ciento de los hombres también preferían el dinero al tiempo). Puesto que sabemos lo mucho que influye el poder adsquisitivo, fundamentalmente en nuestro comportamiento y, esté bien o mal, en nuestras actitudes hacia nosotros mismos y hacia los demás, ¿cuánto influye en el matrimonio nuestro deseo de dinero y el tenerlo? Respuesta: muchísimo.

Cuando ella gana más

Linda, 34 años, alto cargo en un gigante de la multimedia, explica: «Cuando conocí a Steve se hizo evidente desde el principio que yo estaba mejor situada que él en el trabajo. Recuerdo nuestra tercera cita. Yo deseaba celebrar un superaumento de sueldo que acababa de recibir, así que pedí una botella de champán, y cuando el camarero la destapó exclamé: "¡Brindo por los próximos cien mil!" Steve no podía creerlo. Se alegró por mí, pero evidentemente no fue bueno para la relación. Quedó claro que él no se había imaginado cuánto ganaba y era capaz de ganar yo. Me hizo saber que no se sentía cómodo al descubrir que yo ganaba más que él. Eso nos estropeó la velada. Después, cuando se lo conté a mi amiga Jill, me recordó que a ella le había pasado lo mismo. Así que por un tiempo intenté ser sensible a la inseguridad de Steve. Trataba de compensar y hacerlo sentir mejor regalándole cosas. Eso también fue contraproducente. Cuando se las daba me decía: "Ah, gracias, pero yo no puedo corresponder comprándote algo este mes". Era horrible. Finalmente le dije que si queríamos seguir juntos debía intentar sobreponerse a este tema. Es decir, estábamos llegando al punto en que yo no me atrevía a decirle que había comprado algo, que era exactamente lo que hacía mi madre, aunque por diferentes motivos. No, de ninguna manera estaba dispuesta a comportarme de ese modo. Así que le expliqué que no podía seguir ocultándole cosas para evitar que él se sintiera mal. Era ridículo. Pero, claro, en el pasado los hombres no tenían que enfrentarse a una situación semejante. Se sobrentendía que siempre los hombres ganaban más que las mujeres. En cambio ahora, no es necesariamente así».

Un hombre ya no puede dar por supuesto que gana más que la chica con la que sale. Es cierto que sigue siendo probable que él tenga un mejor sueldo, puesto que las mujeres siguen tendiendo a trabajar en fábricas, empresas de servicios o entornos creativos (lugares de trabajo vocacionales en los cuales el sueldo es muy desproporcionado al trabajo). Pero dado que es cada vez mayor el número de mujeres que se titulan, entran (y mejoran) en lugares de trabajo tradicionalmente masculinos, meten ruido donde generaciones anteriores de mujeres podrían haberse mantenido silenciosas, reanudan su jornada completa después del parto (si es que tienen hijos), los hombres han tenido una estridente llamada de atención en el tema económico. Y a algunos esto les causa un sorprendente malhumor.

«Para mí lo lógico sería que les alegrara no tener que pagarlo todo —dice la amiga de Linda, Jill, 35, banquera—. Pero muchos hombres se sienten castrados por una mujer que gana más. Yo nunca he usado ropa cara, así que cuando iba a los bares, antes de conocer a Lloyd, siempre me vestía con tejanos y camiseta. Al verme, nadie se imaginaba que tenía un apartamento y un coche propios. Cuando progresaba un poco la relación y llevaba al chico a mi apartamento, lo veías pensando "¡Mierda!" Algunos inmediatamente me catalogaban como una chica pija y creían que el apartamento era de mis padres. Cuando yo les decía: "No, lo compré yo", algunos reaccionaban de forma muy rara. Uno se sentó en el sofá y se quedó ahí con la cabeza metida entre las manos, y después se pulió toda mi botella de Jack Daniel's. Fue como si pensara que era un perdedor porque esta mujer tenía un apartamento y él no. Y sí que era un perdedor, pero no porque no pudiera comprarse su apartamento. Otro tío me preguntó ¡si me acostaba con mi jefe! Lo dijo en broma, pero yo me libré de él muy pronto. Algunos se impresionaban, otros se sentían aliviados al pensar que yo no esperaba que ellos lo pagaran todo. Lloyd fue uno de los pocos chicos con los que salí que no tuvo ningún problema al saber lo que yo ganaba. Él hace lo suyo, es muy dueño de sí mismo. Se siente seguro de sí. Es muy de la actitud de que los dos aportamos todo el dinero que podemos.»

Aunque la mujer moderna no gane tanto como un hombre, el símbolo del dinero se infiltra en su forma de relacionarse, con quién sale, con quién acabará por casarse y el papel que tendrá en el futuro económico de su matrimonio.

Opina Tina, 30: «Creo que nunca he ganado más que ninguno de los tíos con los que he salido. Y, ciertamente, no gano ni por asomo más que mi marido. Pero invariablemente procuraba pagar algo. Mira, por ejemplo, después de la primera salida con Bill, que pagó él, siempre insistía en ir a medias con la cuenta. Puede que no haya sido exactamente a medias, pero me ofrecía a pagar las bebidas. O le decía: "¿Te parece que nos vamos de aquí y yo invite a un helado de crema de camino a casa?" No me hacía gracia que él pensara que yo quería vivir a su costa. Pero era más que eso. Era respeto por mí misma. No soy la mujercita patética que necesita que la mantengan. Y no quería sentirme como si le debiera algo, sexo por ejemplo. Puesto que yo pagaba mi parte en nuestras salidas, me sentía con todo el derecho a elegir dónde comeríamos y qué haríamos».

Dice Skylla, 29 años: «Carl trabaja en Wall Street. Yo soy diseñadora de muebles. Haz cuentas. Pero yo me mantenía sola desde mucho antes de conocerlo. Vale, no vivía en un ático superelegante, pero ganaba lo suficiente para darme la gran vida. Iba a fiestas, salía con amigos y amigas. Si quería derrochar en un lujo, me las ingeniaba para ahorrar, ya fuera comiendo sólo fideos toda una semana o yendo a pie a todas partes en lugar de coger el bus. Así que Carl sabe que no me casé con él por su dinero. La verdad es que sus elevados ingresos no me quitaban exactamente el entusiasmo, pero sí me preocupaban. Conozco muchas historias de hombres que creen que pueden hacerlo todo a su manera porque son los que ganan más. Y eso no iba conmigo».

Muchísimo mayor que la que su madre tuvo jamás, la disponibilidad de dinero de la mujer soltera actual sólo se equipara a su deseo de gastarlo. En una encuesta de la Oppenheimer Funds en 2001, tres de cada cuatro solteras de la generación X dijeron que era importante dar la imagen de prosperidad. La encuesta también reveló que el 47 por ciento tienen deudas de tarjetas de crédito y que el 54 por ciento dicen que tal vez preferirían comprar treinta pares de zapatos antes que depositar 30.000 dólares en la cuenta de ahorro para la jubilación. «Las jóvenes manifiestan signos del síndrome Carrie Bradshaw», reza el titular. «¿Por qué? ¿Porque nos gustan los zapatos? —pregunta Lola, 30—. ¿Tal vez nos preferirían descalzas y embarazadas?» Nos dan risa esos estereotipos...

No me interpretes mal. No nos tomamos a broma las deudas. Actualmente es muy frecuente el estrés entre los veinteañeros solteros (hombres y mujeres) a causa de las deudas de estudio y por el abuso de las tarjetas de crédito. Un artículo aparecido en *Cosmopolitan* revela que la mujer normal entra en el mundo laboral con una tonelada de estrés a causa de deber 16.000 dólares, que es más o menos la cantidad que va a ganar en su primer año de trabajo. Sin embargo, endeudarse y desendeudarse es un reconocido rito para la nueva generación de casadas. Y sí que se lo toman en serio.

Pregunta Tina, 30: «¿Quién no tiene deudas cuando sale de la universidad? Y cuando empiezas a trabajar te vuelves loca. Compras de todo y lo cargas a cuenta. Pero si eres lista comprendes que no puedes seguir gastando así. Alguien tiene que pagarlo y ese alguien eres tú. Tus padres no te van a echar un cable. Yo ni siquiera se lo he dicho. Creo que no tuve ni una sola noche de sueño decente hasta que terminé de pagarlo todo. Me llevó tres años, pero lo hice, y me sentí tremendamente orgullosa de mí».

Tina es un caso típico. La encuesta de la Oppenheimer Funds revela que los dos tercios (65 por ciento) de solteras de la generación X consideran como principal prioridad pagar sus deudas de tarjetas de crédito, y la anteponen a encontrar marido, tener una activa vida social, poseer ropa buena o coche. Esta lección que aprenden de solteras perdurará en sus matrimonios y a lo largo de su vida.

Pero los peligros de las tarjetas de crédito no son las únicas lecciones financieras que aprenden las mujeres antes del matrimonio. De hecho, antes de casarse tienen muchos más conocimientos que los que tenían (y tal vez aún tienen) sus madres acerca de asuntos monetarios como el ahorro, la inversión y los fondos de pensiones. Saben que si no se ocupan de su bienestar futuro podrían tener el mismo destino de sus abuelas. Y ésa no es una perspectiva feliz, ya que el 75 por ciento de los estadounidenses ancianos pobres son mujeres (fuente: Social Security Administration). La pensión media para una mujer es de sólo 3.000 dólares, aproximadamente dos veces y medio menos que la de un hombre (fuente: Women's Institute for a Secure Retirement). Así lo explica la doctora Marci Rossell, economista de la Oppenheimer Funds: «Las mujeres entran en la edad adulta solteras, y muchas, por elección o por las circunstancias, acaban así. Tanto si pretenden casarse como si no, la mayoría de las solteras de la generación X tienen muy claro que ellas son las responsables de sus finanzas».

April, 43 años, asume la total responsabilidad de sus finanzas y siempre lo ha hecho: «Yo veía la gran vida que se daban mis abuelos paternos, gastándose todo su dinero, y mi abuela acabó tan necesitada que teníamos que mantenerla entre todos. En cambio, mi otra abuela ahorraba su dinero e invertía juiciosamente y acabó con un estupendo estilo de vida. Yo no soy frugal, ni tacaña ni acaparadora, pero desde el día que empecé a trabajar siempre ingreso dinero en la cuenta de ahorro».

Dice Linda: «El problema es que los fondos de pensión no son estimulantes. Como no ves dónde va ese dinero, claro, es más agradable comprarse un precioso par de zapatos para ponerte esa noche. Pero no quiero fiarme de que alguien me va a mantener cuando sea vieja. Eso fue lo que hizo mi abuela, se quedó aniquilada cuando murió mi abuelo. Yo no voy a dejar nada al azar».

Tampoco lo dejan al azar el 83 por ciento de solteras que tienen fondos para la jubilación (fuente: Oppenheimer Funds). Pero hay otra gestión que demuestra el mayor conocimiento y sensatez financiera de las mujeres antes de casarse. Según la National Association of Realtors (Asociación Nacional de Corredores de Bienes Raíces), las mujeres solteras se están convirtiendo en propietarias inmobiliarias más rápido que los hombres solteros. El 55 por ciento de las solteras poseen su propia casa.

Tomemos el caso de Dian, 32 años. Para casarse con su novio Ollie, vendió su piso de soltera en Miami por 23.000 dólares más que lo que le costó. Él, por su parte, sólo tenía 7.000 dólares ahorrados, pese a que era tres años mayor y había vivido largos periodos con sus padres.

«Ese beneficio que saqué de mi piso influyó muchísimo en lo que pudimos comprar después. Y, puesto que llegué al matrimonio aportando más dinero, tuve la voz cantante para decidir qué apartamento íbamos a comprar juntos.»

April también tenía apartamento propio antes de casarse con Doug, «y eso que él ganaba muchísimo más dinero que yo», dice.

Lo mismo hizo Suzannah, 39, que comenta: «No era grande, pero era mío. Y lo vendí con ganancia».

Cuenta Stacey, 30, que también tenía su apartamento antes de casarse: «Lo compartía con una amiga para ayudarme en mis gastos; pero por lo demás era todo mío. Después Ben se vino a vivir conmigo, y finalmente lo vendí. Pero lo vendí con un buena ganancia que aprovechamos para comprar nuestra actual casa».

Yo compré mi primer apartamento con una amiga. Resultó ser una fabulosa decisión, porque lo pasábamos muy bien y la venta fue lucrativa también.

Ciertamente no hay ninguna garantía de que ganemos dinero por poseer una vivienda (aun cuando los últimos trucos publicitarios de las agencias inmobiliarias hacen parecer de bajo riesgo y alto rendimiento la compra de propiedad), pero los beneficios son múltiples. Ser propietarios ya no está reservado a los casados. Al no saber si alguna vez nos vamos a casar o vamos a «querer» casarnos, las mujeres nos habituamos a llevar el timón de nuestra seguridad económica. Por lo tanto, no sólo estamos acostumbradas, sino que nos sentimos extraordinariamente cómodas y eficientes en los asuntos financieros mucho antes de que el amante entre a ocupar la parte izquierda del escenario.

GUÍA PARA LOS ACUERDOS PREMATRIMONIALES

El tema de los acuerdos matrimoniales es tan delicado como una trampa para termitas. Aunque todas les vemos el mérito, pocas de las chicas casadas con las que hablé decidieron optar por ellos antes de la boda. O bien no se les ocurrió, o lo consideraron algo que sólo hacen las celebridades, o, como afirma Emily, 33: «Es como suponer que las cosas van a ir mal». Ellis, 43, coincide: «Creo que es posible comentar los temores con tu pareja, pero al mismo tiempo tengo sentimientos contradictorios al respecto».

Sin embargo, el puñado de chicas casadas que dejaron de lado el romance un momento para hacerlos, reconocen que les alegra haber tomado esa decisión.

«Sobre todo en mi caso —dice Paulette, 38—, que decidí dejar el trabajo hasta que los críos fueran mayores. Este acuerdo me da la seguridad de que no sigo casada porque dependo de Simon. Volveré al trabajo algún día, pero mientras tanto me da una estabilidad extra.»

Comenta Joyce, 34: «A Mario no le hizo gracia, pero mi abuelo me dejó una sustanciosa suma de dinero al morir. Si alguna vez nos divorciábamos, la mitad de ese dinero iría a Mario».

Chloe, 30, opina lo mismo: «Soy hija única, de modo que recibiré todo lo que han logrado mis padres con su trabajo. ¿Por qué mi marido habría de obtener una parte de eso a causa de un error mío? Y si después decides hacer testamento, él podría decirte: "¿Por qué quieres hacer testamento?" Creo que mi madre lamenta no haber hecho capitulaciones matrimoniales antes de casarse. Actualmente quedaría en muy mala situación si alguna vez se divorciara».

Ahora que las mujeres se casan cuando ya son prósperas y solventes, los expertos aseguran que los acuerdos matrimoniales tienen mucha lógica. Es mejor redactar las cláusulas unos dos o tres meses antes de la boda. Pero nunca es demasiado tarde. Digamos que heredas una buena suma de dinero, vendes un negocio o, quién sabe, ganas la lotería, el acuerdo posnupcial es tan válido como el prenupcial. Pero para ello conviene buscar una buena asesoría legal. Puede ser caro (entre unos cuantos cientos y unos cuantos miles de dólares), pero la paz mental es impagable. Cierto que hablar del tema con tu amado puede estropear una velada romántica más rápido que lo que deja de burbujear un champán barato. Sin embargo, este documento legal (y es legal si contratas a tus propios abogados y no hay conflicto de intereses) podría ser esencial para decidir qué ocurre con vuestros ingresos y bienes individuales y colectivos en el caso de muerte, divorcio o separación.

¿Cuándo son prioritarios?

Tienes hijos de una relación anterior

Digamos, por ejemplo, que al casarte tienes hijos pequeños y algunos bienes. En el caso de que murieras, aun cuando hubierais acordado verbalmente que esos bienes irán a un fondo para tus hijos, no puedes estar segura de que será así. A no ser que tengas un documento legal que diga otra cosa, hay muchas posibilidades de que la mayor parte de tus bienes individuales y los comunes vayan a parar a tu marido. El resto quedaría sujeto a la decisión de un tribunal de testamentaría, lo cual puede ser un proceso largo y realmente muy, muy desagradable. ¿Y hacer un testamento? Mmm, no cumpliría su finalidad en caso de que os divorciarais.

Posees una empresa, en su totalidad o en parte

Actualmente las mujeres que montan empresas propias doblan en número a los hombres (fuente: *Working Woman*). Si no quieres perder tu negocio en un acuerdo de divorcio o deseas que éste pase a propiedad exclusiva de tus hijos en el caso de que mueras, busca asesoramiento legal.

Llegas al matrimonio con mucho dinero (100.000 dólares o más)

Al margen de quién aportó qué al matrimonio, si no se llega a realizar un acuerdo prenupcial todo se dividirá por la mitad.

Temes heredar una cuantiosa deuda

Un acuerdo prenupcial te protegerá de ese peligro si tu pareja es una persona muy endeudada o es un jugador empedernido.

Tienes un repentino golpe de suerte

Un premio importante de lotería, una herencia sustanciosa, un golpe de suerte con acciones, etc. Si no quieres tener que dividir estos ingresos extras, toma medidas para encontrar un abogado matrimonial.

Anótate esto: el acuerdo matrimonial de Ivana Trump, redactado en ocasión de su boda con Donald, se revisó tres veces durante su confección. Cuando se divorciaron, los abogados de Donald lo calificaron de fraudulento y desmedido, pero el documento resultó más fuerte y más poderoso que todos sus asesores legales juntos. Concedido a Ivana: 10 millones de dólares, una mansión de 45 habitaciones en Connecticut, un apartamento en Nueva York y el uso de la mansión Mar-a-Lago en Florida, de 118 habitaciones, un mes al año. (Suspiro.)

....

Lo tuyo es nuestro, lo mío es mío

Explica Patti, 34 años: «No soporto la idea de que cuando llega el extracto de mi American Express la mire Tim. No quiero que sepa lo que compro y que luego me critique. No quiero que me pregunte por qué me compré esos zapatos o que diga: "Dios mío, no tenía ni idea de lo cara que es esa entrenadora personal". Supongo que si tengo el dinero para pagarlo, y es mío, arduamente ganado, él no tiene por qué preguntarme cómo lo gasto. Tim no opina lo mismo. En realidad, si fuera por él, tendríamos una sola cuenta conjunta que usaríamos los dos. Pero yo soy muy reservada con mi dinero, no puedo sentirme controlada».

Patti no es ninguna princesa. Es una chica casada corriente, que trabaja y tiene un hijo.

Como Suzannah, 39, que dice: «Yo tengo mi propia cuenta individual, pero la cuenta de él es conjunta». Y también como Joely, 26, que dice: «Íbamos a tener una cuenta corriente conjunta y cada uno su cuenta individual. Pero él no quiso la suya individual. Dijo: "No, eso es estúpido", pero yo le contesté: "Mira, necesito tener mi propia cuenta. Necesito que mi paga vaya a una cuenta que sólo esté a nombre mío"».

Acota Emily, 33: «Nosotros tenemos un montón de cuentas. Yo tengo mi cuenta corriente y la de ahorro, a su vez tenemos una cuenta corriente y de ahorro conjuntas, y Mark tiene su propia cuenta corriente. Pero en realidad él desea que nuestro dinero se mezcle, y soy yo la que digo: "Para mí es importante tener dinero que siga siendo mío". No quiero depender jamás de él económicamente, y hay una diminuta parte de mi cabeza que dice: "Esto podría ir terriblemente mal en algún momento, así que, por si ocurriera, será mejor que te protejas". Él es más optimista que yo. Además, podría llegar un tiempo en que yo trabajara menos, y no quiero tener nunca la necesidad de pedirle dinero. Si quiero ir y comprarme ropa en un sitio caro, quiero sentir que lo hago con mi dinero, no con el suyo».

Stacey también conoce ese sentimiento: «Aunque mi madre siempre trabajó, cuando yo era niña la acompañaba a comprarse cosas y al entrar en casa me pasaba sus bolsas y me susurraba: "Llévalas tú y haz como que estas cosas son tuyas". Era ridículo. Ben no tiene ni voz ni voto en lo que yo gasto mi dinero. Si me lo preguntara no me enfadaría, simplemente le diría: "¿Por qué lo preguntas? Es mi dinero y yo pago estas cosas, así que ¿cuál es el problema?" Mi madre siempre se sentía avergonzada de lo que había gastado. Incluso cuando compraba una colcha para la cama de matrimonio, se sentía culpable. Yo llevo mis cuentas, y además tengo una cuenta de ahorro, pero Ben no. Me gusta tener dinero para imprevistos, y para lujos también. Sí que tenemos una cuenta corriente conjunta, pero es solamente para transferir dinero a ella».

Las chicas casadas no quieren ser como sus madres en asuntos monetarios.

Dice Linda, 34: «Mi madre no se sentía digna de tener dinero, y mucho menos de gastar. Aunque se quedaba en casa y hacía todo el duro trabajo del día, se sentía como si no valiera nada. Yo soy todo lo contrario. Gano muchísimo, pero creo que valgo mucho más de lo que gano. Steve nunca cuestionaría lo que gasto en mí, pero si lo hiciera yo lo interpretaría como si pusiera en duda mi valía». (Le pregunto si ha visto demasiados anuncios de L'Oreal, esos en que una cantidad de celebridades ponen la nota final, «Porque yo lo valgo». Se ríe: «¡Ah, sí! Yo lo valgo. Valgo mucho más».)

Emily, 33, tampoco quiere ser como su madre: «Mi padre se convirtió en alcohólico. No quería ocuparse de nosotros y nunca aceptó responsabilizarse económicamente de la familia. Ella se imaginó que viviría esa vida que explican las novelas románticas, pero en cambio se quedó sola con dos niños por criar; toda la responsabilidad recayó sobre ella cuando él se marchó, y nunca tuvo el dinero que deseaba tener. Yo tenía veintiún años cuando murió, y entonces descubrí que su situación económica era mucho peor de lo que yo creía. Eso me asustó y me hizo desear no tener que preocuparme como ella por el dinero».

Joely, 26, no quiere ser como unas amigas de su madre que se «quedaron sin nada». «Eso fue lo que decidió a mi madre a tener su propia cuenta bancaria. Yo necesito saber que si, por cualquier motivo, necesitara dejar a Ali, podría hacerlo y no tendría que enfrentarme con él. Las mujeres se casan con hombres a los que creen maravillosos, luego hacen algo con lo que ellos no están de acuerdo y pierden todo su dinero. Sus maridos les anulan las tarjetas de crédito. Las mujeres no van a hablar con el tío del banco para que les bloquee la cuenta y no puedan retirar dinero, pero un hombre sí lo hace. Es sencillamente una realidad de la vida. Si yo entro en el banco y digo que necesito bloquear la cuenta a mi marido, me dirán: "No se puede, es una cuenta conjunta". Pero si un hombre quiere hacerlo, probablemente lo conseguirá, porque se hará amigo del cajero o empezará a coquetear si es cajera. Su personalidad masculina lo ayudaría. Y creo que los hombres tienen ese sentido de sus derechos que se manifiesta en seguridad y exuberancia, que los capacita para convencer y salirse con la suya, de una manera para la que las mujeres sencillamente no estamos programadas.»

Después de haber visto el efecto de la falta de poder económico de sus madres (o madres de sus amigas) y trabajado arduamente para adquirir el propio, las chicas casadas consideran el dinero un brillante símbolo de éxito e independencia.

Dice Ruth, 38: «Mi autoestima está muy conectada con el dinero». Ella, como la mayoría, no lo soltará alegremente.

Gabrielle recuerda cuando tomaron la decisión de tener una cuenta conjunta: «Aunque todavía tenemos las nuestras individuales, al trasladarnos a Estados Unidos decidimos poner la mayor parte de nuestro dinero en una sola. A mí me resultó tremendamente difícil, pero lo cierto es que yo acabé encargada de nuestras finanzas, así que todavía uso mi cuenta individual, y mientras tengamos dinero suficiente para las cosas necesarias y ahorrar, nadie hace ninguna pregunta. Simplemente no quiero tener que pedirle permiso para comprar algo, ya sea para mi negocio, para viajar por mi cuenta, prestarles dinero a mis padres o comprar algo frívolo. Mi última adquisición fue una cámara digital. Lo hablé antes con él y me dijo: "Pero si tenemos siete cámaras". "Oye, sencillamente la quiero", le contesté, y el dijo: "Pero ¿para qué?" Entonces pensé, yo no quiero tener esta conversación, lo que realmente quiero es esa cámara, y aunque tú no quieras que yo la quiera, la voy a comprar. Es algo así como "vete al cuerno, dinero". No voy a tener una conversación sobre eso».

Éste es un tema muy, muy delicado. Después de todo, las chicas casadas representan a la primera generación en que la mujer económicamente independiente es la norma, no la excepción. Y habiendo pocos modelos femeninos para pedir consejo (como dice Ellys, 43: «No puedes recurrir a tu madre, porque ella no tendría ni idea»), centran la atención no en lo que deberían hacer con su dinero sino en lo que no deben hacer. Y lo que no deben hacer, dicen, es poner en peligro el acceso a su dinero y el control del mismo.

Por eso aunque muchas están encantadas de aportar una parte de sus ingresos para los gastos, ahorro e inversiones comunes, mientras su amado haga lo mismo, eso sí, tienen el resto guardado en un lugar del que sólo ellas tienen la llave.

Tres es el número mágico

«Dez tenía una visión mucho más romántica del matrimonio que yo —cuenta Tyler, 33—. Aunque sus padres se divorciaron y su madre quedó en muy mala situación, como me contó ella misma, él no lograba comprender por qué yo quería mi propia cuenta. Me decía: "¿Qué quieres ocultar?" o "¿No te fías de mí?" Finalmente dejó de insistir porque no sacaba nada. Ahora tenemos tres cuentas, la mía, la de él y una conjunta.»

El matrimonio con tres cuentas, la de ella, la de él y la nuestra, es la solución para la sensibilidad monetaria de la nueva generación de esposas. Da resultado por lo siguiente:

• Satisface tu necesidad de reserva y control personales. «Detesto que me controlen —dice Linda—. Steve no es mi padre, es mi marido.»

- Las dos partes acuerdan compartir el control e ingresar en una cuenta conjunta para la casa, en base a una participación proporcional (por ejemplo, si tu ganas la mitad de lo que gana él, pones la mitad de lo que aporta él, y viceversa), para cubrir los gastos como pago de hipoteca, alquiler, electricidad, gas, etc.
- Te permite expresar tu personalidad monetaria sin juicios ni enmiendas una vez que está provista la cuenta conjunta.
- Puedes continuar acrecentando y manteniendo tu historial de crédito personal.

«No quiero que Dez sepa cuánto me costó su regalo de cumpleaños», acota Tyler, que detestaba que sus padres se regalaran dinero entre ellos. Con lo que Julia, 31, está de acuerdo: «En cierto sentido eso hace las cosas más románticas y os da la sensación de que podéis haceros regalos especiales».

Los choques de las identidades monetarias

Cuenta Melanie, 30, casada con Danny: «Claro que nos peleamos por el dinero. Él no es agarrado, pero hay ocasiones en que todo es el dinero. Piensa en el futuro, en ahorrar. "Tenemos que ahorrar", dice. Y yo le contesto: "¿Y qué vas a hacer? Te vas a morir con tu maldito dinero". "No, me voy a morir y te lo dejaré todo a ti", dice. Entonces yo le respondo: "¡Vale, ahorra, ahorra!"»

Cuando Melanie me cuenta esto yo prácticamente

me mojo las bragas. Cómico, ¿eh? Pero, hablando en serio, junto con el sexo, los suegros y la forma de criar a los hijos, el dinero es una de las principales causas de conflicto matrimonial. Una encuesta realizada por una de las asociaciones de asesores de recién casados revelaba que el 67 por ciento de recién casados dicen que el conflicto más grave durante su primer año de matrimonio fue por el dinero. Esto lo respalda Relate, la principal organización de asesoría matrimonial de Reino Unido, que asegura que las riñas por las finanzas separan a más parejas que todos los conflictos de sexo juntos. Puesto que ahora las mujeres tienen mucho más dinero propio por el que luchar, son menos propensas a rendirse. Más que nunca ejercen sus "personalidades monetarias" y entran en el cuadrilátero decididas a luchar hasta la muerte, o hasta el divorcio.

Del mismo modo que tenemos claras preferencias por la música rock o soul, la ciudad o el campo, y que somos liberales o conservadoras, nuestras identidades monetarias están igualmente definidas. Seguro que en ello tiene que ver la genética, pero también la educación. La influencia de nuestras familias determina en gran medida nuestra actitud hacia el dinero. Según Olivia Mellan, importante psicoterapeuta que asesora a parejas con conflictos por el dinero, hay cinco personalidades monetarias: la gastadora, la agarrada, la elusiva, la aprensiva y la controladora. ¿Y sabes qué? Así como tu parte extrovertida se siente atraída por la callada reserva de tu marido, las personalidades monetarias opuestas también se atraen. En el mejor de los casos, os complementáis, pero hay una fuerte posibilidad de que choquéis también. Y puesto que el dinero es un tema tan peliagudo, cuando chocáis, chicos, hay fuegos artificiales a manta.

Sin embargo, acota Mellan, entender la propia personalidad monetaria dominante (porque es posible que sea una combinación de dos) y la forma de fusionarla con la de él, es la clave para resolver las diferencias. Éstas son las características distintivas de las cinco personalidades:

- **La gastadora:** te encanta comprar. De hecho, rindes culto en el altar de la compra. Y aun cuando sabes que el dinero escasea, gastar es tu liberación, tu remedio instantáneo para sentirte feliz. De soltera te las arreglabas para pasar. Ahora que estás casada, tu falta de responsabilidad financiera es causa de jaleos.
- **La agarrada:** el polo opuesto de la personalidad «Gastadora», eres el ser más feliz repasando tus extractos bancarios, evaluando tus bienes, llevando la cuenta de tus intereses. La idea de agotar tus reservas se manifiesta en ansiedad. Cuando lo controlas tú sola, estás muy bien. Cuando se trata de compartir el control, y posiblemente perderlo, no estás nada contenta.
- **La elusiva:** te niegas a hacer frente a tu situación económica. No sabes si estás nadando en dinero o estás sin blanca. ¿Cómo vas a saberlo? No llevas las cuentas y ni siquiera abres los extractos que te envían del banco. Es tu mecanismo de defensa contra la ansiedad. También es una forma de eximirte de responsabilidad.
- **La aprensiva:** gastar te estresa, tiene un efecto debilitador en tu capacidad para tomar decisiones financie-

ras sensatas. Aunque tus ingresos de dinero en efectivo sean suculentos y tu cuenta esté bien provista, temes no tener lo suficiente. Esto suele provenir de la infancia, y cuando estabas soltera sólo tú soportabas el doloroso peso de tu ansiedad constante. Ahora que estás casada, el efecto negativo sobre la salud y la felicidad se reparte.

- **La controladora:** si alguna vez has dicho: «Puesto que yo pago, yo elijo», eres una personalidad «controladora». El dinero te da confianza, seguridad en ti misma y sensación de superioridad; sostiene en alto tu autoestima. Lamentablemente, tu actitud puede también erosionar la autoestima y la felicidad de tu cónyuge.

Fusionar las identidades monetarias es nuestro mayor reto cuando nos casamos. Dice Jo, 33: «El dinero ha sido un enoooorme problema para nosotros. Yo era de la opinión "Vive cada día como si fuera el último de tu vida". Los padres de Aaron lo perdieron todo, así que él está siempre preocupado por el dinero. Yo lo gastaría tan pronto como lo recibo, él lo guardaría debajo del colchón. Un día me hizo sentar y me dijo: "No puedo contigo. No puedo seguirte el paso". Me quedé espantada. Ahora los dos estamos poniendo empeño en encontrar un camino juntos. Empezamos a dar pasos tentativos para acercarnos el uno a la posición del otro, y hemos llegado a ese punto en que tenemos un objetivo común, pero con diferentes maneras de llegar a él».

Cuenta April, 43: «Doug es adicto a gastar. Necesita gratificación instantánea. Ve algo y desea comprarlo. Se obsesiona por las cosas y necesita tenerlas. El precio no significa nada para él. Gasta y gasta, y vive tratando de que yo esté de acuerdo con sus compras, diciendo que sólo tenemos una vida. Pero gasta como si no hubiera un mañana, y yo no soporto estar endeudada ni deberle a nadie».

Alexandra, 29, y su marido Stewart, 28, forman la combinación opuesta de identidades monetarias: «Yo quiero cambiar los muebles y gastar mi dinero en psicoterapia, que es muy importante para mí. Él se opone. Tiene una actitud muy anglosajona. Le desagrada muchísimo gastar dinero. No le gusta comprarme regalos, ni aunque sean joyas».

Dice Dee, 29: «Yo soy la controladora. A Evan le gusta comprar chismes, y compra muchos más de los que yo creo necesarios, así que discutimos. Pero aunque gana más que yo, siempre me pide permiso antes de comprar. En cierto modo, el que yo sea controladora lo libera de la responsabilidad».

Diferentes parejas, diferentes combinaciones de identidad monetaria, pero el mismo objetivo (dicha eterna). ¿Hay alguna posibilidad de que la logren? A continuación, cómo remendar y armonizar las combinaciones más comunes de identidades monetarias.

Personalidad gastadora frente a controladora

Fue un flechazo, amor a primera vista. Al cónyuge gastador le fascinó la actitud responsable del cónyuge controlador; éste cayó rendido ante la despreocupada frivolidad del gastador. ¿Un matrimonio hecho en el cielo? Por un tiempo, hasta que el cónyuge controlador se siente amenazado por los gastos de su otra mitad y comienza a poner límites. Llegado ese momento, su cónyuge gastador se desmadra, ya sea por despecho o por pura tozudez.

Solución: puesto que el cónyuge controlador tiene más que perder (¡el control!), debe tomar la iniciativa, pidiéndole al gastador que lleve la cuenta de lo que gasta y haga frente a las consecuencias de su despreocupada actitud. Al cónyuge gastador le corresponde despojar de poder al dinero sugiriéndole al controlador que el cariño se demuestra con símbolos de amor de bajo precio económico y grandes en valor emocional. (¿Un orgasmo, tal vez? Es sólo una idea...)

Personalidad elusiva frente a aprensiva

¡Qué agradable! Uno de vosotros detesta pensar en el dinero; el otro no hace otra cosa. ¡Hurra! ¿Qué puede ser más atractivo para un aprensivo que un elusivo? Jo, piensa, ojalá pudiera yo ser tan tranquilo. Ni siquiera miran los extractos de su cuenta bancaria. A los pocos meses el cónyuge aprensivo está tan angustiado (por los dos) que una explosión está a la vuelta de la esquina.

Solución: si el cónyuge elusivo asume la responsabilidad de al menos uno de los asuntos monetarios (digamos, llevar la cuenta de todos los ingresos), el aprensivo tendrá menos de qué preocuparse y, crucemos los dedos, comprenderá que está bien olvidar las finanzas una parte del tiempo. Y una vez que el cónyuge aprensivo logre que el elusivo sienta interés por las finanzas con, digamos, una conversación a la semana, el elusivo comprenderá que la responsabilidad económica no es algo que ha de temer sino algo de lo que ha de enorgullecerse.

Personalidad agarrada frente a gastadora

«¡Qué generoso/a eres», dice extasiado el cónyuge agarrado. «¡Qué amable!», dice el gastador. Pero esa sociedad de admiración mutua puede agriarse antes que se seque la tinta en el certificado de matrimonio. El cónyuge agarrado empieza a sentirse inseguro, el gastador empieza a esconder sus compras. ¿Resultado? Ansiedad, culpabilidad, remordimiento, irritabilidad... ¡plaf!

Solución: puesto que un gastador se va a poner a gastar como loco a la primera señal de problema, decirle que pare no servirá de nada. Pero un plan de gastos sí. Acordad entre los dos una cantidad mensual sensata, responsable. En cuanto al agarrado, que detesta gastar dinero, el cónyuge gastador debe intentar quitarle su miedo a gastar. No todos los regalos tienen por qué ser caros, ¿sabéis?

....

Tener y manejar los ingresos

Fusionar las personalidades monetarias es una prioridad, pero mis investigaciones (y las de otros) dan de lleno en la cabeza del mito de la esposa tonta y derrochadora que no es capaz de llevar las cuentas en su talonario ni aunque se lo grapen firmemente en el bolso. Porque así como hace su buena aportación al dinero que entra, con más frecuencia que menos, es la chica casada la que controla las finanzas. Ella es la que decide el cómo y en qué se va el dinero. Y como dice John Fetto, el director de investigación del *American Demographics,* «Su influencia no se limita a los pasillos del Compre y Ahorre».

Aunque en Estados Unidos las mujeres casadas sólo constituyen el 21 por ciento de la población, según el informe sobre gastos de los consumidores de Mediamark Research, Inc., representan la tajada más grande de población que gasta en ambientes caros, los que normalmente se consideran masculinos. Por ejemplo, el 34 por ciento de todos los adultos que gastan 100 o más dólares en cámaras fotográficas en un período de doce meses son mujeres casadas. También constituyen el 35 por ciento de todos los adultos que gastan más de 500 dólares en mejoras para la casa, el 44 por ciento de todos los adultos que gastan más de 5.000 dólares en vacaciones dentro del país, y el 35 por ciento de todos los adultos que gastan más de 6.000 dólares en vacaciones en el extranjero. Más aún, las mujeres influyen en por lo menos el 70 por ciento de las decisiones respecto a compra de casa, por cuyo motivo actualmente los constructores y arquitectos que valoran su futuro hacen viviendas a medida teniendo presentes las exigencias de las mujeres.

Pero el motivo de que la chica casada maneje la economía va más allá del hecho de que tenga mayores ingresos y se sienta con derecho. Puesto que ha administrado su economía durante un promedio de diez años, ha gastado su propio dinero y cometido y solucionado errores financieros, ha procurado tener solvencia e iniciado planes de ahorro, y sobre todo ha adquirido una actitud enérgicamente independiente y responsable hacia las finanzas. La aparición de esa primera arruga no la hará saltar a los brazos del primer marido en potencia que se le presente; no, buscará al mejor asesor financiero, el que le recordará que personas de ochenta años y más son el sector de más rápido crecimiento en la economía, y que las mujeres forman la mayoría en ese grupo de edad.

Cuando la mujer se casa, tiende más que su marido a dejar atrás la actitud despreocupada hacia el dinero y las finanzas. Y cuando la conversación pasa a los asuntos más serios del ahorro y la inversión, no se limita a quedarse en el rol de socio con igual responsabilidad; lo más probable es que adopte el papel dominante, dice Ginita Wall, del Women's Institute for Financial Education (WIFE): «La mujer tiene una visión más holista de las finanzas. Mira todos los aspectos de su vida económica». Es decir, cómo ahorrar, cómo gastar, cómo pasarlo bien con el dinero. Ellas son más propensas a considerar la forma de hacer trabajar el dinero, en lugar de dejar que domine sus vidas.

Dice Sabina, 40: «Yo pago las facturas, llevo el control de la cuenta corriente y de la de ahorro y me encargo de ingresar y retirar dinero. También me preocupo de que los pagos se hagan a tiempo. Fue decisión mía. Al comienzo de nuestro matrimonio, mi marido hacía algunos pagos, pero lo hacía mal. Firmaba un talón y no anotaba el gasto o si lo anotaba lo hacía donde no correspondía.

Cada tanto yo encontraba una factura impagada en un cajón y me daba cuenta de que por habernos atrasado en el pago tendríamos un recargo. Descubrí también que tenía una tarjeta de crédito de la que yo no sabía nada, y que sólo pagaba una cuota fija mínima mensual, por lo que le subían mucho los intereses. Así que le dije que yo me ocuparía de las finanzas. Entonces me quedé en paz, porque sabía que lo haría bien. Lo cierto es que también tomo mejores decisiones. Tiendo a tener una opinión más elaborada, y él tiende a precipitarse ante las decisiones, es un poco rápido para mi gusto. Creo que es importante analizar bien las opciones».

Amy, 32, está de acuerdo: «Yo soy mejor que Garry para manejar el dinero. Él es muy de la actitud tú lo ganas, tú lo gastas. Recibiría su dinero un día y a los tres días ya lo tendría gastado, y se quedaría en el aire. Yo soy mucho más prudente con el dinero. Él es un soñador y yo soy la que sopesa las consecuencias y digo si podemos permitirnos hacer realidad el sueño o si el sueño tiene que esperar. Él se fía de mi criterio. Se siente libre para seguir proponiendo ideas. Por estrafalarias que sean, sabe que puede hacerlo sin riesgo. Yo tengo la capacidad de veto».

Dee está en la misma posición: «Yo manejo la economía de casa. Soy muy responsable con el dinero. Tiendo a mirar más allá, así que estoy a cargo del dinero y las inversiones. Soy fantástica para investigar. Me siento como si fuera el padre de familia».

Acota Kath, 33: «Yo soy la que toma las decisiones. Controlo todo el dinero, como si él fuera un niño que recibe su mesada. Me entrega todo su dinero a mí y yo le voy dando un poco cada día, como si fuera el papá».

April, 43, cuenta: «Yo tengo que tener más control sobre nuestro dinero. No me gusta ser la persona que dice no, pero alguien tiene que hacerlo. Yo soy una ahorradora, él es un gastador, así que yo debo ser "el hombre" en la relación».

¿Has oído eso? Ciertamente es difícil sacudirse los estereotipos. Después de todo, sólo hace diez años los dos tercios de las mujeres no sabían cómo funciona un fondo de inversión, y sólo la mitad de las casadas tomaban parte en las decisiones financieras de la pareja (fuente: Oppenheimer Funds). En 2002 el cuadro es muy diferente. Ahora el 50 por ciento de las mujeres saben cómo funcionan los fondos de inversión. El 83 por ciento toman parte en las decisiones de ahorro e inversiones. Muchas más mujeres que hombres se interesan en invertir debido a algún acontecimiento de la vida (el nacimiento de un hijo, por ejemplo). Y más aún, son mejores para invertir. (Un estudio de 35.000 inversores realizado por la Universidad de California reveló que las mujeres obtenían mejor rendimiento que los hombres en un promedio anual del 1,4 por ciento).

Emily es un ejemplo típico: «Yo me encargo de las inversiones. Normalmente hago un estudio de reconocimiento, descubro cuáles son nuestras opciones y se las presento a Mark diciéndole: "Esto es lo que creo que deberíamos hacer", y me encargo de persuadirlo».

Lynne, 30, es un ejemplo clásico también. El hombre que ocupa el tercer lugar de importancia en su vida es su asesor financiero; bueno, en realidad es el cuarto, después de su marido Jonathon, su padre y su seductor hermano gemelo Dude. Aunque los asesores financieros solían ser del dominio exclusivo de los ricos (aquellos cuyos bienes superan los 150.000 dólares) y los mayores, cada vez más aumenta el número de mujeres que piden sus servicios. De hecho, ellas tienden más que ellos a recurrir a asesores financieros, en realidad un 10 por ciento más (fuentes: revista *Money* y encuesta *Women and Investing* de Oppenheimer Funds).

Sí, las mujeres suelen ser menos arriesgadas que los hombres en las finanzas (un 32 por ciento de mujeres se consideran inversoras prudentes, frente a un 22 por ciento de hombres. Fuente: National Association of Investor). Actualmente los expertos en finanzas dicen que las mujeres son arriesgadas «responsables», que son menos propensas a actuar llevadas por pronósticos del momento, que dedican más tiempo para investigar antes de invertir (un 40 por ciento más de tiempo que los hombres. Fuente: Conde Nast). Además, una vez que deciden su estrategia de inversión, son menos propensas que los hombres a acobardarse; se atienen a sus decisiones, y por lo tanto pagan menos en gastos de corretaje (fuente: Universidad de California en *Davis*).

Este éxito ha cambiado drásticamente el panorama financiero. Hace diez años era difícil encontrar una institución financiera que ofreciera servicios a mujeres; ahora es difícil encontrar una que no lo haga. Pero según las chicas casadas, aún falta mucho camino por recorrer. Los servicios financieros continúan orientados al hombre, centran la atención en los supuestos defectos femeninos y envían mensajes muy paternalistas a sus posibles clientas. Es decir, a mí me gusta una buena loción para el cuerpo tanto como a cualquiera, pero me arredré ante la promoción de la tarjeta de crédito del Capital One Bank, que pretendía atraer a solicitantes femeninas con productos de belleza de diez dólares y la posibilidad de hacer fotos plastificadas de cachorritos. Opté por un banco en el que dedicaran tiempo para hablar conmigo acerca de sus planes de ahorro con prima, oportunidades de inversión y que me ofrecían una tarjeta bancaria que llevaba unos buenos billetes de veinte dólares.

Afirma Rob Densen, de Oppenheimer Funds, cuyas encuestas de 1992 y 2002 he citado aquí mucho y desvergonzadamente: «Las mujeres ya no son un sexo, son individuos». Mmm, pero individuos que siguen estando en el recoveco más remoto de la mente.

Tomemos el caso de Amy, 32, diez años casada. Dice: «Hasta este año Garry no tenía cuenta bancaria. Lo pagaba todo en efectivo. Hace muy poco que optó por mi manera de manejar el dinero, así que decidí incluir su nombre en mi cuenta, la que tengo desde los dieciocho años. Aunque en el banco estuvieron encantados de añadir su nombre, querían que yo cambiara mi apellido Morgan por el de él, Nesbitt. Me negué. Jamás lo haría. Soy Amy Morgan. Finalmente tuve que decirle: "Oiga, ¿podemos empezar de nuevo? Quiero que el nombre Garry Nesbitt se añada a la cuenta de Amy Morgan". Traté de no salirme de mis casillas y opté por el método del disco rayado. Finalmente entendieron. Pero cuando enviaron los nuevos talonarios, el nombre de él venía antes que el mío. Me puse furiosa. Y él recibe los extractos de nuestra cuenta antes que yo. Es decir, no sólo gano más que él, sino que además ésa era mi cuenta. Yo he sido la que lo acepté a él en mi cuenta. Sin embargo, las instituciones financieras siguen suponiendo automáticamente que es el marido el que controla las finanzas. Eso me enfurece».

Ojalá pudiera escribir la experiencia de Amy como un incidente aislado. Pero dos días después estoy hablando con Linda y me explica una experiencia similar: «Un día acabé por entrar hecha una furia en el banco. Me habían llamado cuatro veces diferentes personas que no se podían meter en la cabeza que yo quería mi apellido en el talonario, el apellido con el que nací, y quería que apareciera mi nombre primero. Seguro que pensaron "ésta es una feminista rabiosa". No lo soy. Soy simplemente una persona que desea lo que es justo y correcto. Y lo quiero así».

Dian recuerda una indignante entrevista con un planificador financiero que prácticamente no le prestó atención. «Ollie no tiene la menor idea sobre inversiones, y yo sé más, aunque no soy una experta. Lo que me enfureció fue que yo había hecho algunos estudios antes de la entrevista. Quería tener la posibilidad de hacer preguntas inteligentes y darme cuenta de si me estaban estafando. Pero aunque yo era la que hacía las preguntas, el tío se dirigía solamente a Ollie. A mí casi no me miró.»

¿Es de extrañar que el 54 por ciento de las mujeres estadounidenses crean que las instituciones financieras siguen tratando a las mujeres con menos respeto que a sus maridos (fuente: Oppenheimer Funds)? Tal vez su clienta ideal sería sumisa, renuente a hacerse valer, conforme con la tradición; una mujer que se contenta con saber la suma global y pide que no la molesten con los detalles, y no es exigente con el tiempo que le dedican ni con los procedimientos. Pero, dice la pendenciera Ginita Wall (WIFE.org): «Ése es el viejo estilo de las mujeres adineradas. Ya no hay suficientes herederas cabeza de chorlito para satisfacerlas. Es difícil venderles a las mujeres porque exigen más información y son más cautas. Lo que oigo decir a los agentes de bolsa es "Las mujeres hacen demasiadas malditas preguntas"». Pues sí, tienen toda la maldita razón.

....

GUÍA PARA ENCONTRAR UN ASESOR FINANCIERO

Dice Dian: «Después de mi horrible experiencia con un asesor financiero casi tiré la toalla. Pero me interesaba invertir, y las cuentas de ahorro normales no ofrecen un rédito importante. Finalmente le pregunté al abogado de la empresa en que trabajo, y él me puso en contacto con este tío». Siempre son aconsejables las recomendaciones de conocidos, pero podría ser que los asesores recomendados no convengan para lo que tú necesitas. Los siguientes son consejos para encontrar el que te conviene:

- **Ten presente** que la expresión *asesor financiero* puede significar cosas diferentes según quién la usa. Los agentes bursátiles, los contables, los agentes de seguros, todos se llaman a sí mismos asesores financieros.

- **Ten claro para qué necesitas ayuda:** ¿es para consejos financieros amplios o para una sola finalidad, como fondos de pensión o fondos para los estudios de tus hijos? Asesor financiero es una persona a la que puedes recurrir en busca de consejo para una amplia gama de inversiones de corto y de largo plazo.

- **Concierta entrevistas** con por lo menos tres asesores para evaluar qué te parece o cómo te sientes con cada uno. Ginita Wall aconseja: «No tengas miedo de preguntarle por sus otros clientes. Es mejor elegir un asesor que tenga clientes como tú».

- **Ponte al día en la terminología o jerga elemental:** fondos fijos, fondos variables, inversiones de alto riesgo, cartera de valores, riesgo pequeño, mediano, alto, capitalización, inversión segura, etc.

- **Fíjate en lo siguiente:** ¿te hace preguntas detalladas acerca de tu situación y expectativas financieras? (Debería.) ¿Te explica claramente los riesgos correspondientes a cada opción de inversión? (Debería.) ¿Trabaja por honorarios fijos o por comisión? (Respuesta: mmm, ésta es difícil, pero un sistema de honorarios fijos, sobre todo si deseas invertir 100.000 dólares o menos, es tu mejor opción, dice Ginita Wall, y protege de conflictos de intereses.) ¿Cuánto cobra por sus servicios? (Respuesta: debería cobrar entre el 1,5 y el 2,5 por ciento del valor total de tus fondos.)

- **Pide un plan financiero** con un sistema acordado de política de inversión; un informe mensual que resuma todas las transacciones y estados actuales; informes trimestrales y anuales que detallen las ganancias o pérdidas, y los honorarios o comisiones; explicaciones claras y completas de todas las transacciones y honorarios. Archiva toda esta correspondencia.

- **No aceptes ese asesor si:** hace promesas exageradas, por ejemplo intereses muy elevados; usa tácticas agresivas para convencerte de trabajar con él; basa sus consejos en inversiones de plazo inferior a diez años; asegura que los organismos de fondos o seguros pagan sus gastos y/o comisiones; se opone a que te informes de sus antecedentes o historial; te presiona para que tomes una decisión rápida; te da mala espina.

Aquí llega el que trae el dinero a casa

Predadores sexuales, presidentes de la sala de juntas, controladores financieros, etc., son todos calificativos que tradicionalmente se han aplicado a los hombres. Añade otro a la lista: único sostén de la familia. Actualmente éste es un calificativo y un papel cada vez más aplicable a mujeres. Si bien las encuestas de sondeo estiman que el número de padres que se quedan en casa oscila alrededor de los dos millones (la cifra se ha cuadriplicado desde 1983), no existe ninguna estimación sobre el número de maridos sin hijos que se quedan en casa mientras sus mujeres trabajan. Sin embargo, una encuesta realizada en Reino Unido en 2002, titulada *Farewell then Macho Man, New Man, Lad and New Lad*

[Adiós súper macho, hombre nuevo, muchacho y muchacho nuevo], aseguraba que uno de cada diez hombres tiene una pareja que es el principal o el único sostén económico de la familia. De hecho, los dos tercios de los encuestados, de 24 a 35 años, dijeron que su objetivo en la vida era lograr «una existencia sin estrés» (¡ja!) y el 42 por ciento comentaron que ganar menos que su pareja no les afectaba negativamente ni dejaban por ello de sentirse unos «verdaderos hombres». Mmm, hablaremos más de esto cuando lleguemos al espinoso tema del poder. Pero, muy importante, casi la mitad de las mujeres interrogadas dijeron que estaban dispuestas a mantener a sus maridos como tradicionalmente lo hacían ellos, y una de cada cinco dijo que le agradaba que su situación económica le permitiera tener más poder de decisión respecto a cómo gastar su dinero.

Sin embargo, mis investigaciones revelan que para muchas chicas casadas ser la principal fuente de ingresos económicos de la familia es una espada de doble filo. Si bien muchas aceptan la responsabilidad de serlo, les disgusta el peso extra que esto supone en un mundo en que los trabajos ya no son para toda la vida. La mayoría de la nueva generación de chicas casadas encargadas de sustentar la familia dicen que «mantener a sus hombres» no es algo que hayan elegido.

«Yo tengo mi libertad de todos modos —comenta Lynne—, pero está claro que no he trabajado arduo en mis estudios y profesión sólo para mantener a mi marido. Sin embargo, así son las cosas hoy en día, no es que Jonathon ni yo lo deseemos, es la consecuencia de los cambios que se están produciendo en el mundo laboral. Me gustaría ver los frutos de mi trabajo traducidos en una alta calidad de vida, muchos viajes y vacaciones en el extranjero... Tenemos nuestro apartamento, principalmente gracias a mí, pero no quiero vivir en él eternamente. Deseo una casa mejor y más grande en el futuro. Mantener a mi marido no es un símbolo de estatus.»

Dice Connie, 39: «Cuando nos casamos, Keith trabajaba y ganaba un buen sueldo. A mí me gustaba eso, encontraba que éramos un buen equipo. Ahora que él no aporta nada yo soy la única que financia nuestro matrimonio. Y al mismo tiempo, la situación no lo motiva para salir a buscar trabajo. A cada idea que yo le doy, él le pone una pega; no quiere hacer ningún trabajo que encuentre indigno de él. Sé perfectamente que volverá a trabajar, sin embargo me decepciona haber tenido que hacerme cargo de él».

Ellis, 43, piensa igual. Recordando su primer encuentro con Jonah, hace cuatro años, acota: «Aunque yo nunca dejaría de trabajar para que me mantuvieran, encontraba una cualidad atractiva su traje de jefe y su fantástico trabajo. Me enamoré de un tío elegante con un trabajo estupendo y ahora es un estudiante de arte. Eso no estaba en el programa».

Por mucho que queramos a nuestros maridos y aceptemos la responsabilidad de mantenerlos si es necesario, no estamos dispuestas a sacrificar toda nuestra economía por ellos. Añade Ellis: «Cuando Jonah decidió entrar en la escuela de arte, hablamos de abrir una cuenta conjunta. Y yo pensé: "No, no me voy a enredar en eso, porque tengo muy claro que aunque lo mantendría si se le acabara el dinero, no estoy dispuesta a hacerlo". No quiero que piense: "Ellis puede sacarme de apuros, puede rescatarme". No quiero rescatarlo, ni creo que eso sea una dinámica particularmente buena. Te conviertes en una figura materna y no me interesa, y mucho menos que lo dé por descontado».

Dar por sobrentendido que ellas están siempre dispuestas a todo es a lo que más se resisten las chicas casadas.

Como lo demuestra Lynne: «Si tuviéramos un hijo, yo estaría feliz de que Jonathon no saliera a trabajar. Pero mientras no llegue ese momento, lo quiero ahí, en un trabajo, con un sueldo suficiente como para no sentir que soy la única que pone el esfuerzo».

Afirma Eve, 34, cuyo marido lleva siete meses en el paro: «Lo hemos pasado fatal a causa de esto. David me dijo, no hace mucho: "¿Acaso era un problema para ti que tu padre mantuviera la familia y tu madre, en cambio, se quedara en casa? ¿No es la situación inversa la que queríais las mujeres? ¿No es por esto que luchaban las feministas?" Casi le pego. Mi padre no admitía que mi madre trabajara. La quería en casa, para que le preparara las comidas y le planchara las camisas. Ella no tenía opción. Además, no estaba cualificada para nada. El problema era que mi madre no tenía un céntimo que pudiera llamar propio. Ése era el problema. "Tú sí tienes opción", le dije. En cuanto a plancharme las camisas, ¿bromeas? Hace un poco más que yo en la cocina, pero no plancha».

Le pregunto si siente que su marido da por sobrentendido que siempre se puede contar con ella.

«No creo que sea de este modo... todavía. Pero entonces vi la posibilidad de que pudiera acabar así. Mi madre jamás dio por descontado que podía contar con mi padre, porque vivía con miedo que él la dejara y ella quedara indigente. Pero los hombres no están programados para pensar así. Tienen una conciencia de sus derechos mucho más fuerte que las mujeres, y ciertamente muchísimo más que la que tuvieron jamás nuestras madres. Es decir, estoy segura de que a David no se le ha pasado por la cabeza que yo podría dejarlo si no encuentra trabajo pronto. Y probablemente no lo dejaré, pero si lo dejara, él sabría que con su capacidad siempre podría encontrar algún tipo de trabajo con paga decente. ¡Y eso es lo que quiero decir!»

Estoy totalmente de acuerdo con Eve. Mientras nuestros padres se forjaban su profesión, nuestras madres acarreaban mucho más que su peso por la casa. Y continuaban haciéndolo aunque trabajaran fuera de casa también. No había ninguna posibilidad de holgazanear en la casa. Y, como sabemos, la mayoría se sentían culpables por gastar el dinero de sus maridos en cosas básicas, y no digamos en derrocharlo en ellas. Si hubieran hecho eso, ellos se habrían sentido con perfecto derecho a dejar a sus «malas» esposas. Y entonces, por lo general, esas «malas» esposas habrían acabado a cargo de la caridad pública, sin cualificación, sin experiencia y sin recursos para poner a sus hijos en una guardería y hacer ellas un trabajo medianamente satisfactorio.

Si la chica casada es la principal fuente de ingresos y su marido se queda en casa ocupándose de los hijos, se disipa el problema de que la desvaloricen. La mayoría de los padres asumen con entusiasmo la responsabilidad de criar a sus hijos, mantener la limpieza e higiene de la casa y aprovisionar el refrigerador (aunque sólo sea llenarlo de pizzas). De hecho, una encuesta realizada por la revista *Christianity Today International/Marriage Partnership* en 2000 revela que el 43 por ciento de las mujeres están extraordinariamente satisfechas con la situación del padre en casa; el 51 por ciento de los hombres también lo están. La encuesta revela, además, que el segundo motivo para que esas parejas tomaran la decisión de invertir los papeles tradicionales fue que las esposas ganaban más dinero. El motivo número uno es que no deseaban tener en guarderías a sus hijos.

Afirma Pat, 38, abogada: «Desde el comienzo tuvimos muy claro que mi capacidad para ganar dinero era mayor que la de Mike. Y yo era mucho más ambiciosa; realmente me gusta mi trabajo. Pero fue bastante tortuoso el período de adaptación. Él comenzó a cuidar de nuestro hijo y, cuando yo volvía a casa, nos pasábamos horas resolviendo el asunto financiero. Ahora yo ingreso una suma fija en su cuenta individual, para que la gaste en lo que quiera; además, está la cuenta conjunta, y la mía individual. Hay ocasiones en que Mike hace algo con lo que yo no estoy de acuerdo o, como dice él, no concuerda con mi manera de hacerlo. Pero en general, funciona bien. Creo que los dos lo hacemos lo mejor posible. Y eso es importante cuando somos un equipo».

Tiene razón. Es la falta de reciprocidad la que causa conflictos en los hogares no tradicionales de las chicas casadas.

Dice Niki, 35: «Ron lleva un año en el paro. Cuando trabajaba ganaba más que yo, pero siempre nos repartíamos los gastos mitad y mitad. Ahora yo lo pago todo. A él no le importa estar sin empleo, pero a mí sí. No tanto por el dinero, sino porque él ni siquiera trata de corresponder. Creo que esto no me pasa a mí sola, actualmente hay muchísimas mujeres que, por los motivos que sean, mantienen a los hombres. Y me parece bien, pero como mínimo esperas encontrar la cena lista cuando llegas a casa, o ver que se ha hecho algo. Yo sigo teniendo que limpiar la caja de arena del gato, y eso que él está todo el día en casa. Puesto que ha cambiado de hombro la carga financiera, creo que también debe cambiar el peso en otros aspectos de la relación».

Cuenta Lynne: «Pasados tres meses le dije a Jonathon que no se pensara que yo lo iba a subvencionar eternamente. Tiene que encontrar un empleo en algún momento, aunque sea para trabajar en un McDonald. Le hice entender que mientras no lo haga debe considerarme un banco. Sí, hay dinero ahí, pero tiene que pagarlo después. No llegaré a cobrarle intereses, aunque he sentido la tentación, pero Jonathon ha de tener claro que no soy un árbol del dinero. Mi apoyo tiene que verse correspondido algún día. Mientras sepa que él sale a buscar trabajo cada día, intentándolo, lo encuentro bien, por ahora».

Ésta es la conversación que a Niki le hubiera gustado

haber tenido antes con Ron: «Cuando se quedó en el paro, empezó a estudiar. El primer semestre se pagó con la devolución de Hacienda, aunque la mitad era dinero mío, pero yo le dije: "Cógelo". Como había estado cobrando el paro unos cuantos meses, con eso pagó el segundo semestre. El último semestre se pagó con la devolución de Hacienda de este año. Tenía que hacer un trimestre de verano, pero la única manera de pagarlo habría sido que yo retirara dinero de mis fondos para la jubilación, y eso no lo iba a hacer. Estaba harta. Así que tuvo que dejar la escuela. Ahora "él" tiene que encontrar alguna manera de pagar sus estudios».

Niki piensa que ya está bien de sacrificarse, puesto que no ve en su marido ningún deseo de reciprocidad. Afirma: «En estos momentos no podemos salir de vacaciones, no podemos ir al cine. Es decir, necesito un par de zapatos nuevos y pienso cómo podré hacer para comprarlos. Antes no salía mucho y ahora no salgo nada. Se acabaron las manicuras, se acabaron los cortes de pelo. Me alimento de pasta... y en cambio él no notó ningún cambio en su vida hasta que tuvo que dejar la escuela. Es un tío encantador, pero no voy a renunciar por él a la seguridad de mi vida ni a mis ahorros para el futuro. De repente pensé: "¿Qué demonios recibo por eso?" Y me he contestado que ahora voy a coger la mitad más grande de la manzana porque me la he ganado».

Cuando el esfuerzo y la responsabilidad se comparten, dice Ellis, la relación puede ser el material del que se hacen los manuales matrimoniales. «Al principio los dos nos sentíamos algo resentidos. Yo no estaba bien con Jonah porque no trabajaba y entonces decidió convertirse en estudiante. Pensar que podría llegar el día que tuviera que mantenernos a los dos cuando se le acabara el paro me ponía furiosa. Entonces un día va y me dice que se sentía mal haciendo todo lo de la casa (puesto que nos libramos de la mujer de la limpieza cuando él se quedó sin empleo). Era cierto, él lo hacía todo, la compra, la limpieza y las comidas. Entonces le sugerí que lo negociáramos. Sé que si yo hiciera todo en la casa, también me sentiría agobiada. Así que le di un poco de dinero, un par de cientos. Me pareció equitativo, porque él cargaba con toda la responsabilidad doméstica y lo que yo hacía no me dejaba tiempo para nada, aparte de ganar dinero a montones. Pienso que hay que saber estar dispuesta a decir: "Vale, deja que haga algo por ti puesto que tú haces algo por mí". Como dicen en los partidos de tenis cuando uno anula la ventaja del otro: "Iguales"».

El ahorro en secreto

«Quiero a mi marido —dice Maria, 34, que prefiere que yo mantenga en secreto su verdadero nombre—. Y sé que él me quiere, pero la economía y el amor no van juntos. No me gusta, pero es así. Llegué al matrimonio con más dinero que Alex. Mis padres son bastante ricos, pero trabajaron duro para ganar su dinero, y de tanto en tanto me regalan dinero. Pero ¿se lo digo a Alex? No. Siempre es necesario tener "dinero negro"; es tu trocito de seguridad si el matrimonio se deshace.»

Llámalo «dinero negro», llámalo dinero de protección personal, llámalo dinero para sueños, llámalo hucha secreta, llámalo como quieras; muchas de las chicas casadas con las que hablé han dicho tenerlo.

Y sus maridos no tienen ni idea. (Aun cuando no tengan dinero oculto, las mujeres son cada vez más reservadas respecto a la cantidad que ganan, según un estudio realizado por la institución financiera Abbey National de Reino Unido. Uno de cada diez hombres dijo que no sabía cuánto ganaba su cónyuge; en cambio sólo una de cada veinte mujeres aseguró no saber cuánto ganaba su marido.)

Aunque es una buena idea la de redactar capitulaciones matrimoniales antes o después de la boda, éstas pierden su encanto cuando intervienen abogados (los que ciertamente tienen que intervenir para hacerlas legales). Más aún, el coste de estos acuerdos puede subir a miles, cantidad que para muchas es superior a los bienes que desean proteger.

Comenta Maria: «Yo no tengo millones, no ando ni cerca. Pero después de mi primer año de matrimonio empecé a pensar seriamente en mi dinero. Los padres de Alex no son ricos y esperan que sus hijos los ayuden. Al principio yo estaba dispuesta a hacerlo, pero luego comencé a sentirme manipulada por ellos. Un día dicen que no aceptarán mi dinero y al siguiente se quejan de que no lo tienen, y lo dicen de un modo que me hace sentir mal. Luego quieren que nos compremos una casa más grande para poder venirse a vivir con nosotros. Es como si les molestara mi dinero y no quisieran nada de él, pero al mismo tiempo estuvieron resentidos conmigo y no comprendieran por qué no quiero comprar una casa más grande para que ellos puedan vivir con nosotros. Esto ha causado muchos problemas entre Alex y yo».

Las frecuentes discusiones comenzaron a preocuparla y surgió el deseo de proteger los generosos regalos en dinero de sus padres.

«Soy hija única —continúa Maria—. A mis padres les gusta darme dinero aunque yo trabaje. Pero cuando me lo dan, Alex se siente culpable de no ayudar más a sus padres, y entonces reñimos. Por lo tanto ya no se lo digo. Cuando mis padres me dan dinero lo pongo en mi cuenta "oculta". Está ahí, para el caso de que necesitemos una suma grande. Pero en realidad está ahí para el caso de que nos ocurra cualquier cosa. No lo declaro, nadie sabe que existe. Si nos divorciáramos, no aparecería en las cuentas. Él no podría tocarlo ni su familia tampoco. Eso es muy, muy importante para mí.»

Gemma, 30, tiene su hucha secreta. Durante nuestra entrevista le pregunté cómo se siente por haber dejado el trabajo para cuidar de su hijo, que ahora tiene cuatro años. Le encanta, pero reconoce que no tener dinero propio la hace sentirse vulnerable. «No tengo dinero que pueda llamar mío —suspira—; bueno, eso no es estrictamente cierto. Me casé con Peter a los 24 años, al terminar la universidad. Y nos convertimos en una familia inmediatamente. El dinero no es problema porque Peter gana un buen sueldo en el bufete de abogados donde trabaja. Como la mayoría de las parejas, tenemos nuestros altibajos, y pasamos por un trecho bastante pedregoso hace tres años. Durante una pelea particularmente desagradable, me dijo que me marchara, pero que él se encargaría de que yo no recibiera ni un céntimo. Después me pidió perdón, él no podía creer que hubiera dicho eso, y hemos logrado continuar estando bien. Pero a partir de ese momento comprendí lo vulnerable que era y, que esto quede entre tú y yo, ahora pongo dinero en una cuenta secreta. Sólo hago ingresos de cincuenta dólares o de setenta. No meto grandes cantidades, pero la cuenta va aumentando. No es suficiente para vivir mucho tiempo si alguna vez me separara de Peter, pero sí me serviría hasta que encontrara trabajo. —Se ríe—. O hasta que lo llevara a un pleito de divorcio.»

La estrategia de Gemma podría considerarse equivocada, aun en el caso de que se divorciara. Después de todo, desde el momento en que se separaran legalmente, a Peter se le exigiría que mantuviera a su esposa e hijo hasta llegar a un acuerdo. Sin embargo, la desnuda realidad es que, incluso hoy en día, la calidad de vida de la mujer promedio baja hasta en un 45 por ciento el año siguiente a su divorcio, mientras que la del hombre sube en un 15 por ciento (fuente: Long Island University). Así que tal vez Gemma se equivoca, pero su ansiedad tiene fundamentos válidos.

Cuenta Moira, 33, profesional de la estética cuyo marido es alcohólico: «No le digo a Jimmy cuánto gano en propinas. Tenemos una cuenta conjunta que controlo yo. Pero a veces pienso qué ocurriría si nos separáramos. Ahora él está en el paro, y si nos divorciáramos yo podría tener que mantenerlo. Por eso lo que recibo en propinas, unos cien dólares a la semana, lo pongo en una cuenta a nombre de mi madre. Si alguna vez se descubriera, diría que le he regalado ese dinero. Pero es mi red de seguridad. Cuando estoy deprimida me siento mejor sabiendo que está ahí».

Sally, 31, no se siente vulnerable ni deprimida, pero dice: «Siempre, siempre he tenido dinero escondido. Incluso cuando estaba en la universidad. Podía ser lo que me regalaban para mi cumpleaños, divisas que me quedaban de un viaje al extranjero, o la devolución de una compra, todo el dinero extra lo ponía en esa cuenta. Una vez allí, no lo tocaba jamás. A veces he estado muy corta de fondos, pero nunca tanto como para tocarlo. En realidad, el hecho de no haberlo utilizado refuerza aún más mi resolución de seguir así y comportarme como si no existiera. No tengo esa cuenta por ningún motivo oculto. Pero es algo que guardo para mí, y cuando lo recuerdo, siento una agradable sensación sabiendo que está ahí para el caso de que ocurriera algún desastre. No lo hago pensando en el divorcio. No creo que mi marido se divorciara de mí, aunque supongo que en realidad eso nunca se sabe».

Afirma Maria: «Nunca se sabe, ésa es la verdad. Y al final de la historia, siempre el problema es el dinero».

GUÍA PARA LA ADMINISTRACIÓN DEL DINERO

Uno nunca sabe qué puede ocurrirle a su matrimonio. En el caso de que se venga abajo (o, Dios no lo quiera, se muera tu marido), necesitarás estar bien informada de todos los detalles personales y financieros. En el caso de que no ocurra nada, bueno, nunca hace ningún daño saber exactamente cuánto tienes y dónde.

Esto es lo que has que tener guardado con llave en un cajón seguro:

- Los números de todas vuestras cuentas, corrientes y de ahorros, individuales y conjuntas.
- Los números de la Seguridad Social.
- Pólizas de seguro, de vida, de la casa, del coche y de salud.
- Los números de las tarjetas de crédito y teléfonos de urgencia para casos de pérdida o robo de las mismas, más las condiciones del contrato.
- Extractos de las cuentas bancarias de cinco años.
- Números e informes/extractos de inversiones, fondos mutuos o acciones.
- Todos los formularios de declaración y/o devolución de impuestos y los formularios de declaración de IVA de los siete últimos años.
- Información acerca de abogados: teléfono, dirección, e-mail y fax.
- Hipotecas: condiciones, plazos, estado actual.
- Facturas de la casa (gas, electricidad, teléfono, cable/vía satélite, etc.)
- Préstamos, condiciones y acuerdos.
- Estado de cuentas del plan de pensiones.
- Copia de tu testamento (el original debe tenerlo tu abogado).

Y si todavía no lo has hecho:

- Participa activamente en las tomas de decisiones financieras y haced juntos las visitas a vuestro asesor financiero.
- Tened cuentas bancarias conjuntas e individuales.
- Pon algunos bienes a tu nombre, por ejemplo vuestra casa. Y otros como los ahorros e inversiones a nombre de los dos.
- Ahorra dinero para emergencias, de preferencia el equivalente a seis meses de gastos para la casa.
- Ten una tarjeta de crédito a tu nombre. Úsala, pero abona todo cada mes.
- Equilibra tus estrategias de inversión, los expertos lo llaman diversificación; otra definición sería no poner todos los huevos en la misma cesta.
- Evalúa tu cobertura de seguros. Si los dos trabajáis y no tenéis hijos no necesitáis seguro de vida. Pero procurad tener siempre asegurada la casa, la salud y el coche y además contratad un seguro para el caso de discapacidad.
- Haced testamento los dos. Ahora mismo.

4
Infidelidad

«Estaba conversando con un amigo y de pronto le comenté: "Hace mucho que no tengo relaciones sexuales, ¿y tú, cuánto tiempo llevas así?" Resultó que él estaba igual que yo, así que terminamos siendo amantes. Yo le dejé muy claro que no pensaba separarme de mi marido. Pero las cosas se complicaron. Tuve que dejarlo porque él había comenzado a considerarnos una pareja estable, y yo no podía corresponderle.»

PATSY, 34

Un hombre infiel es una cosa, una mujer infiel es otra totalmente diferente. Incluso hoy en día. Cuando un hombre tiene una aventura, nadie se sorprende mucho. Al margen de quién sea, el presidente, el alcalde, el director general, el gerente del banco, el maestro de escuela, incluso el rabino, los hombres son así. Puede que no nos guste, pero oye, es un hombre. No puede controlar su impulso biológico de esparcir su simiente para crear réplicas de sí mismo. Se siente irremisiblemente atraído hacia mujeres hermosas. Resistirse trasciende a su capacidad genética.

En muchos sentidos, hay que admirarlo. Después de todo, hace falta energía para satisfacer a dos mujeres al mismo tiempo. También astucia para desligarse de las obligaciones familiares. Asimismo, tiene que ser rico para cortejar a la otra mujer y consolar con regalos a la esposa irritada. ¿Y no se nos ha dicho siempre a las mujeres que debemos separar una cosa de otra, ser independientes, y no sentirnos tan condenadamente culpables por todo? Es la capacidad del hombre para hacerlo lo que le da un eficaz mecanismo para arreglárselas cuando engaña. Estas características masculinas «positivas» también le sirven para obtener respeto, brillantes profesiones y victoria en las guerras.

Cuando una mujer tiene una aventura, se estremecen hasta los cimientos mismos de la sociedad. No sólo pone en peligro el sistema establecido, sino que lo destruye totalmente: rechaza a su marido, compromete el bienestar y seguridad de sus hijos, es una mala madre... Antepone sus deseos egoístamente. Y por si todo esto fuera poco, le vuelve la espalda a todas esas virtudes femeninas como lealtad, conciencia, fiabilidad, sensibilidad, paciencia, abnegación, cariño. Virtudes a las que recurre la sociedad en épocas de desesperación. Así que mientras la mitad de la población siga enarbolando estos valores, el mundo entero puede hacer frente a cualquier cosa: muerte, destrucción, lo que quieras. Es una responsabilidad enorme, claro. Y nosotras piadosamente arrimamos el hombro. No es de extrañar que se condene a la mujer que se quita la carga y, aunque sea por un momento, rechaza u olvida sus responsabilidades. No sólo ha traicionado a su marido, hijos y amigas (que se enfurecerán con ella porque ha cometido el doble pecado de infidelidad y ocultación); también traiciona a la humanidad. Si una mujer tiene una aventura, ¿dónde va a ir a parar el mundo?

Algunos recurren a teorías antropológicas para justificar nuestras actitudes. Según aquellos que han estudiado el reino animal, los machos que son menos selectivos y más promiscuos tienen más éxito en transmitir sus genes que los muy selectivos y menos promiscuos. En el caso de las hembras, sin embargo, esta teoría de la selección sexual dice que aquellas que se preocupan más de asegurarse un macho adecuado para cuidar de una familia tienen más probabilidades de reproducirse con éxito.

Algunos psicólogos evolucionistas sugieren una hipótesis que podría explicar la aceptación histórica del hombre infiel. Al darse cuenta de que está embarazada, la mujer sabe que ha tenido éxito en la propagación de su material genético. Pero el hombre no puede estar tan seguro, ya que es imposible determinar el momento preciso de la concepción. Y hasta la reciente llegada de las pruebas de paternidad, tampoco se sabía la procedencia del espermatozoide. ¿Qué puede hacer el hombre entonces? Lo mejor que puede hacer es intentar poner su simiente en muchas mujeres para aumentar sus posibilidades de éxito.

Pero aguarda un segundo. Eso podría haber sido justificado cuando corríamos por la selva con la intención de producir muchos hijos por si había hambruna, puesto que podíamos comérnoslos o enviarlos a rastrear en busca de alimentos (cinco siempre tendrán más éxito que uno), y también podíamos confiar en que ellos asegurarían la supervivencia de la especie si nos moríamos.

Las teorías científicas no siempre son fiables. Es decir, a no ser que estemos dispuestos a dar crédito a un estudio realizado en 2001 por la Universidad de California, que sugiere que también es fisiológicamente beneficioso para las hembras aparearse con cualquiera. Los biólogos han descubierto que las hembras de los perros de las praderas, de las lagartijas y los grillos se aparean con muchos machos, y que las hembras más promiscuas de estas especies suelen producir camadas más numerosas y sanas que aquellas que se aparean con menos machos.

Como ves, sea cual sea nuestro comportamiento, podemos aprovechar estudios biológicos bien seleccionados para justificarlo. Pero, dice Tim Clutton-Brock, catedrático de ecología animal de la Universidad de Cambridge, Gran Bretaña: «Se han descubierto muchas excepciones que desafían la idea de la hembra coqueta y el macho ardiente. Esto no destruye el principio, pero sí significa que tenemos que tener cuidado en la forma de generalizar el comportamiento sexual». Atención a eso.

Monogamia: ¿sí o no?

¿Dónde ha ido a parar el mundo, pues? El mundo ha ido a parar a un lugar en el que no se puede dar por supuesto nada. Ni siquiera la virtud femenina. No se puede contar con que la mujer se quede en casa y se quede callada acerca de su infelicidad. No se puede contar con que sacrifique su inteligencia, sus necesidades o sus deseos sexuales. La sociedad no puede esperar que una mujer se comporte conforme a patrones anticuados. Lo que sí podemos esperar es que el comportamiento de la mujer de hoy sea muy distinto del de la mujer de ayer. Eso sí se puede dar por supuesto.

Nuestro mayor contacto con el mundo nos permite tener más oportunidades y más seguridad para experimentarlo en todas sus dimensiones. Cuanto más diversas son nuestras experiencias, más difícil es encasillarnos y, cuanto más se nos golpea, menos sensibles somos al sufrimiento. Asimismo, como tenemos una mayor capacidad de supervivencia somos más propensas a correr riesgos.

Cuenta Carmen, 37: «Vivíamos en el campo y mi madre estaba en casa. Estaba muy protegida del mundo exterior. Había días en que no hablaba ni con un alma. Parecía feliz, pero si no lo era, no era mucho lo que podía hacer al respecto. No tenía dinero propio, no se relacionaba con nadie. Aunque hubiera deseado tener una aventura, no habría encontrado a nadie con quien llevarla a cabo. Así que yo creo que jamás se le pasó por la mente. En mi caso, es diferente. Cada día estoy expuesta a la tentación. De camino al trabajo siento la tentación de comprar algo que no debo, me siento tentada de cambiar el canal de televisión que veo normalmente, me siento tentada de cambiar de coche. A veces, hasta me siento tentada de cambiar de marido».

Dice Jill, 35: «Desde el día que se casó, mi madre escasamente habló con otro hombre, aparte de mi hermano y tal vez el cartero y el dependiente de la tienda. Las mujeres no se relacionaban con hombres del modo como nos relacionamos nosotras. Rara vez trabajaban fuera de casa. Y si lo hacían, lo más probable es que fuera con otras mujeres. Es posible que el jefe fuera un hombre, pero éste tenía para elegir entre quinientas mujeres. Y ciertamente no tenían amigos. En cambio yo trabajo con un montón de hombres. Muchos son gilipollas, pero algunos son realmente fantásticos y nos hemos hecho amigos. Quiero a mi marido pero muchas veces pienso: "¿Y si...? ¿Cómo será éste en la cama?" Es decir, si estuviera segura de que Lloyd no se enteraría jamás, creo que cedería a la tentación de probar. A mi madre la consternaría la idea, siempre ha sido muy tímida con los hombres. Yo no. Yo me siento a gusto con ellos. Y cuando los hombres lo perciben, te das cuenta de lo que están pensando. Y a veces tienen razón».

Señala Lola, 30: «¿Sabes? Todos estos tíos que se quejan de estar atados con grilletes, encadenados... a mí me dan ganas de decirles: "¡Yuju, lo mismo vale para mí! Cuando pasa un hombre guapísimo por la calle, ¿crees que no siento deseos de saltarle encima?"»

Tal vez las chicas casadas son más ingenuas de lo debido respecto a la fidelidad de sus padres. Estoy pensando en la película *La tormenta de hielo*, basada en la novela premiada de Rick Moody, ambientada en los años setenta, que presentaba a padres e hijos debatiéndose en la resaca de la revolución sexual. Puede que no nos guste imaginarnos a nuestras madres en la cama con un hombre, en especial con uno que no sea nuestro padre, pero incluso Alfred Kinsey, cuando realizó sus famosos estudios sobre la sexualidad en los años cuarenta y cincuenta, llegó a la conclusión de que la mitad de los hombres y la cuarta parte de las mujeres tenían aventuras extraconyugales.

Así pues, creer que la infidelidad femenina es un fenómeno nuevo es un error. Sí lo son, en cambio, nuestra mayor aceptación de la infidelidad femenina y las mayores oportunidades, lo cual podría explicar los recientes estudios que revelan que la mitad de todas las parejas, hombres y mujeres por igual, son infieles. En una encuesta realizada en 2001 por la revista británica *She*, una de cada seis mujeres casadas dijo que sería infiel si le pudieran garantizar que su pareja no lo descubriría nunca. El 10 por ciento de las que contestaron el cuestionario reconocieron que habían tenido una aventura.

Puede que el advenimiento del virus del sida hiciera de la monogamia la opción inteligente (y elegante) de los años ochenta, pero su dictadura fue de corta duración. Los fabricantes de condones se pusieron a la altura de las circunstancias y demostraron que seguía siendo posible, si se deseaba, acostarse con muchas parejas. A comienzo de los años noventa, todo el mundo con dos dedos de frente llevaba consigo condones y los usaba. Puesto que las mujeres heterosexuales tenían más que temer que los hombres, dadas sus mayores posibilidades de contraer el virus (las paredes vaginales son más vulnerables a la infección pues se irritan y desgarran con más facilidad, creando puntos de entrada), fueron ellas las que abandonaron la píldora y asumieron la responsabilidad de comprar y hacer usar los condones. No sólo las solteras, las casadas también. Y tenían a montones para elegir.

De pronto se produjo una explosión de condones con sabor, con relieves estimulantes y coloreados. Había incluso condones musicales que en el momento de la eyaculación hacían una chirriante interpretación del clásico de los Beatles *Love me do*. Descarados, muy cómicos... El sexo volvió a ser divertido y placentero. Las aventuras también; algunas, en todo caso. Como mínimo, no tenían por qué matarte. Y con el esfuerzo por prevenir la propagación del virus letal, vino el beneficio añadido del uso del condón: menos posibilidades de que se descubriera la indiscreción a causa de la repentina aparición de herpes genital, por ejemplo, o verrugas.

Si en esa época la chica casada era soltera, seguramente estaba «luchando» en la arena sexual. Ya hemos visto que es probable que haya tenido más de un puñado de amantes (para contarlos tiene que usar los dedos de los pies además de los de las manos), y generalmente disfrutaba de la experiencia, incluso se aficionaba a ella. Sin embargo, también habrá salido con la nueva opinión de que la teoría de un hombre por cada mujer es miope.

Afirma Dee, 29: «Eso es una fábula de Hollywood».

Alexandra, 28, está de acuerdo: «Una no está condenada a estar siempre con una sola persona. Hay varias personas con las que podrías crear una vida maravillosa. Yo pienso que podría tener cualquier número de compañeros del alma». (Esta opinión de Alexandra la refuerza la encuesta de la revista *She*, que revela que una de cuatro mujeres casadas ha conocido al hombre ideal después de casarse; las mayores de 31 años son las que tienden más a pensar así.)

Dice Linda, 34: «Como muchas de mis amigas, antes de conocer a mi marido tuve largas relaciones con unos cuantos chicos. No me casé con ellos, no porque les encontrara algo malo sino porque no era el momento. Pero mi madre no tuvo esa experiencia. A los 24 años ya estaba casada. Mi padre fue su único novio, por lo tanto no llegó a comprender que si bien hay muchos tíos con los que no querrías vivir jamás, hay también muchos con los que podrías llevar una vida muy agradable. Eso influye en uno, y en su visión del matrimonio. Te das cuenta de que si no obtienes lo que deseas de tu marido, no es el final de la vía. Hay muchos otros hombres que sí te darán lo que necesitas. Y no me refiero solamente a después del divorcio. Una aventura siempre es posible».

«Oye —cuenta Shauneice, 36—, yo he estado muy cerca de la infidelidad. No me sorprendería que Chester también. Hay que tener claro que es una posibilidad. Después de todo, sólo somos seres humanos. Estar con la misma persona las veinticuatro horas siete días a la semana es difícil. Hay ocasiones en que sencillamente no soportas estar a su lado. El matrimonio no es eso de vivir eternamente felices. Esperas que lo sea, pero en realidad no te lo crees. Creo que cada persona tiene límites diferentes. Lo que me impulsaría a mí a tener una aventura no es necesariamente lo que impulsaría a otra. Seas quien seas, nunca puedes decir nunca.»

Dice Sam, 30: «Me preocupa, como a todo el mundo, que finalmente desee ir y acostarme con otro, sólo para variar. No porque no quiera a Ray, sino simplemente por probar otro cuerpo, otro ser. No creo que haya nadie en el mundo a quien no le haya preocupado lo mismo. Recuerdo que cuando nos íbamos a casar me pasaban todas estas cosas por la cabeza. Pensar que iba a estar el resto de mi vida con esa sola persona me asustaba mucho. Todavía me asusta. Y dado que soy una persona naturalmente coqueta, por lo general sólo me limito a hablar con un tío sobre una partida de billar y cuando lo hago percibo claramente que se siente atraído por mí. Y pienso: "Jo..." Así que no puedo asegurar que nunca me voy a acostar con otro, porque podría hacerlo... No lo sé. No ando a la caza, pero sí que me pasa por la mente».

La visión de la mujer de un solo hombre es una fantasía, dicen las chicas casadas, una fantasía de los hombres. ¿Y el hombre de una sola mujer?

«Lo mismo —explica Linda—. Sólo que, creo que las mujeres somos mucho más realistas acerca de los hombres. Sabemos que existe la posibilidad de que un hombre nos engañe. Muchos lo hacen. Pero ellos están más convencidos de sí mismos. Piensan: "Ah ella nunca me va a engañar". Son más arrogantes también. Y cuando miran a sus padres como modelos, siempre hay más posibilidades de que su padre haya engañado a su madre y no a la inversa. Creo que muchos hombres suponen que sus esposas son como sus madres, lo que ciertamente no somos.

¿Cambian drásticamente nuestras expectativas respecto a la monogamia cuando llegan los hijos, una vez que hay más cosas en juego, cuando el bienestar de nuestros hijos suele adquirir prioridad sobre nuestro propio bienestar? La nueva generación de casadas tiene sentimientos encontrados.

Así lo ve Shauneice, 36 años: «Cuando acabas de tener un bebé no se te ocurre hacer algo que ponga en peligro su felicidad. Yo me sentía muy unida a Chester entonces, como si estuviéramos más vinculados a través del bebé. No podía imaginarme engañándolo. Pero tener un hijo trae consigo su propio estrés. Pasado el primer par de meses estás agotada. Empiezas a reñir más. Se acaba la novedad y te enfrentas a la dura realidad de la responsabilidad. Aunque ames a tu hijo más que a nada en el mundo, no te arrastra el cuento de hadas de todo eso. Yo siempre lo pensaría dos veces antes de tener una aventura. Tal vez ahora que tengo un hijo lo pensaría tres veces. Pero de todos modos no puedo decir que no lo haría nunca».

Señala Rae, 41: «Curiosamente yo estuve más cerca de tener una aventura después de dar a luz al bebé. Creo que tener un hijo te hace sentir mayor, y cuando empiezas a sentirte así piensas en cómo volver a sentirte joven. Cosas que antes no te afectaban, ahora te hacen sentir vulnerable».

Amy, 32, coincide en eso: «Después de tener un bebé ya no te sientes tan atractiva, y te haces muy vulnerable a los cumplidos de otros hombres».

Dice Rosie, 33: «Yo me deprimí. Creo que parte de mi depresión se debió a que tener un bebé no te hace repentinamente maravillosa la vida. Es un trabajo tremendamente arduo. Había días en que deseaba salir por la puerta y no volver jamás. Fantaseaba con ser libre. Una aventura era un símbolo de libertad para mí. Ni siquiera pensaba en el bebé, porque él era parte del problema».

Afirma Dorotta, 36: «Si alguna vez he tenido la tentación, pensar en los gemelos me ha quitado la idea de la cabeza. Pienso en ellos y no puedo hacerles eso. Colin lo superaría, estoy segura. Pero hacerles daño a los gemelos es algo con lo que no podría vivir».

Dorotta tiene motivos para controlarse ahora que tiene hijos. Una encuesta realizada en 2001 por Relate, la principal organización de orientación matrimonial del Reino Unido, y por la revista *Candis* revelaba que las personas que han tenido aventuras extraconyugales o las han visto en otras, han observado todo un abanico de efectos negativos en los hijos, desde encierro en sí mismos o agresividad a trastornos alimentarios.

Ciertamente algunas chicas casadas cuyos padres tenían aventuras continúan sintiéndose mal por esa experiencia.

Recuerda Rachel, 28: «Mis padres tuvieron muchas aventuras. Una aventura, una o dos, está bien, pero en su caso eran muchas. Ojalá yo no me hubiera enterado, pero mis padres no tenían límites. Y mi madre me contó que lo hacían para desquitarse mutuamente, o sea que decían: "No me importa, yo también lo voy a hacer". Y eso no está bien. Simplemente duele. Creo que a veces las aventuras ocurren, y estoy dispuesta a aceptar la posibilidad de que las haya en mi relación, aunque no soy partidaria de ellas».

Dice Lena, 30: «Cuando mi padre tuvo la crisis de la

edad madura, conoció a otra mujer. Es una historia muy fea. Yo creo que él sabía que cometía un error, pero se lió con una mujer que no quiso soltarlo. Podría haber sido una simple aventura, pero ella tomó medidas para que él no pudiera volver con mi madre. Se quedó embarazada, por supuesto. Fue horroroso. Finalmente se casó con ella. Mi padre nos rompió el corazón a mi madre y a mí. Siempre me sentí muy abandonada».

Comenta Leslie, 34: «Mi padre tuvo una aventura y yo vi lo que eso le hacía a mi madre. Recuerdo la noche en que lo descubrió. Yo tenía 11 años. Me despertó y se sentó en el borde de mi cama llorando. Fue horroroso, terrible. Hasta el día de hoy recuerdo lo que sentí, como si ya no hubiera nada seguro. Me enfurecí con mi padre por lo que era capaz de hacerle a mi madre, y a mí también. Él dejó de ver a la otra mujer poco después, y mis padres son realmente felices ahora, creo. Pero eso me quitó las lentes color de rosa y me hizo comprender que puede ocurrirle a cualquiera. Ahora que estoy casada sé cómo puede ocurrir. Sí —suspira Leslie—, yo tuve una aventura».

¿Sólo aventura?

Existe un mito común respecto a las aventuras: las mujeres buscan lazos emocionales mientras que los hombres buscan emociones sexuales. La verdad es que, por lo general, mujeres y hombres tienen aventuras por la misma razón: porque ansían intimidad. Si una mujer se siente olvidada, abandonada, desconectada, es vulnerable a un hombre que la hace sentir valorada y escuchada. Una vez valorada y escuchada, desea tener relaciones sexuales con él. Si un hombre se siente olvidado, abandonado o desconectado, es posible que busque el consuelo físico de la relación sexual con otra mujer, y entonces se siente valorado y escuchado.

Tomemos el caso de Trish, 32, que señala: «Jason trabajaba muchísimas horas, a veces los fines de semana también. Muchas veces llegaba a casa cuando yo ya estaba acostada. Trataba de esperarlo levantada, pero no tenía sentido porque él estaba demasiado cansado para hablar cuando llegaba. Llegué al punto de que vivía como una soltera. Al final dejé de planear salidas juntos por la noche porque él siempre llamaba para decirme que estaba clavado en el trabajo, así que comencé a salir sola con mis amigas. A ellas les encantó tenerme de vuelta en el grupo, y yo esperaba con ilusión mis salidas nocturnas. Fue una de esas noches cuando conocí a Len. Estábamos en un bar y él me invitó a una bebida. Parece manido, pero así fue como ocurrió. Era encantador, y me hizo sentir sexy. ¿Y sabes? No era zalamero ni nada de eso. Recuerdo que le dije: "No estarás casado, ¿verdad?" Es curioso que yo estuviera tan preocupada de que fuera un hombre casado cuando era yo la que estaba casada».

La aventura comenzó a hervir a fuego lento. «No lo vi a solas durante mucho tiempo. En realidad, volví a encontrarlo a las tres semanas. Pero mantuve las distancias. La verdad era que no quería embarcarme en una aventura. Pero pasados dos meses acepté quedar con él para almorzar. No sabía si iría, pero cuando salí para dirigirme al trabajo procuré arreglarme bien por las dudas. De hecho, llegué con retraso al almuerzo. Me pasé un buen rato dirigiéndome a la puerta y volviendo a meterme en mi cubículo, diciéndome que estaba jugando con fuego. Pero al final deseé ver si él se presentaría, así que ganó mi curiosidad. El asunto es que si él hubiera sido insistente me habría marchado inmediatamente. Pero no. Durante el almuerzo le hablé de lo mucho que quería a Jason, y él dijo que Jason era un tío con suerte. Pero durante nuestro segundo almuerzo me abrí a él. La verdad era que hacía dos semanas que casi no veía a Jason. Éramos como barcos que se rozan por la noche. Le conté a Len que me sentía muy sola. A la semana siguiente fuimos al cine y ya está. Parecíamos adolescentes en la última fila. Luego seguimos metiéndonos mano en su coche. Después fuimos a su apartamento y nos acostamos. Fue maravilloso porque él se mostró superatento. Volví a sentirme necesitada y sexy. Pero se interponía la culpa. Me sentía terriblemente culpable por engañar a Jason, pero no podía evitarlo. Creo que después de eso nos acostamos cuatro o cinco veces. Len se convirtió en una droga. Todo el mundo necesita que alguien le haga sentirse especial y Len me hacía sentirme muy especial.»

Hasta el día de hoy Jason no tiene idea de esta infidelidad de Trish. Cuando su trabajo dejó de consumirle tanto tiempo, «comenzó a desear pasar más horas conmigo —continúa Trish—, y lo principal era que yo deseaba estar con él, aunque me llevó un tiempo acostumbrarme a sus atenciones. Él me decía: "¿Qué te pasa, Trish?", y yo contestaba: "No puedes esperar que me arroje en tus brazos. Hace meses que no te veo". A Len no le sentó exactamente bien que rompiera con él. Nunca le di mi teléfono de casa, pero me llamaba al trabajo, a veces dos veces al día. Finalmente le pedí que dejara de llamarme. Me resultaba demasiado difícil la situación, por un tiempo me sentí muy mal. Y fue peor cuando Len me dijo: "Te prometo que no volverás a oír de mí, pero quiero que sepas que siempre estaré ahí para ti. Si alguna vez cambias de decisión". Eso fue difícil. Lo sigue siendo, pero de verdad quiero a Jason. Y para que nuestro matrimonio funcione, ahora tengo que concentrarme en él y en mí».

Si Jason se hubiera enterado de esta infidelidad de Trish, según reza la sabiduría tradicional, tal vez no lo habría preocupado su afecto por Len, pero sí se habría subido por las paredes al conocer que habían tenido relaciones sexuales. Analizando esta sabiduría tradicional volvemos a esos estudios de animales: que el impulso instintivo del hombre/macho es proteger sus posibilidades de dejar embarazada a su pareja. Esta teoría está muy bien, pero pese a que las chicas casadas sienten el impulso sexual mucho más de lo que hemos creído jamás, la mayoría de las mujeres también necesitan una conexión emocional antes de considerar la posibilidad de tener relaciones sexuales. Es la conexión emocional más el sexo (que durante una aventura suele ser explosivo y orgásmico, aunque de esto hablaremos más adelante) lo que plantea un peligro para el matrimonio.

Las mujeres saben esto, por eso ante la posibilidad de ser engañadas por sus maridos, las chicas casadas aseguran que se sentirían menos amenazadas si las aventuras de

247

sus cónyuges fueran puramente sexuales que si intervinieran en ellas el amor y las emociones. ¿Una reacción estereotipo como respuesta a un comportamiento estereotipo? Tal vez. Ciertamente parece que irrumpen los estereotipos cuando sospechamos que nuestros cónyuges nos engañan. Según un informe publicado en *Journal of Personality and Social Psychology*, de la American Psychological Association, cada sexo recurre a formas diferentes de proteger su relación. Los psicólogos David M. Buss y Todd K. Shackleford pidieron a 214 personas que explicaran las tácticas que usaban para conservar a su pareja. Los hombres revelaron que tienden más a reafirmarse en su posición social y éxito financiero, como también a hacer promesas de cambiar. Las mujeres, en cambio, tendían más a ocuparse de su apariencia para mantener interesado a su cónyuge. Sin embargo, las mujeres inteligentes reconocen que los estereotipos son muy contradictorios puesto que ellas mismas los contradicen teniendo aventuras.

El *Janus Report on Sexual Behavior* declara: «En nuestras entrevistas descubrimos que, al margen de la experiencia de quien ha tenido aventuras extraconyugales, el interés en ellas es elevado tanto en hombres como en mujeres. Muchas de las personas entrevistadas dijeron que el único impedimento para ser infiel era o la falta de la circunstancia adecuada o la falta de tiempo. Han cambiado los criterios y las exigencias de actuación dentro del matrimonio; ahora se aceptan mucho más la flexibilidad en el estilo de vida y la expresión más explícita de los valores sexuales individuales».

Algunas de las mujeres con las que hablé buscan adrede aventuras sexuales sin compromiso. Como saben que son capaces de cuidar de sí mismas tanto en lo económico como en lo emocional, no buscan uniones profundas y serias en el caso de que no funcione su matrimonio. Muchas de ellas dicen que justamente porque ya tienen lo «profundo y serio» en su matrimonio, eso es lo último que desearían en una aventura. Lo que muchas dicen anhelar, aun cuando no hayan sido infieles, es el entusiasmo que experimentaron al comienzo de la relación con su marido. Desean pasión, sexo espontáneo, la emoción de lo inesperado, «el no saber», como dice Leslie.

«De Vic no quiero otra cosa que sexo —afirma Leslie—. Cuando lo conocí me sentía muy frustrada sexualmente con mi marido, que es amable, generoso y nos llevamos bien fuera del dormitorio. Pero mi deseo siempre ha sido más fuerte que el suyo, incluso al comienzo de nuestro matrimonio. Pero al pasar el tiempo, empecé a pensar que él sólo hacía el amor conmigo para complacerme. Eso es encomiable, pero no agradable. Pero al mismo tiempo no puedo imaginarme mi vida sin él, ya que sobre todo es mi mejor amigo. Sin embargo, estaba comenzando a herirlo. Sentía rencor contra él porque no teníamos relaciones sexuales. Lo fastidiaba y le hacía la vida desgraciada porque yo me sentía desgraciada. Me sentía tan horrorosamente poco atractiva. Es decir, si no logras que tu marido te haga el amor, te sientes como si hubiera algo mal en ti. Entonces apareció Vic y volví a sentirme atractiva. No es un hombre con el que desearía casarme. ¡Cielos, no! Pero es estupendo y me hace sentir bien. No creo que él desee casarse conmigo tampoco.

Pero eso me va bien. Una vez que cualquiera de los dos deje de experimentar placer y el sexo se convierta en una obligación, ya está. Se acabó. Lo hemos acordado.»

Lo mismo le ocurrió a Patsy, 34. Cuenta: «Al comienzo de nuestro matrimonio siempre era Christian el que iniciaba el juego sexual. Pero comenzó a no estar disponible. Yo le pedía sexo y él decía: "No, estoy muy cansado", "No, estoy muy ocupado", "No, estoy muy estresado". Recuerdo que le sugerí que se hiciera analizar su testosterona, pero no quiso oír hablar de eso. Yo le decía: "Oye, hablemos de esto. Me siento como si me hubiera metido en el convento, y no me gusta nada". Pero él vivía repitiendo: "No sé, no sé". A mí me preocupaba mucho. Después empezó a hacer bromas. Inventó el personaje Conejita Vagina, y siempre que decía que yo tenía "esa expresión en los ojos" ponía los dedos índice y medio en forma de V, como piernas, y los movía haciendo este divertido sonido».

Imita el sonido, un chillido agudo, y las dos nos reímos.

«Sí, es cómico, y era un personaje muy divertido, hasta que comprendí que era una especie de insulto. Entonces me dolió. Me estaba volviendo loca en silencio, estaba hecha un mar de dudas. Así, un día que estaba conversando con este amigo, hablamos de tener una aventura porque él estaba en situación similar. Dijimos que podíamos fingir ser italianos, ¿sabes?, tendríamos todo el asunto del matrimonio aquí —indica a la izquierda— y nuestra aventurita aquí —indica a la derecha—. "Simulemos que estamos en Roma", dijimos. Quedó entendido que yo no dejaría a Christian por él; él sólo era mi amiguete para follar. Esto duró un año. Nos encontrábamos una vez al mes para sexo. Pero el motivo de que no continuara fue que él empezó a desear una relación.»

Explica Dawn, 34, cuyas dos breves aventuras (una con un compañero de trabajo en un congreso y la otra con un ex novio) acabaron porque ella sólo deseaba sexo y nada más: «Las dos fueron cortas porque en ambos casos ellos querían más. Para mí sólo eran aventuras. Para ellos era amor, o eso decían. Ésa es la cosa. Los hombres suponen que si aceptas aunque sea un beso rápido deseas casarte y tener hijos. Se equivocan. A veces una mujer sólo desea acostarse con otro».

¿Cuándo tres son una multitud?

Todos conocemos el *gag* de Benny Hill en que un ama de casa solitaria aparece cubierta solamente con un salto de cama de nailon y hace entrar al lechero tironeándolo del cuello de la camisa. «¿Una grande de pura nata, señora?», pregunta él. «¡Ooooh, sí, por favor!» Una exclamación de desahogo permitida, siempre que los vecinos no estén fisgoneando por los visillos.

Más oportunidades de ser infiel y una mayor comodidad con la sexualidad (como también el predominio de nuevos artilugios, como teléfonos móviles, el correo electrónico e Internet, que facilitan las relaciones) hacen borrosos los límites y enturbian las definiciones. Para quien está vacilando en el borde, es un desafío saber si está cometiendo una verdadera indiscreción; y si es descubierta, es más fácil alegar inocencia. Para quien se siente traicionada por su cónyuge, la prueba es menos alcanzable y más confusa.

A todas las chicas casadas les hice la pregunta: «¿Qué constituye una aventura?» Recibí respuestas totalmente diferentes. Para algunas, un ligue sexual de una noche; para otras, besarse y cogerse de las manos. Para algunas, revelaciones emocionales cara a cara. Y también están aquellas para quienes no hace falta la presencia física, el simple encuentro de mentes en el ciberespacio basta para destrozar la confianza.

«Coquetear con un ex novio o ex novia constituye infidelidad», afirma Lena, 30.

«No creo que tenga que haber contacto sexual para que haya infidelidad —dice Gabrielle, 32—. Si Murray tiene muchas fantasías sexuales con alguien de su oficina o con alguien que yo no conozco, eso sería infidelidad.»

«Pero si yo sólo he fantaseado acostándome con otros —alega Dee, 29—. ¿Acaso no hace eso todo el mundo? Es totalmente inofensivo.»

«Para mí, infidelidad es contacto físico o sexual con otra persona», opina Petra, 37.

«Besarse, cogerse de las manos, cualquier contacto físico», apunta Paulette, 38.

«Si Tim tuviera una aventura, creo que me darían ganas de vomitar —dice Patty, 34—. Si tuviera un ligue de una noche, creo que yo no querría saberlo, aunque lo consideraría infidelidad. Pero si estuviera enamorado de otra, entonces sí desearía saberlo.»

«Eso pienso yo también —acota Dawn, 34—. Yo tuve un ligue de una noche y no lo consideré una aventura. Una aventura es algo más que sexo. Hay que preocuparse de verdad cuando aparece el amor.»

Apunta Kath, 33: «Pensándolo bien, ser infiel es tener una relación más feliz con otra persona».

«Es muy difícil definirlo —dice Shauneice, 36 —. Creo que el sexo es la línea divisoria, pero ¿y si hablas de erotismo con alguien, si no conoces a ese alguien, ni siquiera sabes cómo es, pero tienes fantasías sexuales con él y le dices qué te gusta y qué te gustaría que te hiciera? ¿No es infidelidad eso?»

«Creo que eso es infidelidad —opina Rosa, 26—. Es decir, no se lo dirías a tu marido, o sea que tienes que preguntarte por qué no lo harías.»

Cuenta Laura, 28: «Yo tengo a alguien con el que hago una especie de juegos sexuales por Internet. Pero no creo estar engañando a Trey. No, no se lo he dicho porque no hay ninguna necesidad. No lo llevaría más lejos».

«Si recuerdas haber sido infiel y piensas en la infidelidad después, eso es tener una aventura, porque tiene que haber significado algo —dice Sam, 36—. Pero si no recuerdas haberlo hecho, porque estabas borracha, entonces ciertamente no significó nada.»

GUÍA PARA LA AVENTURA MODERNA

¿Confusa? ¿Es aventura o amistad? ¿Culpable o inocente de infidelidad? ¿Quién puede saberlo ahora? Como dice

Lena: «Es difícil, porque en nuestra generación tenemos amigos de los dos sexos. En la generación de nuestras madres la mujer casada no tenía amigos hombres. Ahora los límites están borrosos».

Ni siquiera intentaré meter la definición de infidelidad en un paquetito bien atado. Sin embargo, a continuación presento las relaciones extraconyugales más comunes con que me topé en mi estudio. ¿Quién iba a saber que había tantas?

La «casi» aventura

Cuando lo ves el corazón te late más aprisa, se te encienden las mejillas y las rodillas casi se te doblan. Él también te encuentra inteligente, estupenda, ingeniosa y sexy. La química entre los dos no se apoya en una quimera pasajera sino en algo más profundo: un pasado compartido (tal vez en otro tiempo salíais juntos), un interés o trabajo en común. Tal vez trabajáis juntos. Sueñas con él, fantaseas con él, incluso te encuentras con él, no en secreto, claro, después de todo sois grandes amigos; pero tampoco le cuentas exactamente todo a tu marido respecto a él, ni a tus amigas, porque en el fondo del corazón sabes que él es algo más que un amigo íntimo. No es una aventura, pero cuando lo ves experimentas la descarga de adrenalina de la excitación, el zumbido de esa seductora promesa de sexo. Pero no existe el sentimiento de culpa que acompaña a una aventura amorosa hecha y derecha. No te acuestas con él, no todavía en todo caso. Pero sabes que te tienta, ay, Dios, si te tienta. ¿Cómo definirías esa relación entonces? Bueno, es «casi» una aventura.

Charlotte, 36, se identifica con las características de la «casi aventura». Cuenta: «Estuve en España una vez, un tiempo corto, haciendo un curso. Allí conocí a un chico del que me enamoré locamente. Eso se acabó cuando volví a casa. Sin embargo, hace cuatro años visité otra vez Barcelona durante unos meses sabáticos, y una de las amigas con las que me alojaba me dijo: "Oye, la semana pasada me encontré con ese amigo tuyo y le dije que venías. Él respondió que teníamos que vernos todos". Así que nos encontramos y al instante hubo esa conexión especial otra vez. Yo tenía palpitaciones, coqueteamos y nos reímos como locos. Fue fantástico. Lo mismo ocurrió en el siguiente encuentro. Y entonces él me dijo: "Oye, tengo una casa en el campo y mi mujer está fuera. Me gustaría verte otra vez antes de que te marches". Yo estaba totalmente confundida. Por una parte, estoy casada con Bruce, y soy muy feliz con él, y sin embargo me sentía tan atraída por ese tío. No había manera de que Bruce se enterara si iba, simplemente no lo sabría, y la idea de encontrarme con ese tío era superromántica».

Y de eso se trata la «casi» aventura, se basa en ideales gloriosamente románticos. Sabes que si cruzaras la raya sería maravilloso, estimulante, apasionado, pero mientras sea un «casi», no una realidad, la fantasía no la puede destrozar su aliento por la mañana, sus ronquidos, sus cambios de humor, sus dolorosas almorranas. Ni tienes que sufrir pensando cuánto va a durar, si te descubrirán, qué harás cuando se acabe. La «casi» aventura tiene todo lo maravilloso del romance sin el enredo de la aventura

255

real; la excitación sin el engaño; el estímulo de sentirte deseada, sin la decepción.

Continúa Charlotte: «Decidí ir a su casa, pero no sabía qué haría al llegar allí. En todo caso, sonó la música, apareció el vino y hablamos y hablamos, y yo sentí la tentación de llevarlo más lejos. Pero entonces él comenzó a hablar de la situación con su esposa y pensé no, no preguntes, no lo digas. Después comenzamos a hablar sobre el sexo y, finalmente, le dije que no podía hacerlo. Sabía que aunque Bruce no se enteraría nunca, yo no podría vivir conmigo misma. Sería un abuso de confianza».

Dice que nunca ha vuelto a ver a su tentador español. Fue un final inevitable, claro. Toda relación, casi o real, necesita una conclusión. Y una vez que se acaba la emoción de la caza de la «casi» aventura, porque reconocemos su inutilidad, se acaba la diversión también. De todos modos, aunque fue poca cosa, Charlotte reconoce que le dejó resaca. «Sí, hay diferencia entre la infidelidad real y la emocional, pero al final del día, aun sabiendo que no estaba enamorada de ese tío, pensé que de todos modos estaba casi engañando a Bruce porque sentía algo especial por un hombre que no era mi marido.»

El ligue de una noche

Dice Dawn, 34: «Un ligue de una noche es algo puramente físico. Es aprovechar la oportunidad de acostarte con alguien distinto. En mi caso, el tío era guapo, estaba con unas cuantas copas, yo estaba lejos de casa, mi marido no se iba a enterar, así que pensé: "¿Qué diablos importa?"»

El *Janus Report* revela algunas interesantes actitudes hacia el ligue de una noche. Al solicitar que las personas encuestadas dieran una opinión sobre la afirmación: «Encuentro degradante los ligues de una noche», hubo notables diferencias en las respuestas, por sexo y por nivel de ingresos. Entre los hombres hubo menos que lo consideraran una experiencia degradante. El grupo de personas con ingresos más elevados (100.000 dólares) y el de las de ingresos medios (alrededor de 50.000 dólares anuales) encontraban mucho menos degradante el ligue de una noche que los del grupo de ingresos más bajos (unos 20.000 dólares anuales). Pero entre las mujeres, cuanto mayores eran sus ingresos, menos degradadas se sentían por el ligue de una noche.

Las chicas casadas tienen una actitud sorprendentemente o blanco o negro hacia el tema. Dicen que, si bien no les gustaría que sus maridos tuvieran un ligue de una noche, no creen que el efecto en su matrimonio sería catastrófico. De igual modo, si ella tuviera uno, podría sentirse un poquito culpable, pero puesto que sería puro sexo o atracción física, su marido no lo consideraría algo más que una imprudencia de poca monta.

Los psicólogos, sin embargo, dicen que un ligue ocasional suele ser una manera de subsanar la falta de atención del cónyuge. Si una mujer se siente poco atractiva o insatisfecha con su vida sexual, podría tener un flirteo de una noche para demostrarse que es deseable o saciar sus necesidades sexuales. También puede ser una manera de hacer notar una verdadera infelicidad en su matrimonio. Cuando el marido no hace caso de pataleos, llantos o persistentes intentos de tratar un problema importante, el ligue de una noche suele ser una estrategia para dejarle el mensaje subliminal de «tómame en serio». Cómo saberlo: ¿Dejas pistas? ¿No borras los rastros con todo el cuidado que tendrías si la aventura significara para ti algo más que puro sexo? ¿Hay problemas en tu matrimonio que tu marido no quiere tratar pese a tus apremios? Si es así, este ligue podría ser precursor de otras aventuras. Obligar al cónyuge a comunicarse y escuchar es esencial. Si no lo consigues, busca ayuda de una tercera persona cualificada.

La relación platónica

No hay sexo, pero no puedes negar la agitación, la emoción que sientes cuando te acaricia el pelo o te coge la mano. Es su manera de escucharte sin juzgar, da la sensación de tener siempre tus intereses en su corazón, disfruta por tus éxitos, se fija en..., y aprecia, tu manera de vestir. Aunque no habéis tenido ningún contacto sexual, podría haberlo habido. Piensa en cómo te sientes cuando has estado con él: renovada, eufórica, dichosa, atractiva. Pero no te sientes culpable porque tu marido lo sabe todo de él. ¿Todo? ¿Sabe que muchas veces piensas cómo sería si...?

Señala Sylvia, 29: «Hay un chico que conocí en la universidad, se llama Anthony. Paulo sabe de mi amistad con él, por supuesto, pero no le cuento todo lo que hablamos. Un par de veces ni siquiera le he dicho que lo he visto, sobre todo si sólo hacía una semana desde la última vez. No sé, me parece que se sentiría amenazado, pensaría por qué quiero verlo tan seguido. Pero Anthony es un verdadero amigo íntimo. Me ha acompañado en momentos muy difíciles; cuando mi hermano murió de sida estuvo a mi lado. Para ser sincera, no sé si habría podido soportar ese tiempo sin él. Tiene una visión increíble de la vida y del universo. Nunca hubo nada físico entre nosotros, principalmente por falta de oportunidades. Después Anthony estuvo viviendo en Rusia un año, y entonces fue cuando conocí a Paulo. No creo que uno sea mejor que el otro, simplemente son distintos. Pero cuando estoy con Anthony me siento una persona diferente, más inteligente. A veces Paulo pone los ojos en blanco cuando explico un chiste, tal vez sea porque lo ha oído muchas veces. Pero Anthony se ríe y eso me hace sentir fabulosa. Y sí que coqueteo con él, no de forma descarada, pero le cojo la mano, y a veces nos abrazamos. Y muchas veces pienso qué ocurriría si no estuviera casada con Paulo. No puedo decir que no se me haya pasado por la cabeza. A veces siento deseos de ir más lejos con Anthony y estar totalmente en un vacío. Cuando pienso esas cosas me siento un poco culpable. Pero es confuso. ¿Eso es tener una aventura? Tal vez sí».

Los psicólogos dirán que Sylvia sí engaña, que asegurar la falta del aspecto sexual no es una defensa. Si hay algún elemento de secreto, mentira o atracción, dicen, la amistad tiene el sello de romance. Al parecer, que la parte sexual sólo ocurra en tu cabeza, es la señal de aviso de que estás en busca de otro afecto. Y que el hecho de que haya conexión intelectual y muchos intereses comunes sólo aumenta la potencia de la relación.

Eso puede ser cierto, pero esas actitudes estrechas no

van con las creencias de la nueva generación de casadas. La mayoría tienen amigos íntimos en los que confían, y esas confidencias no siempre se las hacen a sus maridos. Muchas también dicen que hay cierta fricción entre ellos, fricción buena, eléctrica, no siniestra, fricción hormigueante.

Dice Skylla, 29: «Tiendes a tener amistad con personas que encuentras atractivas, al margen de que sean hombres o mujeres. Yo lo hago. Si a una persona la encuentro fea, o no atractiva, o aburrida, o simplemente tonta, lo más probable es que no desee ser amiga de ella. Si es hombre, no puedes dejar de pensar cómo será en la cama, en especial cuando te cuenta todos los detalles de su vida sexual. Yo lo pienso todo el tiempo. Jamás renunciaría a mis amigos. Tienen una perspectiva muy diferente a la de las mujeres. Y aunque es agradable cuando una amiga me hace un cumplido por la ropa que llevo o por el corte de pelo, no es tan agradable como cuando me lo hace un amigo».

O sea, ¿cuándo hay motivo para que suene el timbre de alarma?

Responde Gabrielle: «Es la idea de que hay todo un mundo distinto, una parte de ti totalmente diferente, de la que el marido no sabe nada. Eso es traición».

Las chicas casadas opinan que los coqueteos y las fantasías sexuales son normales y naturales.

«Si crees que tener amistades íntimas con hombres equivale a tener aventuras, estamos de vuelta a los años cincuenta. Para mí el límite no está en si desearía tener relaciones sexuales con un hombre por el que siento una conexión emocional o intelectual, la tensión sexual siempre es buena, sino si "preferiría" el sexo con esa persona en lugar de con mi marido.»

Dice Rae: «¿Acaso no tiene relaciones platónicas todo el mundo? Pero se trata del grado de intimidad y comunicación. Si le cuentas muchas más cosas íntimas a un amigo que las que jamás le contarías a tu marido, no puedes engañarte. Si eres inteligente, sabes dónde está el límite. En último término, llegamos a lo de hacer a los demás lo que te gustaría que te hicieran a ti. Si sabes que te sentirías traicionada si tu marido hiciera lo que haces tú, estás metida en una aventura. Es así de sencillo».

La amante lesbiana

Veamos las experiencias de dos chicas casadas. Una es Adrienne, 34, que se siente atormentada por la culpa: «Hubo una ocasión en que una chica me atrajo. Era una amiga que tenía relaciones con mujeres. Las dos habíamos bebido de más y ella me preguntó: "¿Has besado a una mujer alguna vez?", yo le contesté que no, y entonces me saltó encima. Tonteamos un rato, metiéndonos mano y besándonos. Al día siguiente me sentí mal. Tenía claro que era sólo una experiencia, que no significaba que yo era lesbiana ni nada de eso. Tengo muy claro que me atraen los hombres, me gusta el olor de los hombres, todo eso de la testosterona... Pero sentí vergüenza por lo que había ocurrido, en realidad me sentí más avergonzada que cuando besé a un tío una vez en el cuarto de baño mientras mi marido estaba fuera jugando al billar».

La otra es Ellen, 32, que cuenta: «Me acosté dos veces con una mujer. La conocí en el gimnasio y empezamos a charlar. Después fuimos a tomar un café y rápidamente nos hicimos amigas. Casi desde el comienzo yo me di cuenta de que Kim era lesbiana, pero eso no me causó ningún problema ni me pareció que ella me fuera detrás. Le dije que estaba casada, y ella me contó que tenía pareja, aunque no vivían juntas. El martes es mi día libre y me invitó a almorzar en su apartamento. Lo pasamos estupendamente, así que en lugar de volver a casa llamé a Max y le dije que me iba a quedar más tiempo en casa de Kim. A él no le importó nada, simplemente me dijo: "De acuerdo, que lo pases bien, nos vemos". Íbamos a ver su colección de discos y me iba a grabar un CD. Hablamos de un montón de cosas, entre otras de nuestra infancia, su tía vive en la ciudad vecina a la de mis padres en Carolina del Sur, y sobre todo, de a qué colegios fuimos y cómo las dos acabamos en Nueva York. Le conté que yo deseaba estudiar diseño. Es curioso, no sé cómo empezamos a besarnos. Creo que ella me estaba acariciando el brazo y repentinamente, nos estábamos besando. Recuerdo que pensé: "Qué raro". Olía bien, no un aroma floral, sino simplemente agradable; tenía la piel como esponjosa, la piel de una niñita, pero no me sentí culpable ni mal. Era simplemente agradable. Yo estaba muy excitada. Esa vez solamente me besó y me acarició los pechos. Entonces me preguntó: "¿Te sientes bien con esto?", y yo le contesté: "No sé". Es decir, yo me sentía bien, pero creo que estaba sorprendida. Esa noche no pasamos más allá de caricias y manoseos, y cuando me corrí, simplemente nos acurrucamos juntas. Luego se levantó a buscar mi CD, yo me puse la chaqueta y me fui a casa. Y cuando iba en el metro pensé: "Dios santo, ¿hice lo que creo que hice?" No se lo conté a Max, no porque pensara que era un secreto terrible, sino porque no habría sabido cómo empezar, ni sabía muy bien cómo me sentía al respecto. A los pocos días volví a verla en el gimnasio y nos dimos un fuerte abrazo, pero ninguna de las dos dijo nada de lo que había ocurrido. Al día siguiente me llamó a casa y me preguntó si podíamos almorzar juntas otra vez. Yo sabía que si iba a su apartamento era probable que volviera a ocurrir lo mismo».

Le pregunto por qué fue entonces.

«No lo sé. No olvides que me caía bien. No quería herir sus sentimientos, y también deseaba decirle que no me sentía mal por lo que habíamos hecho. Es decir, yo fui una participante bien dispuesta. En realidad, la segunda vez fui yo la que lo inició. Fue esa parte de mí que se preguntaba si yo era lesbiana o por lo menos bisexual. Cuando ella estaba preparando el café, me puse detrás de ella muy cerca. No sabía cómo abordarla, así que me quedé ahí, muy, muy cerca. Esa vez yo tuve un rol activo con los besos y caricias, pero no pude hacerle sexo oral. No tenía nada que ver con sentirme culpable por Max ni con que eso hubiera llegado demasiado lejos, simplemente no pude. No, no podría hacerlo. Y ella no insistió ni me preguntó por qué.»

Desde entonces, Ellen no ha vuelto a acostarse con Kim.

«Después del primer "Oh, esto es raro", simplemente no deseé tener ese tipo de relación con ella. Sé que soy heterosexual y ya está. Seguimos siendo amigas. Un par de veces hablamos de lo que ocurrió, y ella me preguntó si se lo había dicho a Max. Le conté que no. No veo ningún motivo para decírselo. Sólo se enfadaría, o igual no. Tal vez se excitaría. Pero no me gustaría eso tampoco. No fue así. Sí, quiero guardármelo para mí, pero pienso que no se le puede llamar aventura, no creo que sea tan importante. Fue un momento, nada más.»

Adrienne se siente más avergonzada de su muy breve escarceo con una mujer que de una experiencia similar con otro hombre. Ellen no se siente culpable, porque tener esa intimidad con una mujer, dice, no es lo mismo que tenerla con un hombre. Los expertos llamarían «aventura experimental» a ambas experiencias y recomendarían no meterla debajo de la alfombra, porque el matrimonio sano se construye sobre la sinceridad y la confianza. Puede ser que el hecho de que Adrienne y Ellen hayan logrado clasificar su experiencia como un experimento puramente sexual no ponga nunca en peligro su matrimonio.

Pero dice Joely, 26, que ha fantaseado con tener relaciones sexuales con una mujer: «Nunca he conocido a ninguna mujer que me haya atraído físicamente, pero creo que tiene que existir alguna. ¿Cómo no va a existir? Tengo la impresión de que está por ahí, en alguna parte, y que si la conociera, ése sería el momento de considerar la posibilidad de tener una aventura. ¿Cómo no ibas a tenerla? Pero sería un engaño, porque no se trataría de entregar solamente mi cuerpo. Daría una parte de mí. No me parece que sea gran cosa tener una aventura por puro morbo, pero ¿cómo podría una heterosexual tener una aventura sexual con otra mujer sin dar una parte de sí misma? Sería demasiado abrumador».

El amante *on-line*

Dado que el correo electrónico e Internet son fenómenos relativamente nuevos, ninguna encuesta ni estudio me ha podido decir cuántas mujeres tienen aventuras por estos medios. Sin embargo, sabemos que una gran demanda genera grandes ofertas y, por mis investigaciones para este libro, sé que hay abundantes ofertas de sitios web para la mujer ciberadúltera. Las ofertas de estos sitios para tener un amante virtual a escondidas del marido hacen parecer tan seductoras, tan discretas, tan fáciles y respetables estas aventuras que uno se pregunta por qué todo el mundo no se entrega a ellas. Puedes ser tú misma, sin preocuparte de si eres atractiva, rica, esbelta, inteligente, profunda; simplemente compartes secretos, pensamientos y sueños con una entidad sin rostro que te valora cada vez que se conecta.

Dice Natasha, 31: «Entro en una sala de chateo, pregunto si alguien tiene billetes *Barenaked Ladies* (señoras desnudas) y me encuentro coqueteando con este tío de Florida. Te lo puedes imaginar. "Sí, tengo un *Barenaked Ladies*". Ja, ja, ja. Es difícil no mantener una conversación desmadrada. Al día siguiente recibo un e-mail de él y todo empieza otra vez. Al cabo de poco tiempo, comienzo a enviar y recibir unos diez e-mails al día. Cuando se acaban las bromas, empiezas a hacer preguntas, das un poco más de información sobre ti, y comienzas a fantasear. ¿Cómo es? ¿Deberíamos conocernos? Esto ocurre prácticamente de la noche a la mañana. A mí me pasó, en todo caso. Conectaba antes de irme al trabajo y al llegar a casa. Era divertido, pero cuando se lo conté a una amiga y me preguntó: "¿Qué dice Bill?", y contesté: "No lo sabe". Empecé a comprender que pensaba demasiado en ese tío. Por la reacción de esta amiga me di cuenta de que no lo aprobaba, y fue una buena sacudida, una llamada a despertar. Sobre todo cuando me dijo: "¿Qué harías si descubrieras que Bill hace eso mismo?" Esa noche le envié un e-mail al tío de Florida diciéndole que pensaba que no debíamos continuar. Claro que él contestó al instante: "¿Por qué no? No hacemos nada ilícito, no tenemos relaciones sexuales". Entonces logré justificarlo, fue como decir: "Ah, vale". Pero dejé de sentirme cómoda. Mi sentimiento de culpabilidad era demasiado grande. Bill se me acercaba cuando estaba en el ordenador a darme un beso en la nuca y yo me apresuraba a desconectar. "¿Qué es tan interesante?", me preguntaba, y yo contestaba: "Ah, nada, sólo estaba curioseando..." No era correcto. Al final puse fin a los e-mails. Cambié mi dirección y borré la de él. Suena dramático, pero se estaba convirtiendo en adicción».

Sara, 35, también emplea la palabra «adicción» para definir su aventura *on-line* de tres meses: «Estábamos pasando por un período difícil, como los pasa cualquier pareja. Sólo que normalmente lo solucionas con tu marido. Pero conocí a un hombre en Internet sin buscarlo expresamente, y empezamos a chatear. Él fue directo al grano. "¿Estás casada?", y yo le contesté: "Supongo que se podría decir que estoy casada", con lo que creo que di a entender que no era feliz. El asunto se disparó muy pronto. Yo le contaba lo que decía y hacía mi marido. Él me escribía diciéndome todo lo que yo deseaba oír; no podía comprender cómo alguien podía tratarme así. Luego decía que ojalá pudiera abrazarme para hacerme olvidar todo eso. Empecé a creer que él era la solución a mi problema. De hecho, le contaba todo lo que hacía Kenny, hasta lo más mínimo, y de pronto esto se convirtió en un tremendo problema. Lo empeoró todo. Era como una adicción, un escape. Creo que si Ken no se hubiera enterado, podría haber llevado más lejos la relación. Resulta que Ken lo descubrió, y fue horroroso. Rastreó los sitios que yo había visitado y con quién había hablado. Me vi obligada a decírselo. Al final deseé decírselo, porque quería resolver nuestros problemas, aunque eso significara separarnos. Ken se sintió terriblemente herido. "¿Por qué no hablaste conmigo?", me preguntó. Le dije que lo habría hecho, pero que me parecía que no podíamos comunicarnos sin pelearnos. Buscamos un terapeuta que nos hizo ver que ese tipo de aventura era muy común. Me sentí mejor al saberlo, pero sigo sintiéndome estúpida porque en lugar de enfrentar nuestros problemas busqué una distracción».

En realidad estas aventuras ciberespaciales son tan comunes que no sólo existen sitios web dedicados a quienes las buscan, hay uno que ofrece un «lugar pensado para hombres y mujeres casados de todo el mundo que desean encender de nuevo sus pasiones con un compañero *on-line*, evitando las complicaciones de un romance cara a cara». Hay otros dedicados a apoyar al cónyuge traicionado, y grabadoras que, por sólo 40 dólares (infinitamente más barato que cualquier detective privado), controlan discretamente y graban al instante cualquier mensaje, en el caso de que la persona sospeche que su cónyuge la engaña. El hecho de que existan sugiere que el secreto y la traición son importantes componentes de una relación virtual. La combinación de estas dos cosas, en opinión de las chicas casadas, significa que es una aventura extraconyugal, sea por el ciberespacio o no.

El follador famoso

Cuando Phillipa, 32, tuvo un encuentro sexual con un famoso jugador de fútbol americano no lo consideró una aventura, de ninguna manera. «Sí, nos acostamos pero eso fue todo. No hubo amor ni nada. Yo no le iba a pedir que dejara a su mujer, ni iba a dejar a Scott tampoco.»

Phillipa asegura que con todo lo que ama a Scott y, realmente lo quiere, acostarse con la estrella del deporte era una oportunidad que no podía rechazar. «¿Cómo iba a rechazarla? Me habría dado de patadas. Seguro que a Scott le fascinaría si lo supiera, secretamente, sabes. Sí, se pondría furioso al comienzo, pero una vez que se calmara, seguro que pensaría: "Ja, vaya, vaya. Mi mujer se acostó con ese tío. Él se sintió atraído por mi mujer..." Ya sabes cómo son los hombres.»

Scott no lo sabrá porque Phillipa no se lo dirá jamás. Dice que no significó nada para ella. De hecho, el sexo con la celebridad «no fue tan fabuloso, pero es algo que tenía que hacer, y siento un cierto cosquilleo cuando lo recuerdo o lo veo en la tele. Pienso: "Yo me acosté con él"».

¿Una buena e inofensiva diversión en la cama, o un grave peligro para el matrimonio? Por lo que a Phillipa se refiere, acostarse con una celebridad no es ningún peligro para el matrimonio. «Es decir, si Scott tuviera la oportunidad de acostarse con Gwyneth Paltrow, seguro que lo haría. ¿Cómo no iba a hacerlo? Yo me sentiría un poquitín insegura; querría saber cómo es ella. ¿Tiene un buen cuerpo? Pero no creo ni por un minuto que ella deseara fugarse para casarse con Scott. Lo mismo vale en mi caso. De ninguna manera eso iba a ser una relación. Él no se iba a casar conmigo. Y en todo caso, yo no podría soportarlo sabiendo que hay todas esas mujeres que, como yo, se acostarían con él en un abrir y cerrar de ojos.»

El que las celebridades estén tan alejadas de la vida real parece eliminar el sentimiento de culpa. Es una fantasía realizada, una escena de una película, uno no cree de verdad que vaya a ir más allá. Explica Phillipa: «Yo habría echado a correr si él hubiera deseado más». De todos modos, dado que la obsesión de la sociedad por los famosos continúa creciendo y empezamos a creer que las estrellas son iguales a nosotros, que son nuestros amigos, ¿no ha empezado a disolverse el límite entre las fantasías de Hollywood y la dura realidad? Además, la fama ya no es tan selectiva: el advenimiento de un nuevo enfoque de los programas de televisión demuestra que incluso personas como nosotros pueden convertirse en estrellas. Y le pregunto a Phillipa si habiendo conquistado a una celebridad no desea añadir otra a su lista de estrellas conquistadas, y luego otra y otra. «Digámoslo así, yo no sacaría a patadas a George Clooney de mi cama, pero ¿qué posibilidades tengo de conocer a George Clooney? Y aun en el caso de que lo conociera, ¿qué posibilidades hay de que él se acueste conmigo? No hay muchas probabilidades, ¿verdad?»

Lo que hace tan irresistibles las aventuras es esa embriagadora mezcla de excitación, deseo, placer y absoluta travesura. Un ligue con una celebridad es una dosis doble, por eso el ligue de Phillipa debería inspirar temor. El riesgo de adicción se puede comparar al de una droga clase A. La realidad del matrimonio inevitablemente será inferior a la fantasía de la celebridad, y generará falta de armonía y de satisfacción donde de otra manera no habría nada de eso. Enfrentémoslo, ¿qué hombre podría estar a la altura de la fantasía de George Clooney? Y ni siquiera hemos tocado los verdaderos destructores del matrimonio: la mentira, el engaño y la traición. Decir que «sólo fue sexo» puede ser un tiro por la culata si hace pensar al cónyuge traicionado que el cónyuge engañador es igual de despectivo respecto a su relación sexual.

El «ex» marca el territorio

Lilly, 31, casada hace cinco años, recuerda el regreso al sitio donde se criaron ella y su marido. Habiendo vivido en una gran ciudad, deseaban ofrecer un ambiente más sano y acogedor a su bebé. Pero el período de adaptación resultó difícil para los dos. Reanudar viejas amistades, el estrés de encontrar empleo para ambos y, al mismo tiempo, arreglárselas con el trabajo que da un recién nacido generaron un distanciamiento entre ellos. Así pues, cuando reapareció su viejo amor, ella fue vulnerable a su galanteo.

«Me topé con él por casualidad —recuerda—. Él no podía creer que hubiera tenido un bebé. Yo me sentía un adefesio, así que cuando alabó mi apariencia lo encontré muy seductor. Me dijo que deberíamos encontrarnos para beber algo, así que le pedí a mi madre que cuidara del bebé y quedé con él. Sabía que eso era jugar con fuego, pero...»

Guapo, inteligente, próspero... El ex de Lilly estaba tal como lo recordaba, y lleno de vida. Ya tenía su empresa propia, era seguro de sí mismo, nadaba en dinero. Mejor aún, era «conocido». Entre ellos no había silencios incómodos sino una historia compartida; además, él la colmaba de atenciones. «La situación era tremendamente halagadora. Deseé volver a verlo, así que cuando él me propuso un segundo encuentro, allí estaba yo. Era tan agradable y, por un tiempo, placentero, vivir esa fantasía en que yo era simplemente yo, no una madre ni una esposa, solamente yo. Nos besábamos y tonteábamos muchísimo. Luego comenzó a presionarme. Me decía cosas como: "Deberías haberme esperado, deberías haberte casado conmigo. Es sencillo conseguirte el divorcio, conozco a alguien que puede hacerlo". Yo le contestaba: "Oye, no puedo hacer eso, tengo un hijo, tú no eres su padre", y él insistía: "Eso no importa. Nos puede salir bien, lo tenemos todo para que sea así". Todo era absolutamente seductor. Era como estar a régimen y tener delante un enorme trozo de pastel de chocolate. No puedes quitarle los ojos de encima. Sabes que está mal, sabes que no debes hacerlo, pero la boca se te hace agua. Es decir, era un tío muy atractivo, muy seductor, y aunque mi marido es muy inteligente, sé que este chico era mucho más parecido a mí intelectualmente. Y, claro, me deseaba taaanto. Yo no entendía por qué lo encontraba tan atractivo cuando quiero a mi marido y el sexo era bueno entre nosotros. Pero ahora sé que todo se debía a que tenía erosionada la seguridad en mí misma. No estaba trabajando, me sentía fea, me sentía sola. Así que esto continuó hasta que encontré un trabajo y de repente comencé a pensar que ya no lo necesitaba. Le dije que tenía que dejar de verlo. Ya me sentía capaz de gustarme y de volver a centrar la atención en mí, podía volver a enamorarme de mi marido y valorar mi pequeña familia.»

Las chicas casadas hablan del atractivo del ex novio, el que «se escapó». Hablan de los «¿y si...?», y a veces de los «ojalá...» Y es justamente porque son tan conocidos (conocemos sus puntos malos y sus puntos buenos y continuamos encontrándolos atractivos) que pueden introducirse peligrosamente en medio de una pareja cuya relación ya está embrollada. Escapar de tu marido para arrojarte en los brazos de un hombre que te ama a pesar de que conoce tus defectos es muy, muy seductor. La mayoría de las aventuras caen por la borda cuando se acaba la fantasía y se convierten en verdaderas relaciones. Pero ésta tendría bastantes posibilidades de supervivencia, ¿verdad? Igual podría sobrevivir. Algunas sobreviven. Pero, finalmente, toda relación experimenta trastornos y llega un momento en que se nos agota la reserva de ex novios que nos distraigan de los problemas centrales. Los estudios revelan que si una relación de aventura reemplaza la del matrimonio, finalmente se ve sometida a las mismas tensiones pero tiene el doble de probabilidades de derrumbarse. Esto podría explicar por qué se divorcian el 75 por ciento de aquellos que se casan con personas con las que han tenido una aventura extraconyugal. Un seguro mucho más eficaz es optar por la comunicación y el compromiso para resolver los problemas, por dolorosos que sean, en lugar de huir de ellos.

La venganza

Afirma Patti: «Si alguna vez descubriera que Tim está metido en una infidelidad, creo que yo podría hacer algo igual para sentirme mejor. Creo que iría y tendría una aventura sólo para desquitarme».

¿No hemos pensado eso todas? La competición entre esposas y maridos es un tema común hoy en día. ¿Quién gana más? ¿Quién tiene más categoría? ¿Quién hace la mayor (o la menor) parte del trabajo doméstico? Ahora que las mujeres son menos esclavas de su matrimonio, piensan en otro tipo de aventura: la movida por la venganza.

Este tipo de aventura ocurre cuando el cónyuge traicionado intenta calmar su dolor. Al sentirnos heridos, es tentador el deseo de herir más aún al otro, devolver una traición como quien devuelve una pelota al contrincante en un partido de tenis, o un argumento a un cliente tozudo en el campo de trabajo. Se trata de ganar a toda costa. Pero la victoria suele ser de corta duración y rara vez gratificante.

Dice Alice, 35: «Hiciera lo que hiciera John para pedirme perdón por haberme engañado, yo no podía quitarme la rabia. Por mucho que intentara hacer las paces conmigo con regalos, cumplidos y viajes, la rabia seguía ahí, hirviendo en mi cabeza. Comprendí, incluso antes de conocer al hombre con el que tuve la aventura, que tenía que tenerla. Y no hice mucho por mantenerla en secreto. En realidad, quería que John la descubriera para que sufriera igual que había sufrido yo. Tenerla en secreto no me bastaba, no me bastaba saber que había tenido la aventura, necesitaba ver a John herido. De hecho, me sorprendió que él no lo descubriera antes. Aunque creo que él lo sospechaba, pero evitaba enfrentarse al problema; no sé».

Durante una pelea que ella provocó, dice, para hacer supurar su herida, le dijo a John que había tenido un amante de una noche. Lo que no le dijo fue que había sido una mala experiencia y que se sentía avergonzada («Fue tan horrible...»); sólo quería demostrarle que ella era tan capaz como él de tener un amante. Pero la reacción de John no fue echarse a llorar ni expresar un profundo dolor. «Se quedó callado. Fue horroroso. No quiso hablar del asunto. Esa noche se fue a casa de un amigo. Cuando volvió al día siguiente a buscar algunas cosas, conseguí hacerlo hablar. No habló mucho, pero me dijo que esa aventura suya ocurrió cuando estaba borracho. Eso lo sé, había estado en una despedida de soltero y la resaca le duró tres días. Así que sé que tuvo que haber estado muy, muy borracho. Me dijo que lo que realmente le dolía era que mi aventura había sido calculada para herirlo. Era cierto. La tuve con el único fin de lastimarlo, y hasta yo me di cuenta de que era diferente.»

Aunque la historia ha sido turbulenta, Alice y John continúan casados.

También Lara, 39, que lleva diez años casada con Geoff. Afirma Lara: «Sé que tuvo una aventura a comienzos de este año. En realidad, sospecho que ha tenido aventuras antes, pero de ésta no tengo dudas. Yo hacía muchos viajes por trabajo y él también, y cuando estábamos los dos en casa, yo notaba un distanciamiento, así que una vez que salió de viaje revisé sus e-mails. Geoff se habría enfurecido si lo hubiera sabido, porque es tremendamente reservado, pero fue más fuerte que yo. Descubrí que había conocido a alguien en su club de squash y que habían tenido varios encuentros. Aunque me dolió muchísimo, no lo enfrenté. En lugar de eso, decidí tener una aventura. Sí, puedes llamarla aventura por venganza, y creo que está bien mientras no dure demasiado tiempo. La infidelidad de Geoff ya acabó, la mía también, y nuestra relación está mejor que antes, pero no descarto del todo la posibilidad de que cualquiera de los dos vuelva a tener otra aventura».

El amigo para «follar»

¿Te acuerdas de aquel amigo íntimo con el que teníamos un pacto cuando éramos solteras? El pacto consistía más o menos en lo siguiente: si ninguno de los dos tiene pareja para pasar la Nochevieja, la pasaremos juntos. Si ninguno de los dos ha encontrado pareja cuando tengamos 35 años, tendremos un bebé juntos. Ahora que estamos casadas, le decimos, si ninguno de los dos tiene relaciones sexuales, ¿por qué no lo hacemos juntos? Sin compromisos, seguimos siendo amigos. ¿Qué podría ser mejor?

El problema es que ya no estamos solteras. Ay, esa época libre de preocupaciones. ¿Por qué un simple revolcón tiene que ser tan complicado ahora? Haya o no haya hijos, la responsabilidad eclipsa el deseo sexual, por muy libres que nos consideremos. Es posible que ya hayamos enfrentado nuestra mortalidad en más de una ocasión y comprendamos que la mayoría de las cosas, incluso la vida, tienen una conclusión.

En el caso de Patsy, su amigo para follar deseaba una relación estable; quería dejar a su esposa. Su aventura con Patsy tenía más carga emocional que física. Patsy, en cambio, realmente lo único que deseaba era sexo. Señala: «Ah, yo soy muy buena para compartimentar. Es lo mismo que pensar en las personas con quienes trabajas. Sabes que tu jefe es un gilipollas total, pero sigues siendo agradable con él. Es un recurso asqueroso, pero útil. Yo sabía que la aventura sería un asunto importante para su esposa, como lo sería para mi marido, pero supongo que fue un momento en el que decidí pensar en mí, y no en otra persona».

Trabajo y diversión

Karen, 37, trabaja en el competitivo mundo de las revistas, en que la pasión y la entrega al trabajo son tan esenciales como el talento. Recuerda la atracción sexual que sintió por un compañero con el que trabajó codo a codo para asegurar un lucrativo negocio. «Encontré estupendo a Gee desde el día en que formamos equipo para ocuparnos de ese importante lanzamiento. Organizaba almuerzos con él con el pretexto de que nuestra creatividad fluía mejor fuera del despacho. Supongo que nuestra pasión común, y mutua, era irresistible. Una noche al salir del trabajo le propuse que fuéramos a su casa, y fuimos. La empresa donde trabaja mi marido usa el mismo servicio de radio taxis que la mía, y cuando él regresaba a casa en uno de ellos oyó por la radio que yo necesitaba un coche que me pasara a recoger por la casa de Gee. ¡Qué pifia!»

No es de extrañar que la infidelidad vaya en aumento. El trabajo es el lugar de inicio de la mayoría de las aventuras. Los ambientes profesionales muy intensos en que priman el trabajo en equipo y los intereses y objetivos comunes son el campo de cultivo perfecto. Mejor cualificadas y más centradas en su profesión que sus madres, la nueva generación de casadas está consagrada a su trabajo, incluso después de tener hijos, lo cual significa que comparten con los hombres los inevitables vínculos de empatía y camaradería que se dan en un trabajo apremiante. Y esto muchas veces despierta pasiones mutuas que se terminan resolviendo en la intimidad.

Una profesional corriente pasa 52,5 horas a la semana en el trabajo. Teniendo en cuenta esto, yo siempre ofrezco trabajo a personas que no sólo me caen bien personalmente sino que además sé que se llevarán bien con los demás miembros del equipo, con quienes posiblemente, y es de esperar, van a formar estrecha amistad. Después de todo, digo yo, pasamos más tiempo con nuestros compañeros de trabajo que con nuestros maridos o esposas.

A una encuesta por ordenador realizada en el año 2000 por la revista *Elle* (EE.UU.) y MSNBC.com contestaron 30.000 personas que revelaron sus actitudes hacia los romances de oficina. La edad promedio entre los que contestaron era de 33 años entre las mujeres y de 36 entre los hombres; la mayoría tenía trabajo asalariado y licenciatura o estudios superiores. Más del 40 por ciento reconocían haber tenido una aventura con un compañero de trabajo; de éstos, el 42 por ciento estaban casados o tenían una relación importante en el momento de esa aventura.

En el trabajo las mujeres complementan su capacidad para escuchar, atender a otros y hacer tareas múltiples con una mayor seguridad en sí mismas, pragmatismo y capacidad de compartimentar. Éste es un modus operandi que se infiltra en todos los aspectos de sus vidas, desde las más sencillas tareas domésticas (si ésas no las hace una asistenta o su marido) a las decisiones más complejas respecto al amor y al sexo.

Así como alegar que la monogamia para toda la vida podría no ser, después de todo, un estado natural para las mujeres y los hombres, la infidelidad es, bueno, un peligro ocupacional para las chicas casadas si la «falta de respeto» es lo que encuentran en casa. ¿Esperar que llegue a casa el marido? ¡Bah! ¿Tolerar un comportamiento aburrido, grosero o de malos modales? Ni hablar. Si bien sabemos que nuestros colegas tienden a presentar lo mejor de sí mismos en el trabajo, distamos mucho de ser indiferentes a ese atractivo superficial. Y no consideramos humillante el coqueteo. De hecho, Janet Lever, la analista y autora de la encuesta de *Elle/MSNBC*, socióloga de la Universidad Estatal de California en Los Ángeles, afirma: «El 34 por ciento de las mujeres dicen que explotan su atractivo sexual en el trabajo, mientras que entre los hombres sólo un 20 por ciento lo hace». Más aún, añade: «Suponíamos que serían más las mujeres que dirían que son reacias a mostrarse amistosas, no sea que sus compañeros crean que su actitud está motivada por interés sexual, pero descubrimos que es al revés».

No se revela cuántas de las personas que instigaban la aventura eran mujeres, pero puedes olvidar el viejo cliché de la secretaria melancólica a la que su superior masculino enamora perdidamente. Con toda probabilidad, la chica casada es la jefa. Y aunque no lo sea, es tan probable que sea la cazadora como la cazada.

Tomemos el caso de Dawn. Tuvo una breve aventura con un colega de su departamento. «Ah, sí, yo le fui detrás. Sabía que se sentía atraído por mí, pero fui yo la que llevé el asunto más allá del coqueteo en la oficina. Asistimos juntos a un congreso. Lo estuve mirando durante un seminario que era tan aburrido que creí que me iba a morir. Cuando él me miró le hice un guiño. Después, en el bar, me acerqué a él y le dije: "Encontrémonos después de la cena". Para ser franca, en esa fase yo no pensaba en aventura ni nada de eso. La mayoría de los asistentes al congreso eran personas más bien mayores, aburridas, aburridísimas. Así que sólo quería escapar del tedio. Pero cuando nos encontramos, lo pasamos superbien, después salimos a dar una vuelta por la ciudad para tomar el aire, y la cosa simplemente ocurrió. Los dos estábamos un poco borrachos, la verdad es que muy borrachos, y empezamos a besarnos. Una cosa llevó a la otra y acabamos haciéndolo en el parque. Fue agradable, pero para mí sólo fue sexo. Desgraciadamente, después del congreso él quería seguir viéndome, y durante un tiempo las cosas fueron un poco violentas. Pero ahora somos bastante buenos amigos. Creo que tiene una relación, y eso lo hace más fácil.»

Según la encuesta de *Elle*/MSNBC, más o menos la mitad de las personas que aceptaron haber tenido una aventura de oficina (casadas y solteras) dijeron que su romance no había causado problemas en su trabajo. Un tercio dijo que la situación había sido violenta durante los primeros dos meses después de la ruptura; un 12 por ciento opinaron que por lo menos uno de los dos había dejado la empresa o pedido el traslado después de la ruptura. Sólo a un 3 por ciento los despidieron por la transgresión.

Sin embargo, el 9 por ciento afirmaron que la aventura llevó a la separación o divorcio a uno de los miembros de la pareja. Esto es algo que Sandy estuvo muy cerca de que le ocurriera. «Trabajo para una enorme empresa, que tiene oficinas repartidas por toda la ciudad, así que en realidad Steve y yo no nos conocimos en el trabajo, sino a través del trabajo. En realidad contactamos por e-mail. Comenzó con una simple pregunta que le hice acerca de una operación. Él contestó a mi pregunta y me hizo otra. No tardamos mucho en tener una especie de correspondencia por e-mail. En dos semanas pasamos de nada a cien mensajes. Sus e-mails eran las cosas más divertidas que he leído en mi vida. De hecho, para empezar, yo le explicaba a mi marido Chris lo que había escrito Steve y nos reíamos juntos. Además, Steve también estaba casado, y yo le preguntaba por su mujer. En todo caso, recuerdo que más o menos un mes después del primer e-mail, un viernes no recibí nada de él y me sentí tan desilusionada que estuve de mal humor todo el fin de semana. Había estado enfermo y cuando volvió al trabajo el lunes me envió un e-mail inmediatamente. Fue increíble, yo volví a sentirme en el cielo, así que cuando me dijo: "¿Por qué no almorzamos juntos?", yo pregunté: "¿Dónde? ¿Cuándo?"

»La primera vez que nos encontramos no sentí un deseo instantáneo. Normalmente me gustan los tíos altos, morenos, delgados. Steve era de mi altura, incluso un poco más bajo, y rechoncho. Pero almorzamos y, sinceramente, cuando estábamos tomando nuestros capuchinos yo ya estaba enamorada de él. Realmente era muy inteligente; me sentía como si lo conociera de toda la vida. Entonces Chris tuvo que pasar una noche fuera por su trabajo. Lo curioso es que yo le dije que lo echaría de menos, y lo decía en serio; el simple hecho de que adorara a Steve no significaba que me hubiera desenamorado de mi marido. Chris incluso me preguntó por Steve. Era algo surrealista. Más surrealista aún fue que mientras Steve y yo hacíamos el amor en mi apartamento mientras Chris estaba ausente, yo ni siquiera pensé en él. Era como si los dos mundos, yo y Steve, yo y Chris, estuvieran totalmente desconectados. Pero, claro, comencé a sentirme culpable. No obstante, seguía viendo a Steve y le decía: "Es horrible lo culpable que me siento por Chris", y luego hacíamos el amor. Steve se sentía igual. No obstante, con el paso del tiempo, algunas noches el sentimiento de culpa nos hacía imposible pensar en el sexo. Nos sentábamos frente a frente y tratábamos de comer, pero sólo podíamos hablar de nuestras respectivas parejas y de cómo se sentirían si supieran lo nuestro.

»La muerte de la madre de Steve fue lo que nos llevó a dejarlo. Él quedó destrozado. Y yo me sentía tan mal que no podía estar a su lado para consolarlo. Además, yo no conocía a su madre y ella, en cambio, había estado muy unida a la esposa de Steve. Yo creo que eso fue lo que finalmente se interpuso entre nosotros. Lo vi dos semanas después de la muerte de su madre, y estaba distinto. Recuerdo que cuando iba en el tren de vuelta a casa me sentía destrozada, lloré durante todo el trayecto. Sabía que había llegado el fin; simplemente no alcanzaba a imaginarme cómo sería vivir sin él. Y no le podía explicar a Chris por qué me sentía tan mal. Fue absolutamente horroroso. Steve dejó de enviarme e-mails. Me llamó una vez al trabajo y yo lo llamé un par de veces para preguntarle cómo estaba, pero la conversación fue tensa y difícil. La última vez que hablamos, hace casi un año, me dijo que su mujer y él estaban intentando tener un bebé. Ni siquiera sé si ya lo tienen. Él trabaja en otro edificio así que no hay posibilidades de que alguna vez nos encontremos. Cuando recuerdo esa época me siento culpable, pero en general mi sentimiento es de tristeza. ¿Habría dejado a Chris por él? Ésa es una pregunta difícil. Quiero a mi marido y se ha portado maravillosamente. Ha soportado mis cambios de humor, aun sin entenderlos. Pero quedé tan apenada por Steve que no quiero hacer pasar jamás a Chris por eso. Se merece más.»

Cuando le pregunto a Karen sobre las consecuencias que tuvo en su matrimonio la aventura «fallida» con un colega de la revista, contesta: «Digamos que no fue agradable. De hecho, fue una pesadilla. Pero hizo aflorar muchos problemas que necesitábamos tratar». Le pregunto si volvería a ser infiel. «Mmm, no lo creo. Es decir, nunca se puede decir nunca, pero si lo hiciera, ciertamente tendría más cuidado.»

Por qué es adictiva

Las esposas de la nueva generación coinciden en que en la aventura la maraña de emociones es molesta y, con más frecuencia que menos, pesa más que la diversión o el placer. Sin embargo, si bien en el meollo de la infidelidad rara vez está sólo la simple búsqueda de sexo, éste nunca está muy lejos. Lo cierto es que las relaciones sexuales que tenemos durante una aventura son potentes e inolvidables incluso años después que ha terminado la aventura.

Sería fácil suponer que los recuerdos o explicaciones de la aventura sexual estuvieran cargadas de nostalgia, pero no es así. Sin embargo, las infidelidades de las chicas casadas rezuman pesar, pesar por haberse visto obligadas a buscar consuelo fuera del matrimonio, pesar por el fracaso de la aventura, pesar por haberse precipitado a ella con demasiada inconsciencia, por su intensidad o tal vez por su poca intensidad.

La realidad es que el encuentro sexual con un amante circunstancial es distinto a cualquier otro tipo de relación erótica. Mientras el de la novia soltera es dichoso y libre y el conyugal es tranquilizador e íntimo, el sexo con el amante prohibido no es nada de esto; es único. Sin embargo, las palabras y frases que se repiten para definirlo nos suenan conocidas si alguna vez hemos cedido a la tentación de beber una copa de champán más, fumar un cigarrillo más, o incluso darnos un hartón de comprar cuando deberíamos estar ahorrando. Aquí van algunos de esos calificativos que siempre llevan implícito un subtexto:

- **Erótico:** cuando no os podéis juntar, habláis de sexo por el móvil o por e-mail, y procuráis hacer realidad las fantasías cuando os encontráis.
- **Excitante:** mucho drama, mucha intriga, la adrenalina está a tope.
- **Infrecuente:** puesto que los momentos son escasos, los esperamos. Cuanto menos frecuente es el sexo, más aumenta nuestro deseo.
- **Intenso:** cuando no hay tiempo para estar horas y horas disfrutando, el enfoque está centrado en el máximo de placer con el mínimo de tiempo.
- **Prohibido:** nada es tan deseable como lo que sabemos que no debemos hacer o tener.

- **Novedoso:** como cualquier variación de la norma, su novedad nos encanta, nos desafía y nos sorprende.
- **Apasionado:** la expectación y, por lo tanto, el mayor deseo, nos hace ávidas y desesperadas por obtener satisfacción.
- **Rápido:** lo que nos hace saborear hasta el último segundo.
- **Voluptuoso:** en el comportamiento atípico se manifiestan sentimientos atípicos, y por eso muchas mujeres dicen haber probado juegos eróticos con el amante que ni soñarían hacerlos con sus maridos.
- **Desmadrado:** los deseos reprimidos se liberan cuando no estamos agobiadas por las obligaciones domésticas o el entorno.

Una de esas definiciones o una combinación de ellas es justamente el motivo de que la infidelidad sea tan irresistible y adictiva. A cualquiera que haya sido adicta a cualquier cosa remotamente peligrosa, como drogas, alcohol, juego, comprar sin control o tener amantes, dejarlo puede resultarle más difícil que tratar las consecuencias de la adicción. Normalmente lo que obtenemos de la adicción está en proporción directa a lo que nos falta en la vida. Cuanto más abandonadas no sentimos en el matrimonio, más ansiamos la atención que recibimos en una aventura y más adictas somos a ella.

Afirma Dawn: «Si mi vida sexual con mi marido hubiera sido excitante y apasionada, probablemente no me habría interesado el sexo con ningún otro». Por eso es muy inteligente espolvorear el matrimonio con algunos de los elementos adictivos de la aventura sexual, como por ejemplo sexo rápido al aire libre o una apasionada y lasciva cita en un hotel.

La parte positiva de una aventura

Sería irresponsable decir que tener una aventura es un remedio para un matrimonio que se está desmoronando. Sin embargo, no sería una evaluación correcta decir que todas las aventuras llevan al divorcio. (En la encuesta *Generación X 2002,* realizada por Youth Intelligence, el 60 por ciento de los encuestados dijeron que darían una segunda oportunidad a sus parejas o recurrirían a terapia matrimonial, para descubrir y tratar las causas de la infidelidad.) En realidad, algunas aventuras terminan siendo una ayuda para el matrimonio al estimular la puesta en marcha de una vida sexual insuficiente, haciendo aflorar los problemas y obligando a las parejas a sentarse a hablar de ellos.

En el caso de Karen, ella sentía que su marido no se tomaba en serio ni a ella ni a su trabajo. «Él tiene un mejor sueldo y es vicepresidente decano, así que pensaba que mi trabajo no era importante y que yo sólo me limitaba a mover papeles. Eso me enfurecía. Cuando conocí a Gee, él me escuchaba y respetaba mis opiniones. Estábamos trabajando juntos en un proyecto en el que mis ideas y participación eran tan importantes como las suyas. Un día pensé, pues mira, soy inteligente, soy atractiva, ¿por qué no? Cuando Charlie lo descubrió se puso furioso. Me dijo que le había faltado al respeto. "¿Que yo te he faltado al respeto a ti? ¿Y todas las veces que tú me has faltado al respeto a mí? ¿Y cuando les dices a tus amigos que el trabajo de Karen no es trabajo, lo único que hace es jugar? ¿No es falta de respeto eso?" Son burlas, y llega un momento en que te hartas. Empiezas a pensar que no vales nada. Cuando Charlie descubrió lo mío con Gee, casi nos separamos. Pero en realidad, ninguno de los dos lo deseaba, así que nos pusimos a hablar de nuestro matrimonio, sinceramente fue difícil porque ninguno de los dos somos particularmente buenos para la introspección. Pero yo le dije que no era la "conejita" divertida y sin sesos y que la única manera de que funcionara nuestro matrimonio era que él lo reconociera. Ahora me pregunta por mi trabajo y nunca lo toma a broma. Yo puedo hacer bromas con mi trabajo, pero él no. Ahora nos tratamos casi como a iguales.»

A veces una infidelidad puede tener un efecto estabilizador en el matrimonio (¿quién sabe?) En el caso de Lilly, sucedió así. Ella se sentía muy atraída por su ex novio, que fue su válvula de escape emocional cuando el estrés del traslado a un entorno nuevo la hizo reconsiderar su matrimonio. Mientras su cónyuge buscaba trabajo y los dos hacían frente a los problemas, ella podía desahogarse con su amante para después volver a su marido sintiéndose más feliz, más tranquila y seductora. Aliviar la tensión temporalmente va muy bien y es bueno, pero sólo hasta que el amante se cansa de ese papel y exige un compromiso más profundo, que fue lo que le ocurrió a Lilly. Pero ella reconoce que tener esa breve aventura le impidió tomar una decisión precipitada respecto a separarse.

Una aventura puede hacer valorar al marido y todos los aspectos positivos del matrimonio. Sí, puede que él sea un cabrón de mal genio (pero tú sabes ser lagarta también a veces, ¿eh?) Sí, deja abierta la tapa del váter (pero, oye, tú dejas discos de algodón junto al lavabo). No, ya no te trae flores, o por lo menos no con tanta frecuencia como cuando salíais. Y sin embargo...

Dice Trish: «Aunque me costó dejar de ver a Len, creo que me habría cansado del secreto. Además, Len no era tan inteligente como Jason, mi marido, y hacia el final yo me sorprendía repitiendo cosas que me había dicho Jason. Len me miraba perplejo, como si no tuviera idea de qué hablaba yo, cosas de política, sabes, de economía y eso me hizo comprender lo atractiva que es la inteligencia de Jason. Sigo sintiéndome culpable por haber tenido esa aventura, pero en muchos sentidos ayudó a mi matrimonio. Comprendí que la hierba no es más verde al otro lado. Tal vez lo es al principio, pero pasadas las primeras semanas, cuando se ha apagado la pasión, comienzas a conocer al otro de verdad. Entonces te das cuenta de que tiene los mismos problemas con su familia, los mismos problemas en el trabajo, y comienzas a ver que también está un poco deprimido. Y entonces piensas: "¿Por qué hago esto? ¿Vale de veras la pena dejar a mi marido por este hombre?"»

Tener una aventura con el fin de encarrilar el matrimonio es simplemente una absoluta estupidez. Pero incluso de las infidelidades más largas puede salir una mejor comunicación, lazos más fuertes y mejor sexo entre esposas y maridos. Aunque más del 50 por ciento de los matrimonios actuales podrían estar coexistiendo con alguna forma de aventura, sólo el 25 por ciento de los divorcios se fundamentan en infidelidad, lo cual sugiere que ésta no tiene por qué señalar el fin del matrimonio. Bien *podría* ser el comienzo de un matrimonio mejor aún.

GUÍA PARA DESPUÉS DE LA AVENTURA

Cuando una chica casada engaña, su motivación no es el deseo de divorcio. Como sabemos, las aventuras les ocurren a mujeres y hombres por todo tipo de motivos: falta de atención, sensación de no ser apoyada, o de falta de respeto, experimento, alivio de la presión, puro impulso. Pero una vez que la aventura pierde vigor o se descubre, aceptar o reparar las consecuencias puede ser más agotador, desconcertante, doloroso y estresante que una cumbre de la ONU. Se interrumpen las conversaciones, se crispan los nervios y muchas veces se tiene la impresión de que hablan en distintos idiomas, pero el divorcio no es la única opción. Ya sea que hayas engañado tú o sido la engañada, hay un largo camino por recorrer antes de renunciar a la pelea.

- **Comprende**, trata de averiguar lo que causó la aventura. ¿Fue una atracción puramente animal o había un motivo soterrado que te movió a actuar siguiendo lo que te pareció un impulso? ¿Fue realmente un interés común por la arqueología lo que te inspiró la atracción o una falta de objetivos comunes en tu matrimonio lo que te apartó de tu cónyuge?

- **Dedica tiempo** a hablar, no sólo una hora en una cafetería, sino una y otra vez en casa. Si has engañado, eso te servirá para comprender la verdadera causa. Además, ¿no le debes una explicación a tu pareja? Si has sido traicionada y sientes la necesidad de acabar con todo, date tiempo para comprender las explicaciones, tiempo para hacer muchas preguntas.

- **Sé completamente sincera.** Éste es el momento de la verdad, la oportunidad para sacarlo todo. Por hiriente, doloroso, tonto o pueril que te parezca, es necesario abrirte y desnudar tu alma. Sólo podéis continuar adelante cuando los dos estéis al tanto de hasta el último pensamiento y sentimiento.

- **Reconoce** que un problema en la relación rara vez es unilateral. En lugar de decir: «Tú tienes la culpa de que yo sintiera esto», reemplázalo por: «Sentí esto cuando...» Los dos miembros de la pareja deben aceptar su parte de responsabilidad.

- **Analiza** todas tus opciones. ¿Realmente deseas separarte? ¿Podríais continuar juntos para revisar vuestra relación durante uno, tres, seis meses? ¿Serviría una terapia de pareja? ¿Podría contribuir a una solución un cambio práctico en las circunstancias laborales en el hogar o en la familia?

- **Recuerda** todos los motivos que os hicieron enamoraros mutuamente. Al margen de quién ha engañado, los dos debéis dar voz a esos motivos.

- **No te imagines** que la reconciliación se va a producir de la noche a la mañana. Es posible que cualquiera de los dos se sienta aliviado porque la aventura ha salido a la luz y esté dispuesto a continuar, pero las repercusiones de una aventura pueden ser grandes, y las personas se recuperan a un ritmo distinto.
- **Acepta** que los celos y la inseguridad van a ser problemas grandes un largo tiempo. Si tú has engañado, es posible que tu marido se sienta inmensamente posesivo. (Algunas chicas casadas que han tenido aventuras dicen que han sentido repentinos ramalazos de control y posesión hacia sus maridos, al imaginar la posibilidad de una infidelidad por venganza.) Ten presente que una aventura destroza como ninguna otra cosa la autoestima del cónyuge.
- **Reconoce que la confianza** tardará un tiempo en restablecerse. Si has engañado, acepta que tu cónyuge se muestre desconfiado los primeros dolorosos meses y te ponga exigencias insensatas. Te corresponde a ti adaptarte a esas exigencias, pero haz promesas solamente cuando puedas cumplirlas. Es decir, no prometas estar en casa a las siete y media de la noche cuando sabes que podrías tener problemas con el tráfico. Podrías prometer llamarlo cuando salgas del trabajo o cuando llegue a la estación tu tren. Si has sido tú la engañada, intenta imponer exigencias factibles. Mientras no se restablezca la confianza prometed ir a actos sociales juntos, compartir más actividades, acostumbraros nuevamente a ser pareja, y a haceros bromas o señales silenciosas que sólo entendéis los dos.

- **No olvides** el poder sanador del sexo. Hayas sido tú la engañada o la infiel, tener relaciones sexuales con tu cónyuge podría ser lo último que se te ocurriera, pero restablecer la intimidad va estrechamente unido con restablecer la confianza. Si tu marido ha sido infiel, podrías sentirte furiosa, herida y rechazada, y sin embargo al mismo tiempo ansiar intimidad. También podrías querer demostrarle que eres tan excitante sexualmente como su amante. Si fuiste tú la infiel, muchas emociones igualmente contradictorias podrían generar barreras sexuales: culpa, remordimiento, vergüenza, rabia, incluso aflicción por la pérdida de tu amante. Te podría suceder que quisieras tranquilizar a tu marido con muestras de ternura, pero no te atrevieras a hacerlo por temor a que tus insinuaciones sean mal recibidas y rechazadas. Pero la intimidad sexual no equivale necesariamente a coito. Las caricias, arrumacos, besos y abrazos son unidades estructurales eficaces y necesarias.

- **Busca consuelo** y fuerza en tu identidad. Si habías caído en el error de pensar que sólo tu marido daba sentido a tu vida (lo que podría haber sido causa de tu aventura si comenzaste a sentirte ignorada, o podrías sentirte así ahora como consecuencia de la infidelidad de tu marido), recupera tu identidad. El éxito, los logros personales y las amistades íntimas que te quieren por lo que eres te capacitarán y nutrirán. Una vez que seas fiel a ti y te sientas feliz con lo que eres, serás feliz con tu vida, sean quienes sean las personas con quienes decidas vivir.

5
El poder y la gloria

«*El tiempo en que las mujeres rodaban por el suelo y recibían los golpes ha quedado atrás. Tenemos el poder para ser cualquier cosa y tener lo que deseemos. Desde que más mujeres trabajan y viajan, vemos lo que es posible, lo que podemos lograr si nos esforzamos y vamos en pos de aquello a lo que tenemos derecho.*»

LINDA, 34

Golda Meir, Margaret Thatcher, Sandra Day O'Connor, Oprah Winfrey, Donna Karan, Barbara Walters; todas han sido modelos de poder femenino. Estas mujeres y otras llegaron a su posición de poder a pesar de la sociedad patriarcal. Pese a muchas desventajas, combatieron el sistema y ganaron, demostrando que las mujeres saben ejercer el poder en beneficio de todos. En parte fantasía femenina, en parte pesadilla masculina, estas mujeres traicionaron algunos valores de la tradicional debilidad femenina, cambiaron la historia y demostraron que ellas pueden hacerlo.

La fuerza o la capacidad de éxito femeninas ya no son anomalías; por suerte ha quedado atrás la época en que se sentían obligadas a comportarse como hombres, se engominaban el pelo para dejárselo como cascos y se ponían hombreras que las hacían parecer jugadores de fútbol americano para compensar su feminidad. Porque si despreciábamos la actitud recatada de las mujeres anteriores al feminismo, sentíamos una antipatía casi igual por los extremos a que llegaba el feminismo. La actitud respondona y mandona de las feministas de fines de los años 70-80 sin lugar a dudas nos hacían poner en tela de juicio la distribución del poder, pero nos sentíamos intimidadas y tiranizadas. No deseábamos odiar a los hombres; no queríamos posiciones privilegiadas simplemente porque éramos mujeres; no anhelábamos tener que ladrar, echar bravatas y usar tontas corbatas, tampoco ansiábamos tener que dejar de depilarnos las piernas, maquillarnos, suprimir nuestra feminidad o no casarnos simplemente porque eso apestaba a subyugación. Al fin y al cabo, el verdadero poder es elegir y vivir la vida como deseamos, no es ser obligadas a hacer los papeles que los demás (mujeres y hombres) consideran los correctos para nosotras. Y esta actitud es justamente la que caracteriza el posfeminismo.

Todo se reduce a la autoestima, de la que no carecen las nuevas generaciones de casadas. Informes de los años noventa afirmaban que los chicos y las chicas están igualmente seguros de sí mismos hasta la adolescencia, momento en el cual las chicas sufren un bajón (o «se dan contra la pared») del que muchas nunca se recuperan totalmente. Sin embargo, estudios recientes revelan que esa idea es muy exagerada. Una investigación más exhaustiva, realizada por Kristen Kling y sus colaboradores en la Universidad de Wisconsin, en Madison, en 1999, basada en 216 estudios con más de 150.000 personas, revela que la diferencia en la autoestima entre hombres y mujeres es escasa, de sólo un 0,21 (esta diferencia llega a una cima de 0,33 a finales de la adolescencia, pero tiende a disminuir con la edad). En una declaración, Kling concluía: «Esta pequeña diferencia entre los sexos sugiere que los hombres y las mujeres somos más similares que diferentes, en cuanto a autoestima se refiere».

En este informe el equipo se negaba a restar importancia a la existencia de presiones sexistas muy reales, con las cuales, por desgracia, siguen encontrándose las mujeres de todas las edades. Pero Kling y sus colegas observaban que muchas mujeres desarrollan una amplia variedad de mecanismos y estrategias para arreglárselas, que las hacen mucho más fuertes y capaces ante las actitudes sexistas de lo que se supone corrientemente. No, no dan una respuesta definitiva a este problema, pero su informe afirma que sus descubrimientos ofrecen «una importante alternativa a la opinión predominante en la prensa popular de que las mujeres son víctimas pasivas que tienen baja autoestima».

¿Víctimas pasivas con baja autoestima? No me hagas reír. Sí, muchas mujeres aún sufren por tener una imagen corporal fuera de los valores actuales y tienden a infravalorarse físicamente, pero ¿víctimas pasivas? ¿Poca autoestima? Según Christine Stolba, asesora en asuntos económicos del Independent Women's Forum, «Simplemente eso no cuadra con la evidencia. Los defensores de la "perspectiva mujeres víctimas" recurren a estadísticas y anécdotas seleccionadas para ilustrar su teoría. Si bien las mujeres se enfrentaron a la discriminación en el pasado, la historia de sus recientes éxitos merece contarse».

Ésta es la historia que merece contarse: la mayoría de los títulos (licenciaturas, másters) los reciben mujeres, así como el 40 por ciento de los doctorados. Las mujeres no sólo están representadas en mayor número en la universidad y en los cursos de posgrado, también se han ido incorporando cada vez más en carreras en las que predominan los hombres. En 1999, las mujeres representaban el 44 por ciento en el primer año de la Facultad de Medicina de Yale. Entre 1970 y 1996, el porcentaje de títulos en derecho recibidos por mujeres aumentó del 5 al 43 por ciento. Entre 1987 y 1997, aumentó en más del doble el número de empresas establecidas por mujeres, y los estudios indican que, si lo deseara, una mujer tiene tantas posibilidades como un hombre de ganar elecciones para cargos de poder político.

Si alguien se siente discapacitado por una falta de autoestima actualmente, ésos son los hombres. Porque las mujeres se benefician de un mayor enfoque educacional hacia los deportes, ciencias y matemáticas (una relación circular vincula la autoestima con estas actividades), lo que les permite salir victoriosas de programas de estudio que potencian y fortalecen su autoestima y las ayudan a trasladar su seguridad en sí mismas del colegio al lugar de trabajo; en cambio los hombres están encorvados bajo el peso de esta competición extra.

El esfuerzo por ganar en ambientes cada vez más feminizados, en los que se está demostrando lo anticuado e ine-ficaz que es el comportamiento masculino tradicional (objetivos impulsados por las estadísticas, estilos dictatoriales de administración) está haciendo estragos en la autoestima masculina. Un informe realizado en Gran Bretaña, encargado por Barclay's Life, revela que las mujeres se sienten muy optimistas en relación al poder que tienen sobre su futuro, mientras que los hombres lo están pasando mal al respecto. Enfrentados a un desconcertante muestrario de opciones de lo que el informe llama el nuevo «estilo de vida supermercado», son incapaces de determinar su identidad y papel, y corren el grave riesgo de quedar enajenados y rezagados. Castrados, desconcertados y amargados, son los hombres las desgraciadas víctimas de la baja autoestima hoy en día, no las mujeres.

Es esta revelación la que indujo a Alex McKie, el autor del informe para Barclay's Life, a declarar que «los hombres jóvenes necesitan redefinirse, tal como hicieron las mujeres en los años sesenta». La autoestima y el reconocimiento de su valía y poder en la chica casada son diez veces mayores que los de su madre en los años sesenta y setenta, cuando estaba en la misma fase de su vida.

Cuenta Gabrielle, 32: «Mi madre tenía aventuras, bebía demasiado y hacía todo tipo de cosas raras, no porque deseara hacerlas sino porque no tenía ningún poder sobre lo que deseaba tener poder. Creo que eso es lo que hacían muchas madres, sólo que ninguna hablaba de ello. Tenían muchas maneras raras y secretas de tratar de hacer valer su poder, pero al final eran autodestructivas».

Habiendo sido testigo de este débil intento de lograr poder, Gabrielle habla en nombre de la nueva generación de casadas al decir: «El poder es importante porque sin él no puedes ser feliz». Aunque hay quienes alegarían que no ha sido lo bastante espectacular, lo cierto es que la revolución del poder femenino ha sucedido. Hemos pasado de apenas reconocer los derechos y poder femeninos (porque muchas, muchísimas, no tenían ninguno) a una sociedad en la que resulta imposible ignorarlos. Ya sea vestida con un traje impecable o con una ligerísima túnica, hoy en día el poder de la mujer es auténtico y atrayente. Esas llamadas debilidades (empatía, perspectiva, humor, tolerancia) ahora son valoradas y nos elevan más alto que cualquier mareante tacón de aguja. Y nuestra tenacidad, diligencia y capacidad nos mantienen ahí hasta mucho después que se haya agotado la cerveza en los clubes de chicos. Hoy no sólo sabemos que podemos sobresalir en la mesa de juntas o estar en su cabecera, sino que estamos ahí, ocupando esos puestos.

En política, deportes, medicina, negocios, educación, actividades no lucrativas, *marketing*, finanzas, tecnología, medios de comunicación, la chica casada es enormemente codiciable. Y su dinamismo moderno le da la influencia para crear el ambiente de trabajo que conviene más a sus necesidades.

En un artículo aparecido en *Houston Chronicle*

(1997), Amy Gage revelaba que este fenómeno está muy extendido. Cita a Jennifer Franke, 27, presidenta del alumnado en la Escuela de Administración para Graduados J.L. Kellog de la Northwestern University de Evanston, Illinois, que dice: «Las graduadas esperamos un cierto nivel y negociamos hasta que lo logramos. Las mujeres reciben la misma formación que los hombres, y si nuestro rendimiento es mejor, obtenemos compensación por ello».

Si actualmente una mujer no recibe lo que considera una buena compensación (financiera o en flexibilidad) por su trabajo, no vacila en buscar un puesto alternativo que satisfaga sus exigencias y reconozca y recompense su valía. Las mujeres de anteriores generaciones se quejan amargamente de que sus colegas más jóvenes ni siquiera consideran la necesidad de «pagar lo debido». Aseguran que los derechos de esta generación se basan en una mezcla de seguridad en sí mismas y arrogancia, y se aferran esperanzadas a la teoría de que en épocas de recesión el método «el último que entra es el primero que sale» las favorecerá. Sus suposiciones suelen resultar erróneas puesto que la reducción de personal invariablemente beneficia a aquellas mujeres más aptas para tareas múltiples, que viven en la onda (no tienen que buscarla) y actúan sin estar condicionadas por la tradición o el miedo. Esté bien o mal, ahora estas cualidades son tan importantes como décadas de experiencia, y son ingredientes abundantes en el currículum de la mujer actual. Tenga o no éxito inmediato en sus esfuerzos por mejorar su destino, el asunto es que se siente capacitada y equipada para triunfar a la larga.

Estos mismos principios los aplica a su vida personal también. Cuando se quita la ropa del trabajo no guarda junto con ella en el armario sus derechos y su poder. Ambos los lleva en la sangre, discurriendo por sus venas, impulsándola a enfrentar los problemas difíciles con su marido, a exigir lo que es mejor para ella, espoleándola a hacer cambios cuando está insatisfecha. ¿Echarse al suelo y aceptar los golpes? Creo que no. ¿Mansa para ceder su poder? Ni siquiera llega a pensarlo. Cargada de municiones, seguridad en sí misma y habilidades para luchar por un aumento de sueldo o contra la discriminación, su poder la acompaña desde la oficina hasta su casa.

Cuando la mujer no consigue por lo menos un acuerdo mutuamente satisfactorio y duradero, sabe que tiene la opción de marcharse y continuar sola. Sí, sabe que será doloroso, pero no tan doloroso como vivir en un matrimonio en el que se siente impotente. Además, si deseara embarcarse en una nueva relación, sabe que hay muchos hombres que reconocerán su valía y respetarán sus necesidades.

Según *The Wall Street Journal* (diciembre 2001), dos fenómenos conspiran en aumentar más su valía en su vida personal: un fuerte bajón en la natalidad desde 1955 a 1973, y la tendencia de los hombres a casarse con mujeres unos años más jóvenes. Dado que la tasa de natalidad disminuyó en un 40 por ciento al acabar el *baby boom*, los solteros nacidos hacia el final de este período (que terminó oficialmente en 1964) se encuentran pescando pareja en un estanque cada vez menos poblado. En

Estados Unidos ya hay un exceso de 80.000 solteros treintañeros por cada millón de solteras de esa edad. Y, según observa esta revista, en el año 2010 el número de solteros que ronden los cuarenta años será el doble del de las mujeres de cinco a diez años menores que ellos.

La chica casada es un preciado bien y puede darse el lujo de elegir sus prioridades. Con su claro sentido de sus derechos y poder, sólo equiparable a su deseo de ejercerlo, no está dispuesta a cederlo, a ningún precio, ni siquiera en el caso de que el precio sea su relación con el hombre al que ama.

Lanzarse a por todas...

Cuenta Simone, 29: «Ese hermoso libro de Milan Kundera titulado *El libro de la risa y el olvido* (Editorial Seix y Barral), dice que en los primeros tres meses de la relación se establece entre dos personas un pacto tácito sobre cuál de los dos va a ser el dominante. Aunque ellas tienden a hacer más rápido que ellos el cambio del "yo" al "nosotros", las mujeres de mi generación son muy firmes en no dejarse dominar y, consciente o inconscientemente, ejercen su poder muy pronto en la relación».

Mi investigación respalda este argumento de Simone. La mujer moderna ya ejerce el poder y sus derechos mucho antes de hacer sus votos matrimoniales. En lugar de esperar a que se presente el hombre ideal y la enamore, ella es la predadora tanto como él. Y cuando encuentra a su presa no espera a que él decida cuándo es el momento correcto. No, se echa el bolso al hombro, se levanta la falda, pone al hombre en su carro y lo hace encajar en su plan de vida. No está desesperada por casarse, no, de ninguna manera. Ya hemos hablado de la comodidad de la soltería. Pero a diferencia de su madre, que esperaba que la buscaran y se lo pidieran, una vez ha tomado la decisión de casarse, desea hacerlo según sus condiciones.

Alexandra, 28, habla de su relación con Stewart, 29: «Nos enamoramos hace unos once años, así que llevamos mucho tiempo juntos. A mí nunca me había interesado el matrimonio, porque me parecía una institución patriarcal de la que no sentía ninguna necesidad de formar parte. Pensaba que matrimonio significaba sometimiento y que esa institución implicaba algo así como que Steward me adquiriría, y luego estaba esa cláusula de la obediencia en el matrimonio, que yo encontraba imposible. Pero hace tres años decidí que estaba dispuesta y que podía casarme confiadamente con Stewart y seguir siendo yo misma, sin nada de eso. Además, los dos teníamos buenas relaciones con nuestras respectivas familias, así que no estábamos solos en nuestro pequeño universo. Stewart seguía inseguro, así que pasamos más o menos un año hablándolo. Después fuimos a Francia de vacaciones con la familia y tuvimos una discusión sobre el asunto. Finalmente yo planté un pie en el suelo y le dije: "¿Cuándo vas a estar dispuesto?, porque yo ya lo estoy". Me contestó que ya lo estaba y entonces lo hablamos como algo real, y para hacerlo oficial fuimos a celebrar la decisión con una merienda campestre en uno de los malecones del Hudson».

¿Así que Steward hizo la petición de mano? Despierta, éste es el mundo moderno.

«No —acota Alexandra—, nos hicimos mutuamente la petición de casarnos. Él me dijo: "¿Quieres casarte conmigo?", y yo respondí: "Sí, ¿y tú quieres casarte conmigo?", y él contestó: "Sí".»

Cuenta Tyler, 31: «Yo le pedí a Dez que se casara conmigo. Había salido con muchos chicos y jamás sentí deseos de casarme con ninguno de ellos. Se presentó Dez, era magnífico, amable, inteligente y bueno en la cama, así que pensé: "Sí, éste me lo quedo". Él se sorprendió un poco, pero dijo sí inmediatamente. Después me contó que había estado esperando el momento oportuno para pedírmelo. Pero cuando yo quiero algo no tengo ninguna dificultad para pedirlo. Sabía que era el hombre ideal para mí, así que deseé dar el paso enseguida».

¿Eso estableció el tono del matrimonio de Tyler?

«Ah, sí —afirma ella—. Dez sabe que no tiene mucho sentido reñir conmigo. Tiene claro que si deseo hacer algo lo hago, esté de acuerdo él o no. Dice que lo vuelvo loco, y sé que sí, pero creo que le gustan las mujeres mandonas, poderosas. Si hubiera sido el tipo de tío que cree toda esa tontería de ser el amo no me habría casado con él. Probablemente él tampoco habría querido casarse conmigo. No le gustan las "mosquitas muertas" lo cual está muy bien. Ja, ja.»

Julia, 31, dice de su matrimonio con Andrew: «El hecho de que haya sido yo la fuerza impulsora para casarnos indica que tengo la capacidad de obtener lo que deseo. Cuando nos conocimos yo tenía una relación y Andrew también, pero al instante me fascinó por su arrogancia. Después encontré otro trabajo que estaba más cerca del suyo, y le envié un e-mail que decía: "¿Qué tal si almorzamos juntos?" Él me contestó: "Estupendo, pero no se lo puedo decir a Deborah porque es celosa patológica", así que nos encontramos para almorzar un par de veces y luego quedamos varias veces para beber algo, todo en secreto. Le expliqué que estaba tratando de romper mi relación y él me dijo que había estado pensando en romper la suya, o sea que derribé totalmente a esa mujer de una manera que va en contra de todo lo que apruebo. Soy solidaria con las chicas, sin embargo estaba absolutamente resuelta, ¿sabes?, pensé "tengo que conseguirlo"; lo deseaba tanto. Entonces mi chico descubrió lo de los e-mails secretos y llamó a la chica de Andrew para decirle que creía que estábamos teniendo en un romance. Ella lo llamó al trabajo y le dijo: "O dejas de enviarle e-mails o rompemos", y él le contestó: "No voy a dejar de hacerlo". Después me llamó al trabajo para decirme: "¿Sabes?, acaba de llamar Deborah y hemos terminado". "Muy bien, entonces encontrémonos en el café Free Times", el que obviamente elegí por el nombre. Cuando nos vimos prácticamente nos arrojamos el uno en los brazos del otro, y él nunca se echó atrás. Y cuando estoy segura de algo, el poder de mi convicción arrastra a Andrew a hacer lo que quiero. Y creo que sí, que uso esa idea de "Haz lo que quiero u olvídalo, no me tendrás"».

¿Conocimiento de nuestros derechos? ¿Sentimientos de poder para determinar nuestro destino? Puedes apostar a que sí. Esto se debe a los medios de comunicación que nos enseñaron lo que podemos lograr si nos atrevemos a hacer valer nuestros sueños; se debe a la educación moderna, que ya no se limita a enseñar hechos sino que además nos alienta a reconocer nuestra valía, centrando la atención en los deportes, técnicas de liderazgo y formación de equipo. Se debe a nuestros padres, en especial a nuestras madres, que si bien no se sintieron lo bastante poderosas para hacer realidad sus aspiraciones, nos animaron a hacer realidad las nuestras. Y también se debe a nuestro viaje por la vida de solteras que nos hizo comprender que no hay ninguna necesidad de conformarse con algo de segunda clase cuando sin duda hay algo mejor a la vuelta de la esquina. Algo que va a satisfacer nuestras muy elevadas expectativas, va a resultar digno de nosotras, va a reflejar la fuerza y la seguridad que nos sentimos con derecho a poseer.

En nada se manifiesta tanto esto como en nuestras relaciones. No nos conformamos con el primer hombre que se nos presenta y nos mira dos veces. Si alguien mira dos veces hoy en día, ésas son las mujeres. Pero no sólo una segunda vez, también una tercera, una cuarta, una quinta y una sexta. ¿Es lo bastante inteligente para mí? ¿Es lo bastante guapo para mí? ¿Es lo bastante amable, adinerado, próspero, ingenioso, culto, etc., para mí? ¿Satisface mis expectativas en la cama? Muchos de los llamados hombres modernos declaran que las mujeres ponen el listón demasiado alto. Tonterías. Ellos mismos sin duda tuvieron padres que denigraban las ambiciones de sus esposas fuera de casa. Los que dicen eso sencillamente no reconocen que el mundo ha cambiado y que el poder y el respeto son derechos de todos.

Tanto encontrar un trabajo como encontrar a un hombre que satisfagan nuestras necesidades es sólo el comienzo. Si exigimos compensación satisfactoria a nuestro trabajo, esperamos lo mismo en el amor. Es un reflejo de nuestra valía. Primera parada: el anillo de compromiso. Éste es un símbolo de amor y compromiso, claro, un reflejo de nuestro sentido estético y elegancia, sí. Pero también, una declaración de derechos, poder y éxito.

Aunque Danny tomó la iniciativa y le propuso matrimonio a Melanie, la primera condición de ésta fue que él le comprara el anillo de compromiso elegido por ella, a diferencia de su madre (y de muchas de nuestras madres), que aceptó el anillo que le dieron y dio las gracias. Añade Melanie: «Yo sé lo que quiero. Quería un anillo con un diamante de un quilate y un diamante de medio quilate a cada lado. Quería un anillo de diamantes que sumaran dos quilates. Eso era lo que quería. Así que cuando deseo algo intensamente, ya sea un objeto material o un abrazo, siempre obtengo lo que deseo. Danny me respeta más por eso. No creo que él se hubiera casado con una conformista fácil de convencer, porque sinceramente pienso que no habría sido feliz así».

Terri, 35, también estaba resuelta a obtener lo que deseaba. Ya sea en el trabajo (donde consigue contratos publicitarios de millones de dólares) o en casa (donde «sé muy bien cuáles son mis derechos y sé ser muy mandona»), para ella es esencial que todo represente su enérgica individualidad, aunque reconoce que no es perfecta: «Yo no quería el anillo de Tiffany. Fuimos a Tiffany porque Chad quería comprarme allí el anillo de compromiso, pero me probé un par y simplemente sentí que no eran para mí; representaban algo que no era yo, representaban la tradición. Así que acudí a ese joyero chiflado y él me hizo el anillo diseñado por mí. Es personal, y no lo siento como de Tiffany. Representa la imperfección de nuestra unión. Es asimétrico y desproporcionado, como yo».

Acota Amanda, 29, casada con Larry, 28: «Mi anillo prácticamente lo compré yo. Fui con mi madre a hacer la paga inicial. A un par de señoras que estaban en la tienda les inspiré lástima. "¿Es éste un regalo para usted?", me preguntaron y yo les dije: "Es mi anillo de compromiso". "¿Y se lo compra usted?", exclamó una. Evidentemente le costaba entender que yo vengo de una familia increíblemente igualitaria, y espero que mi matrimonio sea así de igualitario».

Una vez que tiene el anillo de su elección en el dedo y ha pronunciado sus votos (excepto el de «obedecer»), la cara de la chica casada se ilumina y toda ella irradia seguridad en sí misma y en su poder. Y no lo digo por fanfarronear. Lo veo por la manera como las mujeres que entrevisto hablan con sus maridos cuando los llaman por el móvil. No lo hacen en tono desdeñoso, simplemente rezuman seguridad («Cariño, quería avisarte que llegaré a casa pasadas las diez»). Cuando nos encontramos en un restaurante y pedimos los platos veo lo resueltas que son

(«No, escuche, quiero Pinot Grigio, no Pinot Blanc»), animosas («¿Por qué no? Probaré el tiburón») y «cojonudas» («Me gusta muy hecho, déle unos cinco minutos extras. No me gusta la sangre»). Cuando hago alguna afirmación acerca del matrimonio no se limitan a manifestar su acuerdo: me desafían, ofrecen anécdotas, citan estadísticas. Vuelven mis preguntas del revés y del derecho, exigen aclaración, sugieren maneras alternativas de decir las frases, para sacar el mejor partido de la entrevista. Llevan la conversación desde que comienzan el día hasta el momento en que ponen la cabeza en la almohada. Y cuando se encuentran ante un obstáculo, lo hacen a un lado.

Cuenta Julia: «Estuvimos en un refugio de montaña. Fuimos a un retiro con los colegas de Andrew de su bufete de abogados. El autobús salía a las tres y yo quería dar un paseo por el lago en esos pequeños botes de remo. Andrew prefería que no fuéramos porque temía perder el bus para volver a la ciudad. Pero yo le dije: "No lo perderemos, tenemos tiempo, y si tú no vas, bueno, pues, yo sí", y bajé al embarcadero y subí al bote mientras él se quedaba arriba. Finalmente bajó arrastrando los pies y subió conmigo; iba tan mustio que yo le dije: "¿Qué te pasa? Esto es maravilloso", y me respondió: "Dios mío, Julia, eres intratable, no te importó nada que yo no quisiera perder el autobús". "No seas ridículo. No vas a perderlo", le dije. El asunto es que siempre he sido intrépida y, no sé, parece que el estar casada me hace aún más intrépida».

Alexandra, casada hace dos años, piensa igual: «Los

dos estábamos de vacaciones de la escuela de graduados en enero, y yo quería viajar, mientras que Stewart prefería quedarse a preparar trabajos para la clase. Aunque a mí eso me decepcionaba, decidí ir a India de todas maneras. Envié un mensaje a unas amigas mías de allí, y una de ellas contestó inmediatamente, entusiasmada. Así que pasamos tres semanas en India y fue maravilloso. No soy partidaria de estar siempre protegida y cuidada, y ese viaje reforzó mi sensación de poder e independencia, de que debo hacer lo que deseo, aunque él no quiera acompañarme».

Para Alice, 35, aceptar un puesto en Europa con el que había soñado durante dos años era algo incuestionable: «Sencillamente no se me pasó por la cabeza no hacerlo. Soy muy voluntariosa. Sé lo que quiero y eso era lo que siempre había deseado. Mi marido tenía opciones, podía quedarse en casa o dejar su trabajo y acompañarme. Eligiera lo que eligiera, yo iría. Dejó su trabajo. No puedo decir que esos dos años fueran fáciles. Él no sabía el idioma, le resultaba difícil hacer amigos, no ganaba nada, mientras yo estaba todo el tiempo trabajando, sintiéndome fabulosa con lo que hacía, ganando muchísimo dinero y pasándolo en grande. Muchos hombres dicen que desean casarse con mujeres fuertes, eficaces, pero cuando lo hacen les cuesta muchísimo arreglárselas con ellas. No te vas a convertir en una sumisa y decir "Sí, cariño, lo que quieras", sólo porque estás casada. Esto forma parte de lo que eres».

Terri manifiesta su acuerdo: «Yo soy muy voluntariosa, y me siento con derecho a hacer las cosas a mi manera. Me siento con derecho a tomar decisiones para mí y para mi matrimonio. En parte, porque crecí pensando que no deseo ser como mi madre. A veces la sola sensación de que me van a pisotear o a intentar apartar me hace sentir incómoda».

Dee, 29, se identifica con estas opiniones: «Llevábamos un tiempo trabajando demasiado y yo deseaba que cambiáramos nuestro estilo de vida. Evan estaba muy atrincherado en su profesión, y yo quería viajar. Le dije: "Me voy. Voy a hacer un viaje por Asia". Él me contestó: "¿Cómo vas a hacer eso? Estamos casados. No te voy a ver durante seis meses o un año". Y yo no dudé al decirle: "Ven conmigo si quieres, y si no yo iré de todos modos. Si te interesa venir, podemos hablar de los lugares que deseas visitar, pero yo voy a ir allí, allí y allí, y parto en marzo". Sí, soy más obstinada que él, pero eso se debe a que tiendo a sentir las cosas más intensamente. Las mujeres solían dejarse pisotear porque pensaban que los hombres debían estar al mando. No soy un monstruo, simplemente no soy partidaria de eso».

¿Su vía o la autovía?

El poder no va solamente de caminar a grandes zancadas hacia el horizonte con el marido a remolque o languideciendo en casa. Sin embargo, muchas chicas casadas reconocen que tienen tanto miedo de dejar de tener el mando, de ceder su dominio, de sucumbir a la voluntad de su marido hasta el punto de perder la voz y el respeto por sí mismas, que corren el riesgo de descompensarse;

pequeñas molestias se convierten en enormes conflictos, insignificantes desacuerdos dan pie a un rápido y total distanciamiento.

¿Te suena a conocido esto? A mí sí. He trabajado duro en el sector editorial y sé negociar acuerdos que satisfagan todas mis exigencias. Sé abrirme paso a través de los más fríos recibimientos y salir triunfante. Me han amenazado con hacerme pleitos, me he sostenido y resistido en debates políticos televisados, me he enfrentado a primeros ministros, he almorzado con primeras damas y he improvisado un discurso ante doscientas personas. ¿Y en cuanto a lanzar andanadas de crueles golpes verbales a contrincantes laborales? Ciertamente eso no me es desconocido. Por eso transigir en otros aspectos de mi vida rara vez es bueno para mí ahora. Si no gano, me considero perdedora.

No estoy sola en esto, lo confirma Amy, 32: «Yo soy la más enérgica en nuestra relación. Me motivo muchísimo y soy siempre la que dice: "Vamos, tenemos que hacer esto". He de reconocer que hemos tenido peleas a causa de eso. Pero hay ocasiones en que Garry se planta, ya sea porque está herido o porque tiene razón. Y cuando se planta, yo tengo que obligarme a parar y preguntarme si estoy peleando porque de verdad creo que tengo razón o porque hay un contrincante y simplemente tengo que ganar».

Dice Sabina, 40: «Yo tengo mucha fuerza y tiendo a ser despótica al querer hacer las cosas a mi manera. Me cuesta transigir en muchas situaciones porque tiendo a ver mi punto de vista como el único correcto. Aunque yo tomo las decisiones en nuestro matrimonio, sé que en toda situación hay dos formas de ver las cosas, así que procuro escuchar a Matthew y no menospreciarlo».

Tal vez se debe a que el poder femenino es una novedad que lo lucimos como un bolso Fendi nuevo después de una batallada promoción. A veces es correcto que lo hagamos. No tiene ningún sentido guardarlo en el fondo del armario. Debemos exhibir nuestras ganancias con orgullo; tenemos el derecho a hacerlo. Además, tenemos que divertirnos con este juguetito nuevo, aun cuando a veces moleste o derribe a otros.

Señala Emily, 33: «Me encanta el drama. Soy capaz de sacar un tema para que se convierta en acalorada discusión, y cuando ya ha pasado digo: "Fue divertida la pelea, ya está, no lo decía en serio"».

Yo también he hecho eso. No hay nada como un buen y acalorado debate en una cena con invitados. Aunque no crea necesariamente mi argumento, lo defiendo hasta la muerte; sólo porque puedo; por divertirme. A veces simplemente para ejercitar mi cerebro o llevar la contraria. No me avergüenza decir que también lo hago con mi marido. Pero ya sea una discusión sin importancia acerca de dónde vamos a tomar nuestro desayuno el domingo o un ejercicio de poder más serio como, por ejemplo, cómo educaremos a nuestras hijas, el asunto es que yo voy y le estrecho la mano al conflicto, no con las palmas sudorosas ni mustias sino con un firme apretón.

En muchos aspectos tengo razón al hacerlo. Y también tú. Un tema en el que están de acuerdo los expertos en relaciones es que eludir el conflicto es el indicador número uno de divorcio. Al esquivar constantemente las batallas, en especial aquellas que giran en torno a valores y creencias firmemente sostenidas, se corre el riesgo de aumentar los resentimientos, aplastar la autoestima y acumular capa tras capa de problemas no resueltos.

Por otro lado, si discutes por todo, aunque sea puramente por diversión, intentando ejercer el mando todo el tiempo, corres el riesgo de devaluar la pelea. ¿Cómo va a saber la otra persona qué es verdaderamente importante para ti? Ir a la lucha a muerte todo el tiempo podría tener como consecuencia que asesines uno de los elementos más preciosos de tu vida: tu matrimonio.

Mmmm. El solo hecho de que no queramos acabar como muchas de nuestras madres no significa que debamos procurar ser tan dominantes, controladoras y tozudas como muchos de nuestros padres. La clave, dicen los expertos, es el equilibrio. Gana en hacerlo a tu manera hoy, y mañana le toca a él. Si él se impone en esta decisión importante, tú te impones en aquélla. Y el poder adopta muchas formas; no se trata simplemente de tomar decisiones, va de intervenir en ellas como una igual, lo cual significa semejante medida de voz y voto, respeto, participación, apoyo y atención.

Estos últimos años he llegado a comprender que, por mucho que me duela, no siempre tengo la razón (aunque no me resisto a añadir que creo que tengo la razón la mayoría de las veces. ¡Ja!) Hay mucho que decir a favor de la transigencia. Y el gran Larry King decía hace poco: «Nunca he aprendido nada mientras hablo». Ésta es una gran verdad. En las ocasiones que me callo y dejo meter baza a mi marido me doy cuenta de que lo que dice es sensato, considerado y juicioso.

Ésta es una lección que las chicas casadas que están sufriendo las agonías de buenos matrimonios han aprendido también.

Opina Emily, que admite ser adicta a los conflictos: «Constantemente planteo problemas, y una vez que estamos enzarzados en la pelea digo: "¿Sabes qué? En realidad eso no era un problema". Pero Mark es más sensible que yo, así que si tenemos un desacuerdo, a él le dura más tiempo olvidarse del tema, por eso trato de no discutir con mucha frecuencia. Pero aunque tiendo a ser la más difícil de los dos, la que encuentra más cosas para enfadarse, más cosas para hacer, más cosas que deben estar de cierta manera, he aprendido a fiarme de su forma de pensar. Confío en su moralidad, así que en ciertos temas acato sus puntos de vista. Eso ha hecho muchísimo mejor nuestra relación».

Terri está de acuerdo con Emily: «Chad y yo somos totalmente diferentes. Yo mido uno ochenta y él uno setenta, yo tengo una tremenda mata de pelo, él tiene poco y gris. Él es imperturbable, mientras que yo tengo mucha personalidad y tiendo a ser histérica y despistada. Así que, aunque me enfade y desee salirme con la mía, trato de escucharlo porque confío en él. Cuando da un consejo sabe hacerse a un lado. A mí no me gusta que nadie me diga lo que debo hacer ni que me arregle cosas. Pero tengo la suficiente confianza en mí misma y en él para saber que llegaremos a la decisión correcta».

Ruth, 38, comenta: «En realidad yo me impongo también, aunque he aprendido a escuchar. Tiendo a ser la iniciadora de todo, pero Dennis es muy detallista. Me dice: "¿Tienes los datos empíricos que apoyen eso?", lo que a mí me produce picor, pero le respondo: "Sí, los tengo", y ciertamente procuro tenerlos».

Admite Gabrielle, 32: «Yo tengo muchísimo poder en la relación y él acata mis decisiones la mayor parte del tiempo. Cuando quiero algo de verdad, lo consigo. Yo decido lo que comemos por la noche, yo decido qué sistema de cable usamos, yo decido cómo pagar las cuentas, decido dónde vivimos... Pero tiene que haber un equilibrio. Hay ocasiones en que Murray se opone a lo que yo quiero y, es divertido, pero por eso mismo he acabado respetándolo más. Si él cediera a mi voluntad más de lo que hace ahora, tal vez lo consideraría un débil».

Ciertamente es un equilibrio delicado. Cuando el marido da señales de ser demasiado dominante, tememos que se convierta en nuestro padre y no lo respetamos. Cuando da señales de ser demasiado blando, nos preocupa que no sea lo bastante hombre y tampoco lo respetamos. ¿Es posible que discutamos, nos peleemos y resolvamos los problemas de modo que los dos ganemos?

GUÍA PARA RESOLVER EQUITATIVAMENTE LAS LUCHAS DE PODER

Según aquellos que dedican su tiempo a separar y volver a unir parejas en conflicto, en toda pareja feliz hay alrededor de diez áreas de desacuerdo que no se resuelven jamás. Desde opiniones políticas contrarias a la frecuencia de las relaciones sexuales, estos desacuerdos varían en grado de importancia, pero aun cuando seáis dos personas fuertes e independientes, es posible continuar unidos hasta la muerte, no estar en desacuerdo y hacer cada uno su parte. Ésta es la manera:

- **Recordar que sois iguales.** Al margen de quién gana más, quién trabaja más, quién tiene mejor educación, quién tiene más premios, un matrimonio está formado por dos mitades que, por definición, son iguales y tienen iguales derechos a la felicidad y la satisfacción. Si esto no se reconoce, el matrimonio está perdido antes que comience la pelea. Éste es un tema sensible para Ellis, 43, que recuerda su sorpresa al comprender que su primer marido, Phil, no la consideraba su igual. Cuenta: «Está ese libro de John Updike titulado *Parejas* (Editorial Planeta), que trata del matrimonio y el cambio de esposa en los años setenta. Phil lo leyó y le encantó; cuando yo lo leí, pensé "esto es horrible". Me preguntó por qué no me había gustado y le dije: "Bueno, está esa frase que dice que todo matrimonio o relación se compone de un aristócrata y una campesina. Qué cosa más estúpida, es como si..." Y Phil dijo: "Bueno, el nuestro es así". "¿Ah, sí?" Y él contestó: "Es evidente, yo fui a Yale y tú a la UCLA". "¿Qué?", exclamé yo, y entonces tuvimos esa tremenda pelea en la que me dijo todo lo que yo necesitaba saber de lo que él pensaba sobre nuestras posiciones relativas y, por lo tanto, sobre quién tenía el poder». Aunque los miembros de un equipo no tengan

316

igual sueldo ni tengan el mismo perfil público, para que el equipo gane, se ha de valorar y respetar la posición de cada miembro, y se ha de reconocer su aportación al bienestar y el éxito del equipo.

- **Elegir las batallas.** Evitar el conflicto puede tener consecuencias desastrosas, pero crearlo constantemente o lanzarse a la lucha con ferocidad es también una receta para el desastre. Respecto a antes de entrar en la batalla, comenta Anabelle, 35: «Me pregunto: ¿importa esto realmente? A veces sí, y entonces me planto y no me rindo hasta que estoy contenta. Pero si, por ejemplo, Peter ha limpiado la cocina y no la ha dejado tan bien como yo la quiero, me pregunto: ¿importa de verdad? Ésta es una manera fabulosa para determinar qué es importante para pelear por ello y qué es simplemente irritante». En todo caso, como dice Diane, 29: «La vida es demasiado corta para luchar todas las batallas. Si luchas todas las batallas no te quedará tiempo para divertirte, ¿verdad?» Verdad. Desde que Anabelle me dio su consejo, lo he puesto en práctica numerosas veces. ¿Resultado? Actitud más calmada, mejor matrimonio, vida más feliz.

- **Golpear rápido.** Si ya sabes que el asunto importa realmente, no dejes que las semillitas de rabia o resentimiento se conviertan en grandes arbustos de furia, que se hacen más difíciles de controlar y calmar. Señala Ellis: «A veces algo me irrita un poco. Si no lo digo inmediatamente, llego al punto de estar furiosa de irritación y entonces grito: "¡Esto me tiene harta!", y plaf, plaf, plaf, sigo gritando, lo asusto de muerte hasta que él se queda callado y deja de hablarme. Uno de los trucos que he aprendido es expresar mi rabia pronto; entonces está más contenida y podemos salir del problema rápido sin salpicar otros aspectos de la relación».

- **Aprovisionarse de seguridad.** Haz esto para expresar tu punto de vista y para insistir en que tu marido te escuche. Según el gurú de las relaciones, el doctor John Gottman: «Las mujeres ya tienen práctica en aceptar la influencia de los hombres, pero es esencial la capacidad del marido de consentir ser persuadido por su mujer. Una verdadera relación de pareja se da cuando cada uno es capaz de aceptar la influencia del otro». Tu opinión importa muchísimo, pero la de él también, no lo olvides. Refuerza tu seguridad, si es necesario, con lo que Ruth llama «datos empíricos». Esto dará más credibilidad también a lo que digas. Así pues, pregúntate por qué es tan importante el asunto. ¿Por qué tu opinión os beneficiará a los dos? ¿Por qué eso es lo correcto? Sé cuando me he lanzado de cabeza en un conflicto, ya sea en el trabajo o en casa sin tener el respaldo de los «datos empíricos» que apoyen mi punto de vista o me capaciten para desafiar con seguridad a mi contrincante; he tenido que recurrir a emprender la retirada fastidiada o pisando fuerte. ¿Solución? Ninguna, simplemente un gran cero.

- **No te calles ni reprimas.** No me refiero a comentarios despectivos; ésos hay que callarlos porque con ellos no se consigue nada aparte de herir los sentimientos. Me refiero a callarse o reprimir información o emociones importantes. Es tentador hacerlo, en especial dado que, como dice Ellis: «Si uno de los dos se calla información, ése tiene el poder». Pero esto no es lucha limpia y destruye la posibilidad de una solución sana. Ellis continúa: «Phil tenía el poder cuando tuvo una aventura. No decirlo le daba mucho poder. Yo percibía que estábamos pasando por un mal momento, pero me sentía impotente porque no sabía qué ocurría. Es decir, a no ser que la persona ponga todas sus galletas sobre la mesa y diga: "Éstas son mis galletas", no sabes qué galleta elegir. Phil no ponía sus galletas sobre la mesa, así que cuando nos separamos y volaban las galletas por la habitación, y caían migas por todas partes, había todo un montón de galletas que yo no sabía que teníamos. Yo quería salvar nuestro matrimonio desde una posición de desconocimiento, y él tenía todo el poder porque sabía lo que estaba pasando; él retenía todas las cartas. De igual manera, si reprimes tus emociones, la otra persona siempre va a decir: "Dame emoción, dame amor", y a hacer cosas para agradar con el fin de recuperar el amor cuando éste simplemente no viene. Y así esas relaciones no son equitativas. La información y la comunicación son poder, y tienen que fluir en ambos sentidos».

- **Si no puedes ser positiva, permanece neutral.** Qué fácil es culpar, ¿verdad? Y arrojar aplastantes golpes y comentarios crueles. Pero al hacer eso no somos poderosas, demostramos una falta de poder. He arrojado los insultos más horrendos para terminar una discusión, pero la victoria me sabe a vacío. Me siento avergonzada y mi marido está tan dolido que hacer un gesto de victoria es lo último que se me pasaría por la cabeza. Actualmente me reservo los chistes o las observaciones graciosas para las ocasiones en que sé que son verdaderamente ingeniosos porque son cariñosos. El doctor John Gottman (adoro a este hombre) afirma que: «En un matrimonio feliz la pareja hace por lo menos cinco veces más afirmaciones positivas acerca de ambos y de su relación (por ejemplo: "Nos reímos muchísimo"), que negativas (por ejemplo: "Nunca nos divertimos")». Más importante aún, hay que dejar claro que estáis en terreno común afirmando «Éste es nuestro problema». También aconseja que en el matrimonio, como en el arte marcial *aikido*, a veces hay que ceder, dar marcha atrás para ganar. Procura ofrecer señales de agradecimiento a tu pareja. Sugiere Pia, 32: «Yo suelo usar refuerzos positivos. Digo: "Significó muchísimo para mí que realizaras eso, sabía que no querías, pero te agradezco que me hayas dejado hacerlo a mi manera"». Los expertos están de acuerdo en que cuando la pelea se pone demasiado acalorada y los dos estáis blandiendo vuestro poder, la mejor jugada es hacer un descanso hasta que baje la temperatura. Estoy de acuerdo. Pero tengo otro consejo, y es algo que aprendí de mi marido: en medio del acaloramiento de una discusión, me acerco a él y le digo: "No estamos de acuerdo en esto, pero deseo que sepas que te quiero mucho". Ganar, como sabes, es importante para mí; también lo es mantener mi poder. Pero mantener el amor y la dignidad en mi matrimonio es igualmente importante. Pruébalo.

Instrumentos de poder

Ejercer el poder en el matrimonio moderno no va simplemente de quién comienza y gana las batallas. El deseo de la chica casada de ostentar el poder surge de las maneras menos tradicionales, muchas tan sutiles que se podrían considerar accidentales, o pasan totalmente inadvertidas. Pero créeme cuando digo que en la mayoría de sus actos tiene en mente el poder. A veces, cuando parece que su marido está ejerciéndolo, no lo hace a expensas del suyo.

«Es porque yo se lo permito, ¿me oyes?», dice Melanie, 30.

Sí, la oigo. Como también oigo cuando Gabrielle señala: «Encuentro importante que Murray no conduzca el coche siempre. Es muy importante quién y cómo lo conduce. Eso representa independencia y asumir el mando. Nuestras madres siempre se sentaban en el asiento del pasajero. Pero yo creo que conducir es increíblemente simbólico».

Y asimismo escucho cuando Anabelle añade: «Si Pete deja sus bolsitas de té en el fregadero ahí se quedan. Yo nunca las quito. Esto es cosa de poder. Mi padre siempre dejaba su bolsita del té en el fregadero para que mi madre la cogiera y la tirara al cubo de la basura. Yo no hago eso».

También aguzo el oído cuando Patti, 34, confiesa una de las maneras como mantiene su poder sobre Tim: «Le cuento cuando alguien me ha encontrado guapa. Podría ser el chico de la tienda. No le doy una importancia terrible, simplemente se lo comento, despreocupadamente.

O le digo, por ejemplo: "Fui a comer con una amiga y nos encontramos con un amigo suyo del colegio, y fue de lo más divertido. Me preguntó si estaba casada y cuando le dije que sí respondió: 'Ah, qué lástima, porque me habría encantado invitarte a salir'". Pues, sí, ciertamente me encargo de que Tim se entere».

Patti está segura de que su jugada de poder no es un intento de provocarle celos. Todas detestamos los celos en nuestros maridos porque sabemos que ésa es una manera de intentar controlarnos. No, la motivación de Patti es recordarle a Tim su valía, por si diera la casualidad de que por un momento hubiera olvidado que es privilegiado por tener su compañía. Por eso también procura estar guapísima cuando va a recogerlo al aeropuerto después de un viaje de trabajo con colegas. «De ninguna manera voy con una enorme sudadera. Me pongo pantalones ceñidos hasta la pantorrilla, una camiseta corta sin mangas y bambas.» Quiero que esas jóvenes ayudantes digan: "Oye, ¿te fijaste cómo es la mujer de Tim?"» ¿Y para que Tim sepa la suerte qué tiene también?, le pregunto. «Ah, sí, por supuesto, eso también», ríe ella.

Cuidar nuestro aspecto no es sólo un medio de ejercer nuestro poder sobre el marido. Para muchas chicas casadas, los beneficios son tanto interiores como exteriores. Señala Ruth, 38: «Dos veces a la semana hago ejercicios con una entrenadora. Viene a mi casa a las nueve de la mañana los sábados y los miércoles. Es fabuloso. Eso me hace sentir más cómoda con mi cuerpo y me siento más atractiva también. Mi marido me ha dicho: "Antes ibas por la calle y los tíos te miraban, pero ahora vaya cómo te miran". Me gusta que él lo haya notado. Pero ése no es el único motivo. Es importante para mi autoestima y mi sensación de poder y para sentirme orgullosa de lo que soy».

Gabrielle está de acuerdo: «Yo hago mucho ejercicio. Igual que estar comprometida con mis objetivos, es algo que necesito hacer para mantener mi sensación de poder personal y sentirme poderosa. Y también necesito sentirme bien físicamente, si no comienzas a depender de que tu marido te diga: "No, no estás gorda, eres muy atractiva". Ésa es una manera de comenzar a ceder el poder. Te echas peso encima, te sientes fatal, no haces nada, te dejas estar y esperas que otros te hagan sentir bien. He pasado por eso, he hecho eso, y no resulta».

Tampoco funciona dejar que el cerebro se te ponga fofo. Esperar que tu marido sea tu única fuente de noticias y estímulo intelectual es una manera segura de ceder el poder. Por eso tantas esposas de la nueva generación se niegan rotundamente a dejar de trabajar incluso cuando tienen hijos. Puede que los estudios sugieran que el principal motivo para que las mujeres trabajen es mejorar su calidad de vida. (Es un motivo, ciertamente, y tienen una calidad de vida muy elevada. Maggie, 44, lo expresa así: «No necesito estar a la altura de nadie. Yo doy la altura a imitar».)

Sin embargo, el poder intelectual es también una fuerza motivadora tan importante como el poder económico que obtienen del trabajo. Afirma Amanda: «No me gusta que Larry parezca más inteligente que yo. Si alguna vez dejara de trabajar, me preocuparía que se desequilibrara nuestro nivel intelectual. Él es muy culto, y para mí y mi autoestima es muy importante estar tan bien informada y hablar con tanta convicción como él».

Esto es algo de lo que Shauneice, 36, era muy consciente cuando estaba en casa después del nacimiento de su bebé: «Procuraba leer los diarios todos los días y hacía el crucigrama mientras daba el pecho a mi bebé. Era una manera de ejercitar mi capacidad mental. Es fácil perderla cuando en lo único que piensas es en pañales y en las horas de dar el pecho».

Comenta Gabrielle: «No me gustaría que Murray llegara a casa y tuviera que decirme que hubo un choque de trenes en alguna parte. Me enorgullece ser yo la que se lo dice primero. También leo y me comunico mucho para ejercitar un cierto poder de conexión. Me gusta que él piense que estoy al tanto de todo. Soy consciente de que la capacidad intelectual es importante para sentirme una igual».

Catherine, 34, dice que obtiene poder de «cambiar lo acostumbrado». Así es como funciona esto: sabemos que el deseo de variedad del hombre bien documentado puede ser una fuerza muy poderosa. La variedad los entusiasma. ¿Te has fijado cómo incluso el hombre más feo acompañado por la más bella de las mujeres constantemente va comiéndose todo con los ojos haciendo comparaciones? Basándose en esto, Catherine suele sustituir las esperadas cualidades de formalidad y constancia por caprichosa imprevisibilidad.

Lo explica así: «No lo planeo, pero algunos días soy la dulce y cariñosa Cathy. Otros, al despertar decido ser un poco distante, reservada y misteriosa. La táctica funciona, sobre todo si me parece que Jeremy da señales de una actitud rutinaria. A las pocas horas, él me va detrás, mordisqueándome el cuello, preguntándome si todo va bien, y diciéndome lo mucho que me quiere. En ese momento podría tener lo que deseara. Pero no me paso... dos días de ser reservada bastan. Entonces vuelvo a ser la Cathy amante de la diversión, ligeramente loca. Funciona como un hechizo».

Esta actitud también es muy efectiva en la cama, según Natasha, 31. Cualquiera puede ver cómo su marido Bill rinde culto ante su altar (incluso tiene la cara de Natasha en sus tazas de café y en la almohadilla para el ratón del ordenador). Ella atribuye parte de su poder sobre Bill (aunque no todo) a su comportamiento imprevisible en la cama. «A veces simulo que estoy un poco aburrida para que él dude un poco de si es lo bastante bueno para mí. Y luego están esas otras noches cuando se acuesta y yo echo atrás la sábana para que descubra que llevo lencería de encaje rojo y negro. Bill nunca sabe qué esperar de mí. Ésta es una manera de sentirme poderosa, pero el beneficio real es que impide que nuestra vida sexual se vuelva rutinaria.»

La conexión poder-sexo

Poder físico, poder intelectual, poder económico, etc. La chica casada procura disfrutarlos todos. Ahora a esta lista añade el poder sexual. Porque una realidad poco conocida es que las mujeres que tienen su profesión y disfrutan de su trabajo son las más felices, las más satisfechas sexualmente y las más seguras de todas.

Claro que el trabajo nos agota; y sin duda nos estresa, aunque por el capítulo 2, el de la lujuria, sabemos que una consecuencia del estrés puede ser una ardiente libido. Y Dios sabe que hay mucho que decir a favor de la arremetida orgásmica de pagar algo (zapatos, joyas, coche, casa) con nuestro sueldo. Pero todas estamos de acuerdo en que la elevada autoestima y sensación de poder originada por el estimulante y satisfactorio trabajo supera todos sus aspectos negativos e incluso eclipsa los otros positivos.

Verás, en el trabajo tienes más probabilidades de recibir estímulos que afirmen tu seguridad en ti misma que en ninguna otra parte. Piénsalo un momento. Para empezar, no podemos presentarnos en el trabajo con los pantalones manchados de huevo ni una camiseta que tiene el aspecto de algo que ha dejado tirado el gato en un rincón. Nos mostramos limpias, arregladas, respetables, poderosas. Preocuparnos de nuestra apariencia no está reservado a las tontas y vanidosas. Estar satisfechas con nuestra imagen eleva espectacularmente nuestra autoestima, lo que a su vez mejora nuestra salud.

Una vez que llegamos al trabajo, no es solamente nuestra cuidada apariencia la que nos granjea cumplidos que aumentan la seguridad y confianza en nosotras mismas. Nuestra capacidad y eficiencia se juzga hora a hora. Una gran parte de la satisfacción del éxito proviene del reconocimiento de los demás. Sentirnos valoradas y reconocidas nos refuerza la sensación de poder en lo exterior y lo interior también. No hay nada como cumplir un plazo, conseguir un aumento de sueldo y asegurarnos un ascenso para disparar a las nubes la autoestima. El trabajo es un verdadero remedio para la mente, que nos garantiza la sensación de poder y nos protege de la depresión, uno de cuyos síntomas es, como sabemos, la falta de deseo sexual.

Ocuparse solamente de los trabajos domésticos, aun cuando vayan acompañados de la crianza de los hijos (trabajo muy valioso, según todos los criterios), no es suficiente para elevarnos la autoestima. De hecho, cuanto más tiempo está la mujer en casa, más trabajo doméstico hace y más asocia su hogar con el tedio y la faena penosa. Y todos conocemos el poder de la asociación. Cuando la mujer sale a trabajar, como tienden a hacer las chicas casadas, sus asociaciones con su casa son positivas: es un lugar maravilloso para relajarse y divertirse, los dos componentes esenciales del sexo. No es sorprendente entonces que las mujeres que trabajan fuera tengan menos problemas sexuales que las que están todo el día en casa, arrancándose el corazón con el aspirador y fregándose la autoestima mientras limpian la casa.

Más aún, esas cualidades y habilidades que nos hacen tener éxito en el trabajo (seguridad, capacidad de concentración, firmeza, capacidad para negociar, enfrentarnos a los problemas y fijar prioridades) rara vez se dejan en la oficina. También discurren como un vendaval por la sala de estar, la cocina y el dormitorio. Estamos tan acostumbradas a pedir lo que deseamos en el trabajo que no podemos evitar pedir lo que deseamos en la cama. Lo cual está muy bien. No saber pedir el placer es el motivo más corriente de tener una vida sexual insatisfactoria.

Afirma Lottie, 32, la corredora de fincas que conocimos en el capítulo 2: «Es imposible imaginarse que una misma persona sea exigente en el trabajo y no lo sea en la cama. Uno diría que pedir un despacho mejor o un aumento de sueldo es más difícil que pedir sexo oral, ¿verdad?»

Señala Mel, 37: «Estoy segura de que Richard me encuentra mandona en la cama. Tiendo a ser muy mandona, lo sé, pero es que estoy tan acostumbrada a mandar a todo el mundo en el trabajo que me cuesta desconectar. Pero creo que hay que ser mandona a veces. Es decir, si no le dijera a Richard que parara, a veces estaría toda la noche jugueteando con mis pezones. Me gusta cuando lo hace, pero de pronto tengo que decirle: "Oye, que tengo otras partes que también necesitan atención, ¿sabes?" Creo que a Richard le gusta que le diga lo que tiene que hacer. Y le encanta cuando yo inicio el juego sexual».

Tomar la iniciativa es algo que está estrechamente relacionado con la autoestima. Las esposas de la nueva generación dicen que tienden más a dar el primer paso cuando se sienten poderosas y seguras. Añade Lottie: «Yo siempre lo hago cuando he tenido un día fabuloso. De hecho, muchas veces cuando aparezco en la puerta mi marido me pregunta: "¿Cómo te ha ido el día?", y yo lo miro como diciendo: "Sé en qué estás pensando"».

Dice Gina, 34: «Tienes que sentirte muy segura de

ti para ser la que toma la iniciativa. ¿Qué pasa si él se da media vuelta y te dice que no tiene ganas? Enseguida te sientes insegura, el rechazo puede llegar a doler mucho. Si no te sientes vulnerable, simplemente aceptas que él no tenga ganas de hacerlo y te acomodas para dormirte o te las arreglas sola. No tiene demasiada importancia».

Sam, 36, ciertamente no se queda corta en autoestima. Si su marido no responde a sus insinuaciones: «Recurro al truco del lenguaje informático. Empiezo a hablarle de su trabajo como si de verdad me interesara. Eso lo entusiasma. Él diseña programas de ordenador, y si comienzo a hablarle en esa jerga, te juro que el paquete se le levanta, ¡es increíble!»

Algunos maridos se sienten intimidados por las directas insinuaciones sexuales de sus mujeres; o, como acota Stacey, 30, «se sienten forzados». ¿Quién lo hubiera pensado? ¿No es la mujer la que finge dolor de cabeza a la primera insinuación de sexo? Pues, ya no.

Apunta Stacey: «Aunque a Ben le gusta que yo tome la iniciativa en el sexo, creo que cuando está estresado lo considera otra cosa más que alguien le ordena que haga». Emily, 33, coincide en eso: «Mark cree que yo trato de ordenarle que lo haga, pero yo sé que si le digo que haga algo, él entonces no quiere hacerlo».

Tal vez no. Pero lo que sé es que si la chica casada no obtiene lo que desea en el trabajo (una ayudante, apoyo, recursos) recurrirá a todos los trucos imaginables para conseguirlo. Lo mismo sucede en la cama. No vacilará en emplear palabras groseras, hacer un *striptease*, ponerse en su postura sexual favorita. Pero hay una estrategia segura que ellas emplean para empezar a encender la llama...

Cuando todo lo demás fracasa, basta con hacerles una buena felación.

Señala Amy: «Hacerle sexo oral me hace sentirme poderosa porque sé que puedo excitarlo con lo que hago. Y me gusta, porque también me excita a mí, muchísimo. En realidad, excitarlo es lo más excitante para mí, porque tengo en la cabeza que lo que le estoy haciendo lo va a hacer correrse». Lo mismo le ocurre a Jess, 34, que dice que se siente tremendamente poderosa «porque a Bob le gusta muchísimo. Además, me excita a mí también».

Lottie está de acuerdo: «Creo que muchas mujeres pensaban que practicar sexo oral con un hombre es degradante. Supongo que lo es si la chica tiene 16 años y la obligan a hacerlo. Es decir, la idea de un tío empujándole la cabeza hacia abajo a la chica, ¡aj!, eso sí es degradante, y si un tipo lo hace se merece que le arranquen las pelotas de un mordisco. Pero cuando lo haces porque quieres, no es nada degradante. ¿Cómo puede ser degradante si con eso lo derrites? Además, él te confía su posesión más preciada. Es fantástico, cuando lo hacemos me siento poderosa».

Melanie también está de acuerdo: «No hay nada igual. En especial si lo amas de verdad. Cuando se lo hacía a otros tíos, sólo era como un trabajo. Pero con él, me excito muchísimo. Gime y me demuestra que le encanta lo que estoy haciendo. Es una sensación muy potente, y me estimula para continuar. Cuando él se enardece así, me excita tremendamente hasta el punto de mojarme toda».

Si a algunas mujeres no les gusta hacer sexo oral, dice Joely, 26, se debe a que no saben hacerlo bien y no dedican la misma cantidad de concentración que podrían dedicar cuando quieren persuadir a un colega del trabajo a ceder parte de su poder. Joely tiene derecho a tener esta opinión: en la universidad sus amigas la llamaban cariñosamente la Reina de la Felación, y practica con gran efecto en su feliz marido las habilidades que le hicieron ganar ese título.

GUÍA PARA SENTIRSE PODEROSA EN LA FELACIÓN

Quiero dar las gracias especialmente a Joely, Jess, Lottie y Sam, que hicieron esta parte tan divertida y al mismo tiempo tan condenadamente útil.

- **Definir la finalidad.** Dice Joely: «¿Lo vas a hacer para que él se excite y podáis pasar al paso siguiente, o quieres hacerle un regalo? Todo esto va de poder, no lo olvides, tú lo tienes cuando le haces sexo oral. Lo vas a llevar a un viaje en el que él no irá mediante el coito ni mirando una revista. Sólo tú puedes darle esto. Y es muy importante que tengas esa sensación de poder y privilegio».
- **Dejar de lado el rechazo.** Señala Joely: «Tienes que estar dispuesta a encontrar lo que sea que pudieras

encontrar. A muchas mujeres les da asco el sexo oral por el olor. A no ser que tu marido acabe de salir del baño, estará sudado y olerá, pero tienes que aprender a creer y comprender que ese olor es sensual». Ah, lo siento, pero yo estoy de acuerdo con Sam cuando dice: «No hay nada que me dé más asco que una colita sucia después de siete horas de estar tapada. Es decir, yo no dejaría que Ray me hiciera sexo oral cuando no me he duchado. No, deja que vaya a lavarme con un poco de gel y entonces nos ponemos a la faena. Va de respeto». Pero Joely insiste. Una ducha puede retrasar las cosas y a veces simplemente no hay tiempo para esperar. Mmm..., bueno, ¿pasamos al siguiente punto?

- **Aprender la técnica básica.** Añade Sam: «Yo simplemente sujeto la base firmemente y pongo alrededor mis labios». Pero Joely agrega: «Sujeta firmemente el pene con una mano y con la otra los testículos, y acarícialos suavemente mientras subes y bajas la boca».

- **Calibrar la velocidad.** Afirma Lottie: «Muchas mujeres no saben con qué velocidad hacerlo. Mientras yo muevo la boca arriba y abajo, arriba y abajo, me digo en silencio: un elefante, dos elefantes, tres elefantes, cuatro elefantes...» (!)

- **No usar los dientes.** «A no ser que él desee dientes —explica Joely—, pero muchas mujeres no entienden lo sensible que puede ser el pene. Hay que concentrarse principalmente en los labios y la lengua. Un poco de dientes a veces está bien, pero a muchos hombres les fastidia. El dolor no es agradable. El sexo oral no es masticar.»

- **Acariciar las zonas sensibles.** «Esa parte entre los testículos y el ano —dice Lottie—. Si no puedes llegar ahí con la lengua, tienes que llegar con los dedos. Masajea muy suavemente. Cuando está mojado con mi saliva, inserto un dedo.» ¿En el ano? «Sí, muy suave, y cuando él está casi a punto de correrse.»
- **Introducirlo lo más que se pueda.** Asegura Jess: «Masajearás la punta del pene si éste llega a tocar el fondo del paladar».
- **Tragar.** Vale, aquí es donde ponen la raya muchas mujeres. Pero Joely acota: «Cerrar la boca es para crías de instituto. No puede darte asco el semen». Jess aconseja: «Es difícil hacerlo sin sentir náuseas, pero el secreto está en respirar por la nariz y tragar al mismo tiempo que sigues masajeándole el pene con los labios. No siempre resulta». ¿Es decir? «Una vez tuve problemas de estómago y poco después le estaba haciendo sexo oral a Bob, tratando de hacer todo el rollo de la garganta profunda y eso, y le vomité encima. Ja, ja, jo, jo. Nunca me ha permitido olvidarlo. Es nuestra bromita secreta.» Mientras Joely y Jess abogan firmemente por tragar el semen, Sam y Lottie no son tan rígidas. Sentencia Sam: «A mí me dan náuseas». «A mí también —asegura Lottie—. No creo que haya nada malo en conservar el semen en la boca e ir dejándolo resbalar sobre él. Los hombres suelen estar tan concentrados en el placer que no les importa.»

Casada con el hijo de una arpía

Al margen de que seas equilibrada o seas una dictadora benigna en casa, nada ni nadie genera más dificultades que la otra mujer de la vida de tu amado. Me refiero a la madre de tu marido, a tu suegra.

Tienes suerte si su presencia se limita a quedarse a cuidar el bebé alguna que otra noche, a darte la receta perfecta para los pasteles y la fotografía enmarcada que tienes en la repisa del hogar en que ella está meciendo sobre sus rodillas a tu marido cuando tenía un añito. Si es así, tienes motivos para estar contenta. Porque la suegra, concretamente la madre del marido, intenta ejercer tanto poder, causando por lo tanto tantos conflictos en el matrimonio moderno que la British Psychological Society centró en ella el final del simposio de 1999. Basándose en estudios realizados por la Universidad de Cambridge, esta sociedad declara: «Puede que la suegra haya sido el blanco predilecto del humor de los cómicos durante mucho tiempo pero, para la nuera, la madre de su marido no es ningún chiste».

Pueden repetirlo. Para un impresionante número de chicas casadas que entrevisté, digamos para un 70 por ciento, la suegra es un importante obstáculo para la armonía conyugal. Ciertamente el dinero y el sexo son causas comunes de conflicto, pero Su Madre (o SM, como Su Majestad, ¿eh?) puja desesperadamente por ocupar el primer espacio publicitario.

La doctora Terri Apter, que realizó el estudio de Cambridge, concluye: «Hay un conflicto fundamental entre el deseo de la esposa de ser igual a su marido y la necesidad de la madre de poner a su hijo primero». Muy justo. Pero si ése fuera el único motivo, ¿no serían todas las madres (tanto las de las chicas como las de los chicos casados) igualmente entrometidas, exigentes, dominantes y disgregadoras? ¿Quieren decir que las madres de las hijas no las aman tanto como aman a sus hijos sus madres? Vamos, no me lo creo.

No, el conflicto es más complejo que el deseo elemental de un progenitor de cuidar de su hijo o hija. Se trata del poder. Es triste, en realidad. Verás, SM no tenía mucho poder en su relación con el otro hombre de su vida, su marido. ¿Qué mejor sustituto entonces que su hijo? He ahí a un hombre sobre el que sí podía ejercer poder. Es decir, hasta que llegaste tú y se lo estropeaste todo. Posiblemente era muy tratable cuando eras la chica de su hijo, porque creía que tal vez no seguirías con él el tiempo suficiente para poner en peligro su influencia. Pero desde el instante en que diste tu «sí», planteaste una seria amenaza a su poder. Y eso no le gusta nada, nada.

No lo entiende, claro. Si tu suegra tiene hijas, además, esas hijas serán chicas casadas como tú y, aunque la respeten, probablemente intentarán hacer sus vidas muy diferentes de la de ella. Sintiéndose rechazada e intimidada por la independencia de su o sus hijas, procurará conseguir y mantener el control en la vida de su hijo. Si tu suegra no tiene hijas, no comprenderá que una mujer pueda ser capaz de cuidar de su hijo como ella. (Y tendrá razón, lógicamente. Tu opinión de chica casada es que sus cuidados son sofocantes, ridículos y totalmente inútiles, además de dar a entender que su hijo es un incapaz.)

Pero el que su hijo esté enamorado de ti, por no decir que se acuesta contigo (después de todo, ¿no son los de ella los únicos pezones que a él le basta mordisquear?) será una fuerte bofetada en su cara. Tomando en cuenta todo lo que le ha dado, todo lo que ha hecho por él, todo lo que ha invertido en él, ¿no se merece reciprocidad su dedicación? Pero ¿cómo puede él corresponderle cuando está casado con una mujer más poderosa que ella? Tú.

Al margen de quién seas y de todos tus talentos y cualidades, en su opinión no eres suficientemente buena para su hijo. Y debido a quién eres y a tus talentos y cualidades, el cariño que te demuestre tu marido estará en proporción directa con el desprecio que ella te tenga.

Como digo, es triste. Es triste también porque es muy posible que SM sea en realidad una muy buena persona. Al fin y al cabo, ella es la responsable de haber traído al mundo a tu amado y de inculcarle todos los valores y creencias que lo hacen tan atractivo para ti. En muchos sentidos, ella ha sido la principal influencia en su vida y lo ha criado prácticamente sola, ya que su padre le ha dejado a ella la mayor parte de la carga, si no toda, de la educación. Y el que tu marido despliegue esas muestras de bondad y sensibilidad, tantas buenas cualidades, y haya logrado tanto ya en su vida, se debe a los tiernos cariños y cuidados de tu suegra.

Por desgracia, la mayoría de las chicas casadas son incapaces de gritar un buen «¡Hurra por su madre!», porque cualquier afecto que pudieran haber tenido por ella ya ha muerto a lo largo de meses, años. Sus intromisiones negativas, sus comentarios viperinos, sus desprecios en público, sus maquinaciones, sus comportamientos destructivos y peligrosos hacen parecer un hada buena a Saddam Hussein.

Ahora bien, todo esto podría parecer exagerado. Pero no te engaño, me he visto obligada a pensar muchísimo en este tema. Casi todas las chicas casadas con las que hablé hicieron algún comentario sorprendente cuando toqué el tema de SM. Aunque aseguraran que se llevaban bien con ella, normalmente añadían que era por tolerancia o porque rara vez la veían, tal vez a consecuencia de que ella vivía en otro país o porque habían soportado riñas tales que las posiciones de poder ya estaban firmemente establecidas. Para la mayoría, SM es una continua espina en el costado, cuya punzante fuerza se ha dejado sentir desde el primer día.

Asegura Madeleine, 39, casada hace diez años: «Andy y yo rara vez reñimos a excepción de una cosa, su madre. Desde el principio, ella no quería que nos casáramos, no sé exactamente por qué. Tal vez era porque yo venía de otro país y hablaba otro idioma, y a ella eso la hacía sentirse amenazada. Tenía un tremendo miedo a las mujeres que parecieran más inteligentes que ella. Desde el momento en que le comunicamos que nos íbamos a casar, ella empezó a llamar "la fiesta" a nuestra boda. Finalmente yo le dije: "Oiga, esto no es una fiesta, es una boda. Si usted no quiere aceptarla, no tiene ninguna necesidad de asistir, pero es una boda". Asistió, pero antes hizo todo lo que se le ocurrió para herirme y mostrarme su rencor». ¿Por ejemplo? «A todas las mujeres que iban a asistir a la boda yo les había dicho que llevaran el traje que quisieran siempre que no fuera de color crema. Y, claro, el día de la boda ella se presentó vestida de crema. Antes de la boda yo le había pedido varias veces ver su traje, pero ella siempre me decía: "Aún no lo he elegido". Y así, el día de la boda vi que llevaba un vestido exactamente del color que yo le había pedido que no llevara.»

»Además —continúa—, con Andy habíamos decidido caminar juntos por el pasillo hasta el altar, pero ella también iba detrás, susurrándole a cada momento: "No tienes por qué hacerlo. Si quieres salir de aquí, puedes. No tienes por qué ir así". Cuando llegamos al altar yo ya estaba furiosa. Me estropeó totalmente el día de mi boda.»

A Pia tampoco le fue indiferente el comportamiento negativo de su suegra. Recuerda: «Justo después de la boda, la madre de Michael le preguntó a mi padre si estaba triste por haber perdido a su hija. Y, claro, mi padre le contestó: "No, Michael es un muchacho estupendo, me siento como si tuviera otro hijo más". Y ella le contestó: "Sí, eso mismo sentí yo por Fiona", que es su otra nuera. Entonces Michael agregó: "¡Y por Pia!" Pero fue un momento doloroso porque era la oportunidad de que ella dijera algo simpático, pero no lo hizo. Es muy inteligente, así que yo no podía atribuirlo a su estupidez. Al contrario, sabe muy bien qué hace y qué dice».

Cuenta Pia que SM también sabía lo que hacía la siguiente Navidad, cuando hizo parecer más importante al perro de la familia que a su flamante nuera. «Esa primera Navidad, íbamos en el coche hacia su casa cuando Michael me dijo: "Sé que mi madre te estaba tejiendo un calcetín. Es su tradición". Y cuando llegamos, pues sí, ahí estaban los calcetines todos colgados. Todos tenían etiquetas con nombres, excepto uno, que tenía un dibujo. Así, cuando llegó el momento de repartir los calcetines, resultó que el que tenía el dibujo era para el perro. Encuentro ridículo sentirse mal por algo tan infantil, y me avergüenza, pero me dolió muchísimo».

Según el estudio presentado a la British Psychological Society, en general las suegras aseguran no tener idea de qué es lo que hacen mal y afirman que sinceramente desean forjar una buena relación con sus nueras. ¿De veras? Esa aseveración es ciertamente encomiable. Por desgracia, sus actos tienden a contradecir sus palabras. Y la nueva generación de esposas dicen que todo es parte de su estrategia para hundir a la nuera.

Cuenta Madeleine: «Ah, sí, no te dice cara a cara que no desea verte, lo hace subrepticiamente, diciendo cosas cuando Andy no está presente y luego, cuando él se entera, ella pregunta asombrada: "¿Qué? Yo no he hecho eso", o: "No, claro que no quería decir eso"».

Lo mismo le ocurre a Naiela, que está casada con Pete. Y lo explica así: «La madre de Pete jamás ha dicho que no soporta verme. Pero te daré un ejemplo de cómo lo demuestra. Mis padres viven en el otro extremo del país y yo echaba de menos tener una familia, así que estaba feliz de ir a visitar a sus padres cada dos semanas más o menos. Íbamos a su casa en el campo los domingos y su madre ponía cosas para comer: pasteles, galletas, bocadillos, carnes, en fin, de todo. Pero en lugar de poner una fuente de ensalada, hacía ensaladas individuales y las repartía, diciendo: "Ésta es para ti, Pete; ésta es para Naiela; ésta para mí; ésta para papá". Después de unas cuantas visitas caí en la cuenta de que mi ensalada era siempre la más verde, hecha con las hojas externas de la lechuga, ¿sabes?, esas que ya están algo mustias, en las que se ven los agujeros hechos por los gusanos. La primera vez me callé, pero cuando volvió a ocurrir, una y otra vez, le dije a Pete un día: "¿Te has fijado en que tu madre siempre me da las hojas feas de la lechuga?" Era ridículo, y Pete me contestó: "No seas tonta. Estoy seguro de que no lo hace intencionadamente". Pero en la siguiente visita le señalé: "Mira las ensaladas. Te apuesto a que a mí me da la de hojas mustias". Y sí, pues, eso ocurrió. Ahora bien, ten presente que yo detesto los enfrentamientos. Pero me dejo intimidar. Así que cuando vi la ensalada… Ah, y jamás llena mi taza de café tampoco, y cuando ofrece más café, les sirve a Pete y a su padre, pero pasa de mí… en todo caso, cuando me dio la ensalada miré a Pete y enarqué las cejas. Él la vio y cerró los ojos como diciendo: "Oh, no". Entonces yo, ja, ja, dije: "Betty, ¿sabes?, no tengo mucha hambre y tengo más ensalada que tú, ¿no prefieres la mía?", y rápidamente cambié los platos antes que ella pudiera decir nada. Fue de lo más cómico. Pero la verdad es que cuando nos fuimos a casa esa noche me sentía muy dolida».

Asegura Sammi, 37: «Mi suegra nunca me dice nada desagradable a la cara, pero son las pequeñas cosas que hace, o no hace, las que me duelen. Por ejemplo, no tiene ni una solo foto mía en el refrigerador. Tiene fotos de ella y de las niñas. Tiene fotos de mi marido y de ella con las niñas. Pero ni una sola en la que esté yo también. Le

340

pregunté: "Liz, ¿por qué no tienes ninguna foto mía en el refrigerador?", y me respondió: "Pero, Sammi, si a ti no te gusta que te saquen fotos". "Eso no es cierto —dije—. Me encanta que me tomen fotos, en especial con las niñas." Entonces decidí regalarle una. Me había hecho unas fotos de estudio con las niñas, y cuando las vi me encantaron. Así que elegí un marco bonito y le regalé una. Ella la miró y preguntó: "¿Por qué no está Bob en esta foto?" Pasó el tiempo y no puso la foto. Yo la buscaba por todas partes, hasta que al fin la descubrí metida en el fondo de un estante en el dormitorio para huéspedes. No me lo podía creer».

Tampoco se lo podía creer Bettina, 30, cuando le regaló a su suegra una foto de su álbum de bodas con un precioso marco: «Pasé semanas buscando el marco perfecto. Luego elegí la mejor foto de la boda, con los cuatro, mi marido, sus padres y yo, y se la regalé. Para Acción de Gracias nos invitó junto con muchas otras personas y vi que había cambiado la foto por una en que no estaba yo. Durante la comida le comenté: "He visto que sacaste mi foto del marco", y me contestó en voz muy alta para que todos la oyeran: "La quité porque, Bettina, se te veían muy gordos los brazos"».

Guau. Si vieras a Bettina comprenderías que "gorda" no es una palabra que se pueda aplicar a ninguna parte de su cuerpo. Pese a su saludable apetito, es muy delgada, envidiablemente delgada. Sin duda era envidia lo que había detrás de ese desdeñoso comentario y su renuencia a exhibir la fotografía.

«Conozco ese sentimiento —afirma Pia—. Es exclusión visual.» Lo que quiere decir es que si tu suegra no reconoce tu existencia se puede convencer de que no eres real. Puede engañarse pensando que sigue siendo la única mujer en la vida de su hijo. «Aunque seas la madre de los hijos de él», señala Sammi.

Dice Madeleine: «¡En particular cuando tienes hijos! Desde el momento en que los tuvimos, se puso mucho peor. Hasta entonces yo había conseguido limitar mi relación con ella. Pero una vez que tuvimos hijos eso se hizo muy difícil porque comprendo la necesidad de los niños de ver a sus abuelos. Pero ella los utiliza para salirse con la suya y ofenderme. Aunque me detesta, quiere que la visitemos porque adora a Andrew y a los niños. Pero nunca nada es suficiente. Si vamos a verla cuatro fines de semana seguidos, ¿por qué no cinco? Y va y les dice a los niños: "Ay, me encantaría veros, pero no podéis venir", y entonces ellos me preguntan: "Mamá, ¿por qué no podemos ir?, ¿por qué no podemos ir?" Vamos, me indigna».

Todas las mujeres con las que hablé dijeron que les habría encantado forjar una buena relación con sus suegras. Apunta Bettina: «En especial dado que mi madre murió cuando yo era adolescente, yo había esperado que pudiéramos ser amigas».

¿Las nueras y suegras están destinadas a llevarse bien muy rara vez?

La doctora Terri Apter, de la Universidad de Cambridge, es pesimista al respecto. Opina: «Las quejas parecen centrarse en las expectativas nada realistas que tiene la suegra respecto a su nuera en cuanto al papel tradicional de la esposa. Estas expectativas minan y desafían el valor del trabajo de la esposa fuera de casa y su competencia en la misma. Las nueras se quejan de que sus suegras hacen caso omiso o niegan su categoría profesional fuera de la casa y suelen entrometerse en situaciones domésticas, malcriando a sus hijos y esperando que ellas hagan lo mismo. Incluso mujeres que podrían tener valores feministas en otros aspectos, parecen esperar que sus nueras se queden en casa para ayudar a sus maridos haciendo las labores tradicionales».

Amanda, 29, se identifica plenamente con esto. Es banquera de inversiones, pero su suegra le habla como si fuera una pinche de cocina. En realidad, cree Amanda, tal vez su suegra preferiría que lo fuera: «Me gusta tener la casa limpia, pero detesto los quehaceres domésticos. Ella, en cambio, es un ama de casa fabulosa y las comidas que prepara están de muerte. Pero no es ése el tipo de cosas que a mí me gustan ni las que me enorgullecen. Así que constantemente se presentan esos momentos en que ella me dice algo y yo opongo cierta resistencia, y cada vez Larry señala: "Mamá, ¿para qué le dices eso a Amanda? ¿Por qué no me dices a mí lo de las plantas o cómo limpiar una olla de acero inoxidable? ¡Yo tampoco tengo idea de eso!" Es decir, cuando va todo el mundo a comer, espera que todas las mujeres le ayuden en la cocina. Pero toda esa tontería de las diferencias entre los sexos no va conmigo».

Recuerda Suzannah, 39, casada con David: «Ay, Dios, sí. Cuando nos casamos su madre intentó por todos los medios volverme doméstica. Y hacía comentarios desdeñosos sobre mí. Decía que yo no era maternal o que no era una buena esposa. Decía: "¿Sabes, Suzannah?, David se ve muy cansado. ¿Le cuidas bien?" Y yo le decía a David: "Dile a tu madre que se ocupe de sus malditos asuntos"».

La suegra de Amanda le decía cosas similares: «Ni Larry ni yo cocinamos jamás. A mí no me gusta hacerlo y a él tampoco. Pero a ella eso le molestaba. Decía que no esperaba que Larry cocinara, pero que sí esperaba que yo le cocinara a él».

Suzannah se ríe ante eso: «David puede estar en la cocina lavando los platos y yo de pronto le grito desde la sala de estar: "¿Me puedes preparar una taza de té cuando hayas terminado?", y entonces oigo gruñir a su madre, furiosa como un macho cabrío: "Mfm, ¡habráse visto!" O le digo: "Voy a salir un momento a fumarme un cigarrillo, controla que los niños se estén quietos", y la oigo gruñir. Me encanta anunciarle: "Voy a hacer un viaje a París para escribir un guión", o: "¿Podría David llevarte los niños a casa el domingo, porque yo estaré en Montecarlo?" Es una manera de fijar límites, como diciendo: "Y si eso te da problemas, olvídalo". No le gusta que yo trabaje. Siempre me dice: "Ay, qué bien iría que dejaras de trabajar". Y cuando estoy llegando al final de un trabajo, dice: "Ah, qué bien, eso es fabuloso". Desaprueba totalmente mi actitud y no sabe ocultarlo. Siempre que puede deja caer algo como: "David necesita ayuda. Necesita que tú estés en casa para atenderlo", y yo le respondo invariablemente: "No, no lo necesita, Ivy, es perfectamente capaz de arreglárselas solo. Esto no es asunto tuyo"».

Poner a una nuera en contra de otra es también una táctica común entre las suegras, en particular si una de las nueras comparte sus características físicas o sus valores. Al fin y al cabo, cuando un hijo elige una esposa que se asemeja a su madre, ¿qué puede ratificar más su identidad que eso? ¿Qué puede ser más válido frente a un desafío de poder por parte de la otra nuera?

Asegura Pia: «Yo no soy muy competitiva, pero comprendo por qué sus padres quieren a la otra nuera. De hecho, se parece a mi suegra. Pero creo que piensan que al elegirme a mí Michael se ha alejado de ellos y tal vez por eso están resentidos conmigo, como si yo se lo hubiera quitado».

Dice Sabina, 40: «He visto cómo es mi suegra con la esposa de su otro hijo; es diametralmente opuesta a cómo es conmigo. Yo soy su segunda nuera, pero seguramente mis problemas con mi suegra están relacionados con el tema de los hijos, con que yo no quiero tenerlos. Creo que piensa: "¿Por qué mi hijo tuvo que casarse con una mujer que no es maternal?" Está resentida conmigo. El fin de semana del Cuatro de Julio estuvimos con ellos, y mi suegra y mi cuñada pasaron muchísimo tiempo intercambiando recetas e ideas. Yo no tomé parte en nada de eso. De hecho, rara vez participé en la conversación. De verdad creo que me quedo en un segundo plano porque no tengo hijos. En realidad, los padres de mi marido tuvieron una conversación con él acerca de la paternidad, y él les dijo que era una decisión tomada por los dos. Se sorprendieron muchísimo, porque seguro que pensaban: "Ah, es por culpa de Sabina"».

Apunta Sara, 35: «Sencillamente detesto esas reuniones familiares. Ya le dije a Ken que a no ser que se trate de una boda o un funeral, yo no iré, no, después de la última vez que estuvimos allí. Entré en la cocina a prepararme una limonada y estaban mi suegra y la otra nuera hablando. Cuando me vieron se quedaron calladas, y mi suegra se acercó más a Caron y le dijo: "Te lo diré después", como si fueran dos crías con un gran secreto. Caron es una zorra con dos caras, por cierto. Finge ser dulce e inocente y dice cosas como: "Mary, estas galletas están maravillosas, tienes que decirme cómo las hiciste", y después las deja a un lado de su plato. Pero a la madre de Ken le encanta eso. Supongo que piensa que Caron es un espíritu afín, mientras que conmigo no puede conectar. No tenemos absolutamente nada en común y, a diferencia de Caron, ni siquiera trato de simular».

Sin embargo, aislar a una nuera mientras baña de afecto a la otra puede resultarle muy mal cuando las dos se niegan a tomar parte en sus juegos inmaduros. Asegura Amy: «Mi suegra es muy manipuladora. Tiene cuatro hijos y siempre alguno está en su lista negra. Es una manera de controlarlos psicológicamente, para que cuando figuran en su lista buena se sientan muy agradecidos. Hace muy poco, uno de los hermanos de Garry estaba en vías de separación. Yo era bastante amiga de Jill, así que la llamé y le pregunté: "¿Cómo vas a arreglar esto? ¿Necesitas un abogado? Creo que lo necesitas". Lo que yo no sabía era que su marido, el hermano de Garry, estaba escuchando en el otro teléfono. Esa tarde, cuando Garry llegó a casa, lo llamó su madre y le dijo: "Debes decirle a Amy que no le está permitido hablar con Jill". Garry le respondió: "Yo no puedo decirle a mi mujer con quién puede hablar y con quién no". "Bueno —sentenció su madre—, no debería confraternizar con el enemigo." Qué ridículo. Así que entonces dejó de hablarme. Yo no me iba a dejar intimidar por nadie, y mucho menos por mi suegra. Pero por dentro estaba hirviendo de furia, después de todo nunca me había hecho sentirme aceptada. Siempre he pensado que sólo me invitaba a su casa por cumplir, porque soy la madre de sus nietos. Había dejado muy claro que no le importaba si yo estaba viva o muerta. ¿Y luego esperaba que yo me pusiera de su lado así de repente porque su otra nuera había caído en desgracia? Olvídalo. Estaba tan furiosa que le escribí un mensaje a mi madre en mi móvil: "Escucha esto, Mona llamó a Garry para decirle que me prohibiera hablar con Jill. ¡Qué bruja caradura!" Pero estaba tan atontada porque el teléfono estaba sonando que, sabe Dios, igual fue algo freudiano, en lugar de enviarle el mensaje a mi madre se lo envié a Mona. Tal vez fue porque estaba pensando en ella. No lo sé. Sencillamente estaba demasiado liada con mis emociones. Pero en el instante en que lo envié me di cuenta de que me había equivocado y pensé: "¡Joder!"»

A la esposa actual que tiene una suegra del demonio no le basta sentirse poderosa y segura para tratar con ella, necesita el refuerzo positivo de un marido que la apoya. Sin un marido fuerte que se enfrente a su madre, las tácticas separadoras pueden destrozar un matrimonio. Pero la chica casada no es ninguna tonta. Sabe que está haciendo equilibrios sobre una cuerda floja muy delgada, se debate entre pedir apoyo a su marido y obligarlo a elegir entre ella y su madre, las dos mujeres con las que él tiene el más fuerte de los vínculos.

Por eso, recuerda Amy: «Me sentí enferma. Al final, decidí ir a confesárselo todo a Garry. Simplemente tenía que decirle que había empeorado más aún esa horrible situación, y esperar que él se apiadara y se pusiera de mi lado. En realidad suponía que se iba a poner furioso, pero se echó a reír y me dijo: "Con todos los nombres que tienes en tu móvil, justo le enviaste ese mensaje a mi madre. ¡Eres increíble!" Y le respondí: "Quiero que lo leas para que si alguien te dice que envié un mensaje horrible a tu madre, por lo menos sepas qué escribí". Y él repetía: "¿Por qué lo hiciste?" Pero también sabe que el comportamiento de su madre ahuyenta a todo el mundo. Y me dijo: "La verdad es que no me importa si vemos o no vemos a mi familia, así que no te preocupes", lo cual es fantástico».

Es ese tipo de refuerzo el que la mayoría de las mujeres consideran esencial para sentirse respetadas en el matrimonio.

Observa Pia: «Necesito que Michael por lo menos reconozca que el comportamiento de su madre es intolerable. Sé que ella no me entiende, como tampoco su padre, que mira para otro lado cuando yo comienzo a hablar. Estoy segura de que los dos piensan que soy una artista lunática. Y uno de mis mayores temores respecto al matrimonio ha sido siempre que me ahogaré y dejaré de sentir esa sensación de juego que es tan importante para mí. Es como ese poema de Rick Springfield: "Hay un asunto del corazón". Una amiga mía siempre pensaba que había un oso en el parque y yo pensaba que eso era tremendo porque cuando hay un oso en el parque y eres niña no puedes jugar libremente, tienes miedo y te refrenas. No quiero que haya un oso en el parque de mi matrimonio. He de sentir que tengo la libertad para expresarle a mi marido mis sentimientos respecto a su madre y que él no les reste importancia. Pero también creo que si Michael le llamara la atención a su madre sobre su conducta, eso empeoraría las cosas».

Dice Rachel, 28: «La madre de Patrick es muy seca y mandona. Espera que yo me lleve bien con ella y encaje en su unidad familiar, pero no encajaré jamás. No soy como ella. Piensa que no hago suficiente por ella y exige mucho, no es agradable. He tratado de que habláramos sobre eso, pero me echa un rapapolvo o se pone a llorar. Así que he renunciado. Pero si Patrick intenta dialogar con ella, se queja de que yo no le hablo. Es un desastre».

Y Petra, 37, admite: «Los líos e intromisiones de mi suegra crearon tensión en nuestro matrimonio. Mi marido reconocía que ella se entrometía y siempre daba prioridad a nuestra relación, así que acabamos en una situación en que ni mi suegra ni mi cuñada nos hablaron durante un tiempo. Era muy desconcertante, y yo nunca lo entendí del todo, pero con los años el asunto se solucionó solo, principalmente, creo, porque ella se dio cuenta de que se estaba perdiendo ver a sus nietos».

Explica Suzannah: «Cuesta saber qué hacer para no empeorar la situación. Y yo tengo una vena traviesa, así que me resulta muy difícil. Además, David quiere mucho a su madre, y yo respeto eso».

¿Puede haber una coexistencia feliz entre las madres de los hijos y sus esposas? Como hemos oído, la chica casada, con todo su poder, seguridad en sí misma y ánimo, no tiende a hacer gracias y mimos como un cachorrito. Y yo no defiendo ni una pizca esa conducta. Tampoco la pareja ha de desentenderse totalmente de la suegra para vivir felices eternamente. Tal vez lo siguiente podría ayudar.

GUÍA PARA EL CONTROL DE LA SUEGRA

Ninguna mujer tiene todas las respuestas para poner a su suegra firmemente en su lugar, es decir detrás de ella. Pero muchas han ofrecido fabulosas estrategias para mantener una cierta cantidad de paz que no ponga en peligro su poder.

- **Procura entender sus valores y lograr que ella entienda los tuyos.** Comenta Naiela: «Es difícil si no te cae bien, pero yo he tratado de comprender por qué es una persona muy inflexible, muy rígida. No tiene sentido intentar cambiarla, pero si por lo menos logro entenderla, me siento más cómoda. Le digo, por ejemplo: "Betty, no soy buena para la cocina, y sé que a ti te encanta. ¿Qué es lo que te gusta cocinar?" Casi me he atragantado al decirlo, pero he visto que se hincha de orgullo. Me da un poco de risa, pero ha sido interesante ver cómo se entrega a todas esas cosas domésticas tal como yo me entrego a mi trabajo. Rara vez me pregunta por mi trabajo, pero yo se lo explico de todos modos. Si no lo hago sería como negar lo que soy y ella tiene que acostumbrarse al hecho de que no somos iguales. Como cuando Pete le comenta, por ejemplo: "Naiela acaba de obtener un ascenso, lo que significa que podemos trasladarnos a un apartamento mejor. ¿No es fantástico?"»

- **Sé sincera.** Sugiere Suzannah: «No debes esconder ningún aspecto de ti. Tienes que ser totalmente since-ra con tu suegra, tanto como lo eres con tu marido. Si piensan que eres algo que no eres, habrá conflictos». En esto estoy totalmente de acuerdo. Al fin y al cabo, ella no vacila en ser sincera respecto a sus valores. Si tu suegra está decidida a tenerte aversión, por lo me-nos que se base en la realidad.

- **No pongas ultimátums a tu marido.** Es posible que él te haya elegido a ti, pero las pesadas maletas Louis Vuitton de infelicidad y resentimiento que acabará lle-vando consigo podrían muy bien volverse contra ti y destrozarte. Asegura Madeleine: «Es difícil no decirle: "O ella o yo". Hay que quitar tensión a la situación».

- **Habla con ella tranquilamente, con él presente.** Es importante que tu marido vea que no te empeñas en causar los problemas, afirma Madeleine: «Siéntate con ella y dilo todo. Pero es importante que no lo hagas sola. Andy siempre está presente, porque ella tiene la tendencia a cambiar las cosas y hacer el numerito tipo "ella dijo..." Es espeluznante, pero resulta, aunque he tenido que organizar más de una de estas sentadas con mi suegra».

- **Refuerza tu poder.** Subraya Suzannah: «Mi suegra me llama y dice: "Oye, Suzannah, sé que estás muy, muy ocupada", y yo le respondo: "Sí, lo estoy, ¿puedo llamarte yo después?", y entonces dejo pasar unas cuantas horas. No es por ser infantil ni porque quiera molestarla, pero ella tiene que entender que no estoy siempre a su disposición». Suzannah añade que va muy bien...

- **Darle sorpresas.** «No, no puede venir a desahogarse cuando le da la gana. Sin embargo, a veces preparo la comida y la invito, sin ningún motivo, simplemente porque es un gesto simpático. De esta manera, para ella la invitación es una agradable sorpresa, ve que participa en nuestras vidas y que no la dejamos fuera, pero que esto ocurre según mis condiciones.»

- **Recuerda que todas las familias son difíciles.** También la tuya. Dice Suzannah: «Mi familia también se las trae, y así como espero que David aguante todo lo que ésta entraña, yo también tengo que aguantar».

- **Hazle saber que te importa.** Indica Amy: «Yo soy la que le recuerda a Garry que telefonee a su madre». Acota Naiela: «Si no fuera por mí, la madre de Pete no recibiría jamás una tarjeta de cumpleaños ni un regalo para el Día de la Madre. Conseguí que Pete se lo dijera. Vi que le dolió bastante saberlo, pero también noté que su actitud hacia mí fue cambiando poco a poco. El último Día de la Madre comentó: "Veo que Naiela eligió esto. Pete no se habría enterado nunca de que me encanta la lavanda". Fue muy interesante, y muy positivo para los dos».

- **Recurre al humor.** Nuestro hombre, el doctor John Gottman, dice que el humor es un maravilloso bálsamo para los conflictos. Estoy de acuerdo. Es difícil, pero si el tono es el correcto, los resentimientos y molestias se difuminan y se logra algo. Después de un difícil comienzo, ahora soy capaz de tomarle el pelo a mi suegra por el cariño que siente por su hijo que excluye a todos los demás. Ya tenemos la constante broma de que cuando vamos de visita ella no sólo le sirve uvas a mi marido, se las pela y las predigiere también. Comprendí que había hecho progresos cuando nos presentamos en su casa y ella me ofreció un plato con uvas rojas y verdes. Un paso pequeño pero importante para el entendimiento suegra-nuera.

6
Secretos y mentiras

«Hay que tener algunos secretos en el matrimonio. Eres una persona que tiene derecho a tenerlos. Eres un ser humano con derecho a tener secretos. No eres completamente franca con tu madre, no eres completamente franca con tu hermana ni con tu mejor amiga, y eso es lo que te hace ser lo que eres. Es bueno tener algunas cosas dentro que sólo uno sabe.»

PATTI, 34

La comunicación se considera la piedra angular de las relaciones. No sé decirte cuántas columnas he escrito, leído y corregido animando a las mujeres a abrirse y expresar todos sus pensamientos y sentimientos con sus más mínimos detalles. Y a esto me atengo, en su mayor parte. No pienso ni por un instante en echarme atrás para sacar a la luz asuntos importantes. Meterlos bajo la alfombra no los hace desaparecer. Sencillamente se materializan en una bola de pelos o insatisfacción que, si no te ahogan, ciertamente forman un buen bulto.

Ser capaz de expresar y comunicar los sentimientos

es un símbolo de poder, algo que hay que valorar y apreciar. Una decisión financiera mutuamente satisfactoria, una identidad personal fuerte, un claro entendimiento de los objetivos y sueños a largo plazo, una vida sexual excitante, todos estos elementos de un matrimonio feliz suelen estar a la distancia de una frase. Así que tal vez te preguntas por qué, por el amor de la conversación, incluyo un capítulo que desafía la teoría «comunícate a toda costa».

Te diré por qué es importante que lo haga. Para empezar, si nuestras madres no tenían éxito en asegurarse los corazones de sus maridos a través de sus estómagos, intentaban hacerlo a través de sus oídos, creyendo que cuanto más hablaran más serían oídas y ellos estarían mejor dispuestos a revelar también sus pensamientos más íntimos. Era una estrategia bien intencionada, pero contraproducente. Si tenían la suerte de tener un marido que escuchaba, muchas veces no sabían elegir el mensaje ni transmitirlo. Regañar, quejarse, rezongar, son todas etiquetas puestas a las modalidades de comunicación femenina tradicionales. Poco ha de extrañar entonces que la frase «tenemos que hablar» se haya convertido en la más odiada y temida que puede decir una mujer. Si el marido no salía chillando a ocultarse en el monte, espontáneamente cerraba sus conductos auditivos.

Por lo que a los hombres se refiere, las mujeres son todo palabras y nada de acción. La triste verdad es que con frecuencia lo eran, puesto que muy rara vez tenían el poder y la convicción de una identidad fuerte para reforzar sus palabras. Y puesto que la mayor parte del tiempo los sinceros sentimientos de sus esposas no tenían sentido para ellos, los maridos no se convertían en mejores comunicadores. Si las esposas tradicionales no sabían redactar lo que decían, los maridos tradicionales no sabían interpretar lo que oían y, por lo tanto, eran aún menos capaces o estaban menos dispuestos a corregir su incapacidad adquirida para comunicarse.

Afirma Gabrielle, 32: «Nuestros padres no vivían en un mundo en que las personas tuvieran dotes de comunicación. No creo que mi madre supiera comunicarse con mi padre ni que él supiera hacerlo con ella. Ahora las mujeres tenemos muchas más habilidades para expresar nuestras emociones».

Las mujeres de hoy han perfeccionado sus dotes de comunicación hasta el punto de la sofisticación; saben muy bien dirigirse a un público, desde cientos de personas a una sola. Han trabajado tan bien el arte de la comunicación (respaldado por verdadera capacidad) que están ganando en todos los campos. Las chicas egresadas de institutos están arrebatándoles codiciadas plazas en las universidades a los chicos. Las alumnas en práctica docente están captando elocuentemente la atención de sus superiores. Y el hecho de que las chicas casadas sean capaces de expresar verbalmente sus necesidades emocionales apoyadas por hechos significa que con frecuencia están a cargo de la manera de gastar e invertir el dinero, del cómo y del dónde viven, de cuándo y cómo tenerlo todo, desde hijos a vacaciones y sexo.

Actualmente las mujeres no sienten la necesidad de hablar con sus maridos de todos los asuntos importantes o menos importantes. Seguras de lo que son y de su forma de comunicarlo con el mayor efecto, las esposas de la nueva generación tienen también muchas formas de dar salida a su deseo de expresarse. No necesitan acumular sus sueños y necesidades para luego soltárselas a una pareja que no desea participar las raras ocasiones en que está en casa. Ahora que la mujer es miembro activo de la sociedad, puede elegir a sus oyentes entre un inmenso abanico de amistades y colegas que simpatizan con ella, la animan y responden. Y, cuando es necesario, le ofrecen una discreta caja de resonancia para confesiones muy íntimas que, si su marido supiera, seguramente se sentaría a escuchar.

Pero es posible que la chica casada no desee que él la escuche. Al fin y al cabo, sabemos por el capítulo sobre el poder que guardarse algo da poder, y que en algunos casos este poder puede ser negativo. (En el caso del primer marido de Ellis, Phil, que se guardaba el hecho de que tenía una aventura, eso era negativo.) Pero en algunas situaciones, no decir determinadas cosas puede ser enormemente positivo.

En los años sesenta, en su libro *Sex and the Single Girl*, Helen Gurley Brown escribía acerca de los beneficios de suspender temporalmente la comunicación. Aconsejaba a sus lectoras solteras guardar el teléfono en el refrigerador para *a)* no oírlo sonar y así *b)* no caer en la tentación de cogerlo y *c)* para que el chico pensara que ella estaba fuera divirtiéndose sin él, creando así un atractivo y seductor aire de misterio, con el beneficio añadido de que *d)* si el deseo te llevaba a revelar tus pensamientos más íntimos y confidenciales no tendrías la oportunidad de hacerlo y luego vivir para lamentarlo.

Pero la chica casada da un paso más. Tener secretos y guardar silencio tiene sorprendentes beneficios, tanto para su salud mental y emocional como para la armonía de su matrimonio. En 2001, Mori realizó una encuesta exclusiva para *Reader's Digest* entre 971 adultos casados mayores de dieciséis años en todo Reino Unido, y descubrió que el 44 por ciento de las mujeres tenían secretos que no revelaban a sus maridos (entre los hombres había un 39 por ciento).

La esposa de hoy protege su derecho a tener pensamientos y sentimientos secretos con la misma pasión con que hace valer su derecho a hablar. Ahora no es ella la que se sienta frente a su marido y gimotea: «Cariño, dime en qué estás pensando». No, sabe exactamente cómo extraer lo que necesita de él. Es su marido el que, al ver un destello en los ojos de su mujer y una sonrisa gatuna en sus labios, debería dejar de lado su complacencia y obligarse a preguntar: «Cariño, ¿en qué estás pensando?» Porque su respuesta, en el improbable caso de que ella sea totalmente sincera, lo sorprendería e incluso lo horrorizaría.

La chifladura periódica

¿Un enamoramiento secreto? ¿Estamos locas? Mmm, la palabra ciertamente tiene relación con espinillas preadolescentes escribiéndole cartas de amor a su inalcanzable objeto de deseo en papel rosa adornado con gatitos. Pero, según las chicas casadas, el enamoramiento secreto forma parte de nuestra vida adulta igual que en la adolescencia.

Ya sea una chifladura periódica por una celebridad o un enamoramiento pasajero del chico repartidor de pizzas con el que hablamos mientras nuestro marido pide la película del viernes por la noche, estar loca por alguien ofrece los estremecimientos de la excitación en nuestra vida. Cuando las vulgaridades del matrimonio rayan en el aburrimiento, una inocente coquetería con el ¿y sí...? da una simpática textura, una chispa de fuego, una manera de experimentar (momentáneamente) una fantasía erótica, espontánea y perfecta, que lleva intrínseca la sensación de decoroso fracaso (ah, bueno, el destino ha dictaminado que eso no se haga realidad jamás. Suspiro).

La reciente chifladura de Sam, 36, es clásica: «Uno de los tíos que veo en el gimnasio es francamente estupendo, guapísimo. Y tiene unos ojos magníficos, oscuros. Por uno de los monitores me enteré de que va a hacerse militar, así que está concentrado en sus ejercicios. Pero de tanto en tanto lo miro y veo que él me está mirando con esos grandes ojos negros. No es el hombre más guapo del mundo, pero me atrae muchísimo. Y descubrí que se llama Benjamin y me digo: "Estoy loca", porque me parece que tiene un nombre maravilloso. No "gruñe" como muchos otros tíos del gimnasio, baja la cabeza y de tanto en tanto me mira. Y la forma como me mira me excita.

No quiero hablar con él ni nada de eso porque es sólo una seducción, un interés entre los dos. Así que nos miramos y no decimos ni una sola palabra. Es fascinante. Me encanta».

Hay una enorme diferencia entre esta atracción inocente y divertida y el estar colada que lleva a enamoramientos peligrosos y al acoso, que suele ser consecuencia de sentirse desesperanzada. No esperamos ni por un segundo que este sentimiento se materialice en algo real, porque sabemos que si ocurriera su inconveniencia y defectos sin duda estropearían su belleza. No, lejos de ser una manera de llenar horas huecas en casa o un vacío sin amor, los enamoramientos de la chica casada son pasajeros. Estos juegos mentales secretos a los que juega la mujer son sanos. No suponen que haya una aventura a la vuelta de la esquina. Son sencillamente una manera de reconocer que, pese a nuestro poder y a todas las responsabilidades que lo acompañan, todavía somos capaces de sentir, de sentir la atracción por el mundo exterior, sentir la seguridad de que, por remoto que sea, podemos ser atractivas e interesantes para otra persona, sentirnos divertidas y alocadas.

Apunta Mary, 30: «Yo le cuento la mayoría de las cosas a Tom, pero el matrimonio no es el final de la seducción. Sigues conociendo personas que te atraen, pero eso no se lo cuento. No le digo nada sobre los enamoramientos que me duran una semana».

Tampoco lo dice Ruth, 38, que explica de sus breves entusiasmos: «Me tranquilizan, porque me hacen ver que no soy una persona sosa, desapasionada, sin deseos. Me reafirma el hecho de ser capaz de sentirme así, de tener ese tipo de deseos».

Cuenta Julia, 31: «Cuando siento que estoy colada por alguien, deseo decírselo a Andrew para picarle el interés. Pero si se lo digo entonces sólo parece ridículo y aburrido, y encima podría herirle los sentimientos a Andrew, cuando sólo fue algo de un momento. Como sucedió cuando me pareció que Andrew estaba chiflado por Gwyneth Paltrow, lo interrogué durante cuatro horas y finalmente él respondió: "Vale, vale, tal vez la encuentro un poco atractiva", así que ni siquiera disfruté viendo Los *Tenenbaums, una familia de genios*». Pero cuando te casas, renuncias a volver a sentir ese maravilloso sentimiento del comienzo de un romance, por eso parte del atractivo de colarte por alguien es la posibilidad narcisista de representarte a otra persona. Es como inventarte que eres otra, y sólo pensar en que alguien llegue a conocerte porque le gustas es una emoción añadida. Yo estuve un poco chiflada por un tío con el que tenía una amistad por e-mail. La primera vez que contacté con él fue para pedirle ayuda para un trabajo que estaba haciendo. Eso es lo divertido y especial de comunicarse por e-mail, porque te permite hacer ese juego de seducción en que te preguntas: "¿Tengo el poder para atraer a alguien? ¿Soy seductora y divertida?" Ya no tienes esa emoción cuando estás casada, ¿verdad? Así que tratas de encontrar otras maneras de tenerla».

Ruth está de acuerdo: «Cuando te casas, la relación con tu marido evoluciona a un vínculo mucho más profundo y gratificante, pero sentir esta rápida química con otra persona te reafirma y te hace pensar que todavía eres capaz de entusiasmarte y de ser atractiva para otros hombres. Es muy bueno para la autoestima».

Ruth ha dado en el clavo. Según señala Karen DeMars, directora general y cofundadora de la página web e-crush.com, que ha seguido este fenómeno, estas locuras o enamoramientos dan un enorme impulso a la autoestima. Saber que atraemos a alguien nos provoca un agradable sentimiento de seguridad en nosotras mismas y nos anima a continuar progresando. A la inversa, las fantasías pasajeras de ser miradas por el objeto de nuestra chifladura puede estimularnos a hacer cambios en nuestra apariencia y modales si nos hemos dejado un poco.

Sara, 35, afirma: «Eso es cierto. Aunque quiero mucho a Ken y no desearía estar casada con otro, me gusta ese revoloteo de excitación cuando conozco a alguien y hay atracción. En nuestra organización entró un chico nuevo y el primer mes estuve loca por él. Me sentía como una escolar, y era una sensación fabulosa, inesperada, y de pronto me sorprendí poniendo más cuidado en mi apariencia. Cuando estábamos juntos en una reunión, me daba cuenta de que yo estaba más a la altura que antes. Parece una tontería, pero deseaba impresionarlo, y lo hacía. Impresionaba a otras personas también, y cuantas más reacciones positivas recibía más las deseaba, así que dos meses después obtuve un ascenso. Estupendo, ¿verdad? Es sorprendente lo que puede hacer un enamoramiento pasajero. Pero cuando comencé a conocerlo mejor, la atracción se transformó en amistad. ¿Cómo se puede estar chiflada por alguien cuando te das cuenta de que también tiene sus inseguridades y defectos?»

Explica Rae, 41: «Yo tengo enamoramientos todo el tiempo, y no creo que signifiquen nada negativo para mi matrimonio. Mi marido es la pareja perfecta para mí, en todos los sentidos, y por eso la mayoría de los tíos que me chiflan son totalmente diferentes a él. Como nuestro decorador, por ejemplo. La verdad es que no era muy inteligente, ni tampoco era guapo, pero justamente por ser tan distinto de Louis estuve colada por él unas dos semanas. Si se lo hubiera dicho a alguien habría pensado que me había vuelto loca. Pero hasta tenía palpitaciones cuando llegaba por la mañana. Era divertido. La fantasía se acabó tan pronto como él terminó de decorar la casa. Claro que de ninguna manera yo habría hecho nada al respecto. Eso es justamente lo divertido».

¿Le contó Rae a su marido lo de este enamoramiento? «No, ni loca. Es decir, él habría pensado que había perdido la chaveta. En todo caso, podría haberse sentido raro con la presencia de ese hombre en nuestra casa, sabiendo que yo estaba colada por él. Si se lo hubiera dicho, se habría convertido en un gran problema, y justamente eso es lo que no quería que sucediera. No era nada, sólo una locura pasajera.» Sara tampoco le contó lo de su enamoramiento a su marido. Asegura: «Si se lo hubiera dicho, me habría sido difícil hacerme amiga de este tío cuando ya se me había acabado la fantasía».

Cuenta Phoebe, 43: «Yo no soy una persona de naturaleza furtiva, así que tiendo a no tener secretos con mi marido. Si los tengo son para evitar discusiones innecesarias.

Son pensamientos íntimos, míos. Como cuando estuve colada por un tío que era editor de fotos. Nos tocó hacer un trabajo juntos y coqueteábamos muchísimo. Él era menor que yo, muy inteligente y muy *fashion*, y comencé a pensar si la chifladura ya estaba al borde de ser engaño, por todas las cosas que me pasaban por la cabeza. Se lo comenté a una amiga y me dijo: "Vamos, Phoebe, todos fantaseamos a veces, es muy normal", así que dejé de obsesionarme. Pero puesto que trabajaba con él, lo veía casi todos los días. Tenía un enorme despacho, casi siempre con luz muy baja, ponía música y había unos grandes sillones supercómodos. Así que cada tanto yo entraba ahí y decía: "Eres la zona tranquila, ¿puedo sentarme aquí un rato?" Entonces charlábamos y luego yo me iba. Pero empecé a encontrarme con una constante necesidad de ir hacia esa zona tranquila. Empecé a pensar si los demás se fijarían en que yo entraba a cada rato en su despacho, y si sabrían que yo estaba colada por él, así que comencé a evitar a las personas que yo pensaba que lo sabían. Estaba paranoica. Con esta obsesión de ser descubierta, cada vez que entraba en su despacho hablaba de mi marido. De esa manera no podía ocurrir nada, y creo que él nunca se imaginó lo que yo pensaba. Cuando se marchó me sentí aliviada de que lo hiciera porque por fin estaba libre de pensar en él. Mi marido nunca supo nada, hasta ahora».

Tonto, divertido, travieso... pero de todos modos algo que nos guardamos para nosotras, ¿eh? Sobre todo si tenemos en la mente el enamoramiento pasajero cuando estamos en la cama.

Alice, 35, recuerda cuando le dijo a su marido que estaba pensando en su amor imposible de esa semana, Pierce Brosnan, mientras hacían el amor. «Su reacción fue rara. Después, durante semanas, cuando terminábamos de hacer el amor me preguntaba: "¿Cómo estuvo Pierce?" Finalmente dejó de hacerlo. Ahora le digo que nadie me excita como él. Pero la verdad es que se ha echado unos kilos encima últimamente, y aunque lo sigo queriendo, a veces disfruto más del sexo si pienso que el que me está haciendo el amor es Justin Timberlake o el que sea que me chifla esa semana.»

Acota Rae: «Puede que yo tenga más de 40, pero no me considero de edad madura. El problema es que Louis y yo nos empantanamos tanto, con los gastos del colegio y los padres de él o los míos que vienen a pasar las vacaciones, que a veces cuesta sentirse sexy y es difícil ver a Louis como ese viril objeto sexual. No debe molestarme cuando él habla con sus amigos de lo colado que está por Britney Spears; eso es lo que dicen los hombres. Pero sé que él se sentiría muy inseguro si yo comentara lo excitada que me siento con sólo pensar en el tío guapo de la tienda o en Cristian de la Fuente. Le molestaría mucho si yo me calentara pensando en Bono o Sean Connery, pero éstos no me excitan nada; son demasiado viejos. Tienen mucho bagaje, y probablemente están tan cansados y estresados como mi marido».

Dice Sabina, 40: «Más de una vez he pensado en otro mientras estoy haciendo el amor con mi marido. Y ese alguien tiende a ser un hombre que conozco. Igual me imagino que estoy de visita en su casa y empiezan a ocurrir cosas y acabamos en el sofá. Nunca se lo diría a Matthew, pero aprovecho esa fantasía para calentarme y llegar al orgasmo más rápido».

Añade Dee, 29: «¿No hace eso todo el mundo? Es absolutamente inofensivo. Si esperas tener un matrimonio duradero, tienes que hacer lo que sea que haga falta para mantener la sexualidad viva. Eso no significa que no encuentres excitante a tu marido. Un par de veces he fantaseado con que estoy haciendo el amor con otro mientras estoy con Evan. Es una simple travesura sin malicia. Es como ponerse un uniforme de enfermera».

El archivo de los «ex»

Es el hombre al que querías antes de conocer a tu marido. Más que amigo, es la persona que te conoce mejor. Fue el primer hombre al que le confesaste tus más locos sueños, le revelaste tu yo más íntimo, comprendía tu síndrome premenstrual, te apoyaba durante esas turbulentas riñas familiares cuando eras adolescente y veinteañera, aplaudió entusiasmado en tu graduación, lo celebró con un buen champán cuando encontraste tu primer verdadero trabajo. Salisteis un par de años o más. Podríais haber vivido juntos. Hubo un momento en el que consideraste la posibilidad de casarte con él.

Me refiero a tu ex novio, con el que continuaste en contacto o con el que te volviste a encontrar pasados unos años. (Muchas de las que experimentaron dolorosas rupturas con sus ex explican sus tentativos acercamientos cuando se ha asentado el polvo, mediante sitios web como Friends Reunited.) Muchas chicas casadas tienen un ex especial, que se marchó o ellas dejaron marchar. Él acecha en el borde de nuestra vida, nos recuerda el pasado y pone en perspectiva nuestro presente. Y a muchas nos ofrece una posición de repliegue cuando el futuro con nuestro marido se ve momentáneamente incierto.

Lo llamamos de tarde en tarde. Incluso podríamos pedirle consejos, puesto que lo valoramos y confiamos en él lo suficiente para compartir una parte de nuestros años de formación. Éste es un hombre cuya impresión en nosotras es indeleble, ya que nos ayudó a ser las mujeres en que nos hemos convertido. A veces pensamos en él cuando sabemos que no deberíamos hacerlo. Para nuestro cumpleaños, para Navidad o Acción de Gracias, cuando estamos en el trabajo, e incluso cuando estamos en la cama. Ah, sí, y por supuesto nos encontramos con él. Y no en un lugar muy visible, por cierto. No, elegimos algún rincón apartado, donde podamos conversar, recordar viejos tiempos, contarnos mutuamente nuestras experiencias, ofrecernos consejos, hablar de cómo podría haber sido.

Eso nunca lo confesamos, ni siquiera a nuestra madre. Ella pertenece a una generación en que las mujeres no estaban solteras mucho tiempo (no olvides que, incluso en 1971, casi un tercio de las recién casadas eran adolescentes. Fuente: OneplusOne). Asimismo, ella pertenece a una generación para la que el sexo prematrimonial todavía era pecaminoso. Si tuvo algún amante antes de casarse, no lo reconocería, y mucho menos continuaría en comunicación con él. Se horrorizaría y escandalizaría de sólo pensarlo. Como dice Joely, 26: «Si tu madre salía con un chico, estaba ciertamente muy entendido que jamás volvería a verlo una vez que estuviera casada».

Tampoco se lo contamos a una amiga, a no ser que sea muy, muy íntima, y prometa por su alma no decirlo jamás. Una vez que pasa la emoción inicial del secreto compartido, sabes que podría haber una desagradable connivencia, puesto que tal vez ella conoce a tu marido y le cae bien.

Y ciertamente nunca lo confesaríamos a nuestro marido. Nunca. Él se ofende ante la sola mención del nombre de tu ex. Aunque se siente seguro y exitoso, sabe que este hombre sigue ocupando un lugar en tu corazón y representa una época de tu vida en que eras más joven, más libre, más desenfadada (¿más feliz también, tal vez?) ¿Qué hacías con tu ex que no haces con él?, se preguntará tu marido. Él piensa que debería ser todo para ti, tu compañero del alma, confidente, consejero, amante. ¿Por qué habrías de necesitar o desear ver a tu ex? Si alguna vez tuviera el valor de preguntártelo, tú ciertamente lo tranquilizarías diciendo que el atractivo sexual de tu ex ya ha desaparecido hace mucho tiempo. Tu afecto por él es inocente, nostálgico, platónico. Seguramente tiene una relación, tal vez incluso una esposa. Así pues, ¿cómo puede preocuparse por algo así? Y sin embargo...

Te encanta que tu ex todavía disfrute con tu compañía. Puedes llamarlo al trabajo, y sin duda hablará contigo. No tomas decisiones vitales para buscar su aprobación, pero no puedes dejar de sentirte encantada con su admiración por tus logros. Tampoco puedes resistirte a sonreír ufana cuando él insinúa pesar por no haber sido «el elegido». Cuando vas a encontrarte con él te tomas un pelín más de tiempo en arreglarte que el que te tomarías si sólo fueras a ver a un amigo. No deseas presentarte demasiado provocativa (no, eso no te lo permitiría tu conciencia), pero tampoco deseas parecer, aj, una esposa. Quieres muchísimo a tu marido; él sigue excitándote y haciéndote reír. Pero, ay, ¿recuerdas cuando tú y tu ex...? ¿Por qué exactamente no te casaste con él? Es curioso, pero cuando lo ves y hablas con él de aquellos tiempos, no recuerdas por qué. Y aunque lo recuerdes, tal vez los motivos no te parecen importantes.

Explica Carol, 37: «Yo sigo en contacto con mi ex novio. Él tenía mucho éxito, era muy extrovertido, pero cuando nos faltaba poco para casarnos yo empecé a ver que nuestro matrimonio se iba a parecer al de mis padres. Él se sentía el líder, se sentía superior a mí, y decidí que no era eso lo que yo esperaba. No deseaba ser mi madre. Me sentí como si estuviera en una jaula dorada, una casa hermosa, maravillosa, con todo ese dinero y esas cosas, pero no era feliz, así que cinco semanas antes de la boda, rompí el compromiso. Fue tremendamente traumático y estresante para todos, y no nos hablamos durante un buen tiempo. Pero ahora hemos vuelto a vernos, somos buenos amigos y hablamos periódicamente».

Le pregunto a Carol por qué sigue en contacto con un hombre que, según asegura, la trataba como a una inferior.

«Es una relación muy extraña —reconoce—. Pero estuvimos juntos seis años, y pienso que en muchos aspectos él me formó. Me ayudó a establecer algunas de las características que tengo, así que me siento muy unida a él en ese sentido. Lo conozco desde hace tanto tiempo que tengo la necesidad de hablar con él. Nunca hemos pasado más de cuatro meses sin hacerlo, charlamos con bastante regularidad. Sin posibles problemas gracias al teléfono móvil.»

¿Significa eso que Carol nunca le dice a su marido que sigue en contacto con su ex?

«Rick ha dicho que prefiere que no hable con él. Es muy celoso. No me ha dicho directamente "Te prohíbo que hables con él". Si me lo dijera, yo le contestaría: "No puedes prohibirme nada". Pero sé que si descubriera que me he encontrado con él para almorzar le dolería. No creo que saber que hablo con él por teléfono le doliera tanto como saber que he almorzado con él.»

¿O sea que Carol miente? Apunta: «En realidad no miento. Simplemente no se lo digo. En cuanto al almuerzo, no se lo cuento a Rick porque estoy segura de que se preocuparía, cuando en realidad no hay ningún motivo para que lo haga».

Rae tampoco miente. Dice que simplemente no le cuenta nada a Louis acerca de los encuentros con su ex. «Un día nos topamos, por pura casualidad, y acepté ir a beber algo con él. Estaba, estoy, felizmente casada, así que no sentí la menor tentación de tener una aventura. Bebí unas cuantas copas con él y estuve coqueteando, pero no fui más allá. Después lo vi cuando estaba embarazada y, no sé, de un modo extraño, estuve más tentada porque me sentía muy vulnerable. Pensé: "Estoy embarazada, voy a tener un bebé y ya nadie volverá a encontrarme atractiva", y estaba claro que él me encontraba atractiva. No, no se lo dije a mi marido. Aunque este tío es especial, en realidad no hubo nada. Logré convencerme de que no lo había engañado, así que todo estaba bien. Pero he de reconocer que si en este momento supiera que mi marido está sentado en el bar de un hotel tomando unas copas con su ex y ella está coqueteando con él, no me haría la más mínima gracia.»

Explica Lottie, 32: «Una vez le conté a mi marido que había visto a mi ex y se molestó tremendamente; se puso celoso. Empezó a darle vueltas a la idea de que yo estaba metida en una aventura. Y cuando se enteró de que trabajábamos en el mismo barrio, fue horroroso. Es un problema suyo, yo no quiero engañarlo. Tengo dos ex de los que todavía soy muy amiga. Mi marido sólo sabe de uno, cree que Anton es un amigo, pero no tiene ni idea de que es un ex, y quiero mantener el asunto así, sobre todo porque con frecuencia viajamos juntos por trabajo. Resulta que una vez mi marido vio unas fotos en las que estoy desnuda haciéndole una felación a un tío. Habíamos estado bebiendo Bloody Marys y tonteando con una Polaroid. Sólo se ve mi cabeza y un enorme pene. Cuando mi marido las encontró, por suerte no pudo ver que era Anton. Si se va a poner celoso o preocupado, es mejor que no lo sepa. Sería agradable que no hubiera ningún secreto entre nosotros, pero también he comprendido que no necesito contárselo todo, todo. No tengo por qué decirle que veo a mis ex. Eso lo preocupa, así que ¿por qué no evitarlo?»

Acota Jill, 35: «Estaba más o menos a punto de casarme cuando tuve una experiencia muy turbadora con mi ex, con el que había vuelto a contactar. Me declaró su amor eterno, después de diez años de haber roto, y me pidió que no siguiera adelante con mi boda. En cierto modo fue patético, pero también me turbó, me desconcertó. Ciertamente sentí la tentación. Creo que en parte se debió a que me halagó la certeza de que él me adoraba. Además es muy romántico y tiene una idea del amor muy idealizada, todo lo contrario de mi marido. Mi ex es un artista y me toca el lado creativo, espiritual. Él representaba lo que yo era en mi adolescencia; ahora soy una persona muy distinta, pero creo que parte del atractivo fue que yo ansiaba volver a ser una adolescente. Fue francamente muy difícil. Tenemos una conexión muy fuerte que no se puede borrar».

Para algunas chicas casadas, el deseo de conectar de nuevo con su pasado es tan avasallador que continúan viendo a sus ex, aun cuando no les gusten o incluso aunque ellos las hayan herido tremendamente. Jill se identifica con esto, porque pese a que es consciente de esta «fuerte conexión» con su ex, también reconoce: «No me gusta. Éste es un vínculo lleno de contradicciones».

En el caso de Audrey, 33, es la combinación de familiaridad y peligro la que la impulsa a encontrarse con su ex, sin que su marido lo sepa, cuando de tanto en tanto vuelve a su ciudad natal. Cuenta: «Era un cabrón. Mentiroso y tramposo, y hace aflorar lo peor de mí, pero hay algo en él que es difícil de resistir. Nos encontramos para almorzar, dos veces, y me sentí tentada de acostarme con él. Incluso antes que nos trajeran el primer plato me dijo:

"Vamos a mi casa y hagamos el amor". Pero no me he acostado con él. Le contesté: "Quiero que te quede claro, eso no va a ocurrir", pero saber que él lo desea, que sigo excitándolo, me resulta tremendamente seductor».

Carmen, 37, todavía recuerda la pesadilla de su ex: «Nos habíamos comprometido. Yo estaba absolutamente enamorada, pero él me hizo polvo. Me engañaba con otra chica y me dejó por ella. Después volvimos y entonces yo rompí con él, y eso me hizo bien. Pero tengo un poco de resaca con él». En ocasiones lo ve en los bares de su ciudad. Dice que a veces ella y su marido se quedan a beber un par de copas con él, pero jamás se encuentran a solas. Sólo en sus sueños, cuyo contenido guarda en secreto.

Admite: «De tanto en tanto aparece en mis sueños. Sueño por ejemplo que hemos vuelto. Pero nunca se lo digo a mi marido. No quiero que piense que todavía siento algo por mi ex, porque sabe lo mucho que significó ese tío para mí».

Ya sienta aversión o le guste, el ex continúa siendo una presencia en la vida de la chica casada, y aunque rara vez confiesa a su marido exactamente qué forma adopta esa presencia, la mayoría de las veces sencillamente le refuerza la convicción de que tomó la decisión correcta al casarse con su marido.

Apunta Carol: «Cada vez que veo a mi ex siento que se fortalece mi matrimonio. A veces pienso que cada tanto es necesario mirar tu matrimonio desde fuera. Cuando lo haces, ves claramente que lo que tienes es muchísimo mejor. Cuanto más hablo con mi ex, más comprendo que jamás habría sido feliz casada con él, y me alegro mucho de haber puesto fin al compromiso. También, me hace valorar más mi matrimonio».

Rae está de acuerdo: «Cuando veo a mi ex, con todo el afecto que le tengo todavía, no deseo tener una aventura. Simplemente le da un impulso a mi seguridad en mí misma y me hace comprender que en realidad quiero muchísimo a Louis. Mi ex está casado y es el tipo de tío que no necesita tontear con nadie, pero comparte el mismo sentimiento de "Sólo necesito saber que todavía te gusto y tú me gustas a mí, ¿no es sensacional eso? Volvamos a vernos dentro de un año"... Es agradable saber que sigues siendo atractiva para tu ex, aunque no estés tan resultona ni animosa como hace diez años. Pero sé que no preferiría estar casada con él en lugar de con mi marido».

Lilly, 31, coincide, aunque sí cruzó la raya con su viejo amor en un momento de conflicto matrimonial. Reconoce que aunque todavía encuentra peligrosamente atractivo a su ex y no se siente orgullosa de ese engaño, esa breve aventura le ayudó a apreciar y valorar más a su marido. Sin embargo, confiesa: «Debo reconocer que es muy agradable saber que siempre hay alguien ahí en un segundo plano que te adora. Nunca se ha casado y dice que jamás lo hará. Tal vez él es mi red de seguridad si en algún momento algo fuera mal y acabara mi matrimonio, tal vez no y terminaría enamorándome de otro. Si llegara el momento, no sé si podría tener un proyecto de vida con él, pero saber que está ahí me hace sentirme segura». Por el momento, los sentimientos de Lilly continúan siendo un misterio no resuelto en su archivo de ex.

Secretos placeres solitarios

Si bien Kath, 33, no sigue en contacto con su ex, confiesa que tiene fantasías sexuales secretas con él. Detalla: «Tengo un ex con el que estaba obsesionada. Mi fantasía es que me encuentro con él por casualidad y, claro, estoy fantástica, más guapa de lo que soy o he sido jamás, y estamos en un bar donde nadie nos ve y tonteamos un poco y luego nos vamos a un hotel».

Kath dice que tiende a tener esta fantasía cuando se está masturbando, otra actividad secreta que oculta a su marido Noah. No está sola. La gran mayoría de mujeres se complacen en viajes sexuales secretos mientras juegan en solitario y no se sienten avergonzadas por eso. A diferencia de las generaciones anteriores que consideraban la masturbación un comportamiento pecaminoso incontrolable, las mujeres actuales alegremente se acarician, masajean y manosean con regularidad.

Un estudio reciente del Instituto Kinsey revelaba que las mujeres se masturban casi tanto como los hombres, esto significa un aumento de casi un 100 por ciento sobre el primer estudio del comportamiento sexual en Estados Unidos realizado hace cincuenta años. Más aún, las mujeres están empezando a explorar y descubrir sus cuerpos a edad más temprana. En un estudio de alumnas universitarias realizado en 1966, el 18 por ciento de las entrevistadas dijeron que habían comenzado a masturbarse a los doce años; quince años después, esa cifra ha saltado al 31 por ciento. Según el *Janus Report* de comienzo de los noventa, alrededor del 20 por ciento de las mujeres ya se masturbaban a los diez años.

Lo cual significa que cuando llegamos a la edad adulta ya somos ases de la masturbación, sabemos lo que nos resulta placentero y lo que no. Más aún, continuamos valorando nuestro placer secreto hasta mucho después de casarnos. Si bien la masturbación suele relacionarse con solteras que lo hacen para compensar la falta de coito, las chicas casadas usan el «sexo mío» para complementar el «sexo nuestro». Los estudios revelan que las mujeres casadas que se masturban desean y disfrutan más del sexo que las que no, lo cual testimonia su poder como eficaz afrodisíaco.

También tiene palpables beneficios para la salud. Al acariciarte el clítoris se alivian los dolores menstruales, y va bien para combatir las molestas infecciones vaginales. Vale más continuar masturbándote, sobre todo puesto que a partir de la menopausia hacerlo mejora la sequedad vaginal.

Darnos placer a nosotras mismas es también una popular manera de aliviar el estrés. Una encuesta realizada por *Good Housekeeping* (Reino Unido) en 2001 revelaba que una de cada cinco mujeres se siente estresada al menos la mitad del tiempo. Y dos de cada tres de las que respondieron creen que actualmente la vida de la mujer es más estresante que hace cincuenta años. ¿Podría ser la masturbación nuestro más popular deporte en solitario ahora? Gratis y relativamente rápida, con resultados inmediatos y obvios, ciertamente parece ser el ejercicio más valioso de todos. En especial cuando se combina con fantasías sexuales alucinantes que, según la nueva generación de esposas, son tan esenciales para el proceso como la intimidad y la técnica. Esta deliciosa mezcla de actividad mental y física, conceden los expertos, es una de las diferencias más interesantes entre la masturbación femenina y la masculina. Y así lo afirma June Reinisch, directora emérita del Instituto Kinsey de la Universidad de Indiana: «Nosotras hacemos masturbación de calidad. Ellos hacen cantidad».

Pero, basándome en mi investigación, a mí me parece que nos gusta la calidad y la cantidad. Las chicas casadas con las que hablé dicen que se masturban, como promedio, un par de veces a la semana.

Kath dice que se masturbaba más aún cuando estaba embarazada. «Estaba más que cachonda. Nadie me había advertido de eso. Me sentía como si fuera un tío. Vivía pensando en sexo. Veía películas porno o fantaseaba con alguna celebridad. George Clooney, el obvio, o Luke Wilson. Me gustan los tíos raros. Son supersexys.»

Admite Petra, 37: «Depende de cómo me siento. Hay semanas en que soy más sexual que otras. Así que a veces me masturbo casi diariamente, incluso dos veces al día. Otras veces podría pasar una o dos semanas sin masturbarme».

Emily, 33, reconoce que a ella le vienen rachas periódicas de masturbación, sobre todo «cuando no hemos hecho el amor durante un tiempo, o cuando estoy estresada. Es como hacer ejercicio, es una liberación física, y me siento mucho mejor después. También cuando mi marido está de viaje y estoy sola por la noche, es tarde y estoy cansada, pero no tanto como para ir a acostarme».

Lo mismo le ocurre a Mary, 32, que dice: «Cuando mi marido está fuera me masturbo una o dos veces a la semana, principalmente cuando tengo dificultad para dormirme. Trato de adormecerme y me rondan en la cabeza todas esas palabras, todo ese lenguaje de lo que he estado analizando todo el día y necesito distraerme de eso si quiero dormir. Como hacer yoga o escuchar música suave, masturbarse es una fabulosa manera de dejar de lado las preocupaciones».

Señala Sam: «Yo me masturbo todos los días. A veces cuando estoy en la ducha o si veo a un tío que está haciendo ejercicio en el gimnasio y pienso: "Es adorable, creo que voy a ir a masturbarme pensando en él". Pero son muchas las cosas que me excitan. En verano lo hago más aún. Cuando he estado tomando el sol y con el cuerpo caliente nado un poco en la piscina y luego me pongo al sol otra vez con el cuerpo brillante, eso me excita, ¡aaah! Y la otra noche estaba hablando con un amigo, y me preguntó: "¿Te pones cachonda cuando estás con resaca?" "Pues sí", le contesté. Así que cuando estoy con resaca me masturbo pensando en él. Y también desde que llevo el pelo largo me miran más. Voy por la calle y me miran de la derecha, la izquierda y del centro, y me digo: "Aah, esto no me había pasado nunca antes", y eso me excita».

A diferencia de su madre, Sam no es tímida para hablar respecto a su afición al sexo, ya sea con su marido o sin él. «Mi madre ni siquiera puede decir la palabra masturbación. Pero yo no tengo ningún problema para hablar o escribir sobre ello. Incluso escribí en mi página web sobre una vez que me masturbé. Teníamos invitados en nuestra casa de verano en Fire Island y era un típico fin de semana. Todos estaban en la playa y yo ya había tenido bastante. Tengo la piel muy blanca y ya había tomado suficiente sol para un día, así que volví a la casa y me refresqué en la ducha exterior. Estaba precioso, los pájaros trinaban, el sol me sonreía, y pensé: "¿Por qué no?" Fue fabuloso.»

Sam y Mary no piensan en sus maridos mientras se dan placer. En general, ninguna chica casada lo hace, y aseguran que por mucho que sus maridos digan que les encanta verlas masturbándose, prefieren mantenerla como una actividad secreta. El «sexo nuestro» y el «sexo mío» son experiencias totalmente diferentes. Una es de intimidad mutua, la otra es una afirmación de independencia absoluta durante la cual el propio placer egoísta lo es todo. La masturbación es una maravillosa liberación física para las mujeres, nos da la oportunidad de liberar nuestra imaginación también, lo cual muchas veces significa permitirle hacer volteretas en el país del tabú; un país en el que no hay esposas ni madres, colegas ni jefes, sino alguien sin ninguna inhibición, responsabilidad, obligación, ni siquiera moralidad. Y si nuestro marido piensa que tiene algún papel ahí, está equivocado. Su presencia, ya sea en la habitación o en nuestra mente, es una intrusión no bienvenida en uno de los pocos mundos privados que todavía poseemos. Como también su deseo, ya se base en el ego o en simple curiosidad, de saber el contenido de nuestras fantasías. Como escribió la fabulosa Nancy Friday en su notorio libro sobre las fantasías sexuales de las mujeres *My Secret Garden*: «Una cosa que he aprendido sobre las fantasías es que es divertido contarlas, pero una vez contadas pierden la mitad de su magia, de su ineludible poder. Son guijarros del mar sobre los que se ha secado el agua». Le creemos, y por eso mantenemos en secreto nuestras satisfactorias y liberadoras fantasías sexuales en solitario.

Señala Joely, 26: «Tengo fantasías con todo y con cualquier cosa que no involucre a mi marido. Mis fantasías sexuales tienden a girar en torno a lo que leía en la universidad, libros eróticos como *Delta de Venus*, de Anaïs Nin».

Añade Alexandra, 28: «La masturbación y el sexo con mi marido son cosas diferentes. Lo que pienso cuando me masturbo no tiene nada que ver con él. Algunos días me masturbo por la tarde, cuando él no está, y es posible que ese mismo día hagamos el amor, así que las siento como si fueran dos cosas diferentes. Cuando me masturbo suelo fantasear con algún actor de Hollywood. El sexo de película es muy potente, así que muchas veces pienso en eso. Incluso en esa terrible película de *Pearl Harbour*, que detesté, hay unas escenas de besos muy románticas. O libros como *Cold Mountain*, que trata de la guerra civil. Tiene un final romántico y recuerdo que me excité bastante leyendo las últimas páginas».

Sam dice que su fantasía favorita durante su sexo en solitario es la de «hacerlo con el desconocido moreno al que no le ves nunca la cara. O la del desconocido que te encuentras en el ascensor de Bloomingdale, y te da un apasionado beso y luego se marcha, dejándote con ganas de más. En esas cosas pienso».

Ruth, 38, reconoce: «Sí, ser seducida por un desconocido en un lugar público es mi principal fantasía también».

A Simone, 28, le ocurre lo mismo: «Me encuentro con un desconocido y surge esa fabulosa euforia de pasión avasalladora».

Mary dice: «Encuentro tremendamente raro pensar en mi marido mientras me masturbo. Pienso en cosas de bellas artes. Pienso en cuadros, todos los colores son muy estimulantes».

A Jess también la estimula pensar en el color. Explica: «¿Sabes esos rotuladores de juego para niños, llenos de bolitas blandas? Me imagino que estoy rodeada por todas esas bolitas».

Joely añade que una de sus fantasías favoritas durante el «sexo mío» es «con otras mujeres; no necesariamente yo con una mujer, simplemente mujeres». Connie, 39, coincide: «Tal vez porque el cuerpo femenino es más hermoso que el masculino, y más voluptuoso, fantasear con mujeres suele calentarme más que pensar en un hombre».

Explica Melanie, 30: «Mi fantasía secreta es con dos tíos encima de mí. Y yo sin hacer absolutamente nada aparte de estar tumbada ahí».

Afirma Tracy, 34: «Yo también. Fantaseo con dos hombres encima. Y la fantasía de la violación feliz, pero la agradable, divertida, no la que duele. Esa donde yo digo: "No, no", pero él dice: "Ah, sí, sí", en la que me tira al suelo y me arranca la ropa».

Dice Lottie: «A mi me inquietaba eso de fantasear

que me violaban mientras me masturbaba. Pero lo superé cuando hablé con mis amigas y me dijeron que hacían lo mismo. Evidentemente, no deseo que eso ocurra en la realidad, pero me gusta imaginarme que no estoy al mando durante un breve momento. ¿No encuentras que la responsabilidad puede reprimirte? Como siempre tienes que parecer controlada, si no lo estás, te preocupa que ya no te tomen en serio. Al menos cuando te estás masturbando, es algo totalmente íntimo, secreto, puedes imaginarte que no estás al mando y que se apodera de ti una fuerza más dominante sin que nadie te juzgue o diga después: "¿Así que entonces te gusta que te dominen?"»

GUÍA PARA OBTENER EL MÁXIMO DE LA MASTURBACIÓN

Oye, esto no pretende enseñarte la manera de darte placer a ti misma. Ya has tenido un par de decenios de experiencia, por lo que eres una experta. Pero no puedo resistirme a transmitir algunos consejos de otras chicas casadas para aumentar el placer; son demasiado buenos para que permanezcan en secreto.

- **Variar la presión y el movimiento.** Señala Shauneice, 36: «Durante años sólo frotaba suave y siempre funcionaba. Resulta que un día estaba sentada a la mesa de la cocina, pensando en un menú, y comencé a darme golpecitos en la entrepierna. Ni siquiera estaba pensando en masturbarme, fue algo inconsciente, mientras trataba de concentrarme. Pero mientras me daba golpecitos comencé a sentirme excitada. Me bajé los pantalones y a través de las bragas, continué con los golpecitos, primero suave, luego fuerte, luego suave. Fue increíble».

- **Experimentar con las posiciones.** Cambiar la posición, tumbada, sentada o de pie, puede alterar espectacularmente las sensaciones. Asegura Lottie, 32: «He descubierto que resulta mejor cuando me siento en el borde de la cama o de un sillón y luego me tiendo de espaldas». Dice que esta posición le levanta el clítoris y lo hace más sensible a su caricia. Freya, 35, dice que suele ponerse cojines bajo el estómago y se tiende boca abajo, «sobre todo cuando fantaseo». Dice Rae: «De pie con las piernas ligeramente separadas me permite meter en profundidad los dedos, lo que no puedo hacer si estoy tumbada». Insertarse un dedo es una manera fabulosa de descubrir tu punto G, si aún no lo has encontrado. Introduce el dedo medio, avanza unos cinco centímetros y con un movimiento como si estuvieras llamando a alguien, presiona suavemente la pared más cercana al vientre. Se siente esponjoso (por eso otro nombre para el punto G es esponja uretral). Algunas mujeres dicen que no les gusta la sensación, otras aseguran que hace aún mejor el orgasmo en solitario.

- **Complacer todos los sentidos.** Lottie pone rock heavy («Es desmadrado y excitante»), mientras que Mary prefiere escuchar música suave. Rae usa aceites de masaje perfumados, y Freya enciende velas aromatizadas («Mi olor favorito es el de ámbar», dice). Sam y

Kath ven porno a veces, mientras Joely lee algo erótico.

- **Usar juguetes.** En una encuesta de mypleasure.com (en honor del Día de la Independencia), entre 2.736 clientas, el 25,5 por ciento contestó que su manera favorita de masturbarse era con un vibrador o consolador. La mitad de estas clientas de mypleasure están casadas, y la portavoz, Melissa Brockgreiten, me dijo: «Uno creería que las mujeres casadas compran principalmente juguetes para la pareja, pero no es así en absoluto. La mayoría de ellas compran vibradores vaginales, en particular de doble acción, y casi siempre aparatos más caros que las solteras. Mi teoría sobre esto, respaldada por la correspondencia con estas mujeres, es que después del matrimonio aprenden a valorar más su sexualidad. No es que la sexualidad no sea importante para las solteras, pero en general, las casadas son un poco mayores, más experimentadas y están más dispuestas a mimarse sexualmente. Las casadas parecen saber y comprender mejor lo primordial que es disfrutar con su sexualidad».

Más aún, Melissa afirma que: «Lo otro superimportante para las mujeres casadas es que el juguete se puede mojar, lo que tiene lógica si lo piensas. Cuando estás casada, el lugar más secreto para masturbarte, fantasear o complacerte, es la ducha o la bañera. Yo no lo había pensado, hasta que recibí un e-mail de una mujer que hablaba de eso, y entonces miré la información. De pronto se me encendió la luz».

Los juguetes más vendidos de mypleasure para chicas casadas son:

El Rabbit Pearl: es posible que hayas oído hablar de este juguete con orejas diseñadas para que aleteen sobre el clítoris.

El Orion: vibrador de doble acción todo de silicona, con bolitas giratorias.

El Tsunami [maremoto]: este vibrador azul hielo, tiene una suave curva para acariciar tu punto G.

Y «cualquier cosa que se puede mojar», repite Melissa.

Las siguientes recomendaciones concretas vienen de Melanie y su amiga Tracy, que asegura: «Yo tengo el Matador, que toda mujer debería tener». Melanie compró el de ella del catálogo de Adam & Eve; dice: «Tengo un cajón lleno de juguetes, pero el Matador es el mejor. La cabeza es como un toro con cuernos. Y en la cabeza también hay un vibrador pequeño en forma de bala. Tengo un orgasmo cada vez. Es increíble». Stella, 32, prefiere el Butterfly [mariposa]; dice: «Es un vibrador con forma de mariposa al que le sobresale la cabeza. Se puede llevar bajo la ropa también, y tiene un interruptor y control de velocidad manuales. Nunca lo he llevado fuera de casa, es bastante ruidoso, así que creo que llamaría la atención en un restaurante, club o cine, pero pienso que podría ser muy divertido».

....

Sólo entre amigas

Estoy bebiendo unas copas en un bar con vistas al parque con mis dos mejores amigas, llamémoslas Anita y

Courtney. Anita está casada con Richie, y Courtney lleva casi diez años casada con Jann; en general las dos tienen buenos matrimonios. Estamos hablando del matrimonio moderno (durante un año no he hablado de otra cosa). Les pregunto: «¿Tenéis algún pensamiento secreto que querríais contar?» Después de una disimulada mirada alrededor, Anita susurra: «¿Habéis tenido alguna vez la fantasía de la muerte?» Courtney y yo ahogamos una exclamación, porque no somos las únicas que, en momentos singulares, locos, de nuestro matrimonio, hemos dado espacio al cerebro para la fantasía más negra, más tabú de todas, la muerte de nuestro marido.

Patsy, 34, confiesa que también ha contado esta negra, negra, fantasía a amigas muy íntimas: «Sí, la fantasía de la muerte. Es decir, tengo amigas que se han divorciado y ves lo difícil que es. Esperas que el divorcio sea amistoso, pero nunca acaba siendo amistoso. Puede ser amistoso diez años después, pero mientras tanto pasas por años de infierno. Puede que no sea culpa de nadie, pero algunas relaciones se rompen». O hay ocasiones, sugiero yo, en que un período difícil se ve muy difícil y no te ves capaz de encontrar la energía o el ánimo de lucha para encarrilar las cosas en ese momento. Patsy me da la razón: «A veces comienzas a pensar cómo podrías tener todo a lo que tienes derecho, pero sin el obstáculo».

Patsy cuenta que a su fantasía de la muerte también la llama «fantasía del vete», porque le viene a la cabeza principalmente «cuando estoy en casa con él y me siento tan sola como me sentía cuando vivía sola». Todas nos identificamos con eso durante esos períodos de conflictos no resueltos y constantes cabezazos.

Dice Melanie: «Oye, las cosas no son de color de rosa siempre. Si alguien te dijo alguna vez que iba a ser de color de rosa, esa persona es una cochina mentirosa. Vives con un ser humano que como tú no es perfecto, y hay momentos en que piensas vete a la porra, apártate de mi vista». Su amiga Tracy está de acuerdo: «Sí, principalmente cuando estamos riñendo y, después de doce años de oír las mismas cosas, pienso que ya tendría que parar de decirlas. Entonces me enfurezco y pienso que no quiero tener que contestar más ni volver a oír aquello».

Pero lo principal es que Tracy y Melanie desean continuar casadas. Patsy desea continuar casada; Anita, Courtney y yo también. Y deseamos estar casadas con nuestros maridos. Lo deseamos, lo deseamos, lo deseamos. De verdad. Sólo que a veces, bueno, ansiamos volver a estar solteras, quitarnos los grilletes de la responsabilidad, no sentirnos abrumadas por las necesidades de nuestro cónyuge, sentirnos libres y despreocupadas, desmadrarnos, pensar solamente en nosotras, por un tiempo, en todo caso. Porque, verás, por primera vez en la historia de la mujer, hay casi tantos motivos fabulosos para ser soltera como para ser una chica casada. Y todas habríamos estado verdaderamente contentas de continuar solas si no nos hubiéramos enamorado y deseado a nuestros maridos.

Sabemos que nuestros matrimonios no están tan mal. De hecho, son bastante maravillosos a grandes rasgos, y si nuestros maridos murieran nos sentiríamos absolutamente destrozadas, aniquiladas. Asegura Charlotte, 36: «Ha habido días en que he pensado que si él muriera yo me moriría. Y luego están esos momentos en que simplemente no deseo responder ante nadie, sólo deseo mi libertad para vivir mi vida, pero el divorcio no es una opción». La muerte sería una manera inocente, sin culpa, de escapar de las promesas que hicimos ante nuestros familiares y amigos. Sería considerado un fin «respetable» de nuestro compromiso con una institución que todavía sacralizamos.

Cuenta Beverly, 32: «Yo fantaseo con su muerte cuando estoy furiosa con él. Entonces no tendría que hacerle frente. Si se muriera, podría salir con otros porque sería viuda y no me sentiría culpable, eso escaparía a mi control».

¿Deberían sentirse terriblemente mal Patsy, Charlotte, Beverly, Melanie, Courtney y todas las demás mujeres que confiesan descaradamente a sus amigas íntimas que se entregan a «la fantasía de la muerte» en algún momento de locura? Mi opinión es que no; bueno, no, a no ser que la fantasía se convierta en posibilidad y comiences a jugar con cócteles de arsénico. No, creo que es mejor y más sano que fantasear con la propia muerte. Nada es tan negro y destructivo como sentirse tan desgraciada que desees suicidarte. Eso, como lo confirmará cualquier terapeuta, sí es causa de preocupación, y causa para buscar una combinación de terapia y medicación. Cuando te sientes tan desesperada y desesperanzada que piensas que tu familia, amigos, hijos, el mundo estarían mejor sin ti, entonces es cuando necesitas echar una atenta y detenida mirada a tu matrimonio y considerar la posibilidad de ponerle fin. Pero, como dice mi otra amiga Billie: «La fantasía de la muerte no es más siniestra que cuando de niña, al no obtener lo que deseabas, comenzabas a desear que tus padres estuvieran muertos. En realidad no querías que murieran, sólo era una fantasía hueca que te permitía sentirte rebelde y libre por unos momentos».

Lo que nos mantiene cuerdas durante los momentos de locura conyugal (y a veces de pensamientos asesinos) es nuestro círculo de amigas íntimas a las que muchas veces revelamos más cosas que a nuestros maridos. Toda chica casada dice que puesto que nuestras amigas íntimas nos conocen desde mucho antes que conociéramos a nuestros amados y nos casáramos con ellos, su visión y perspectiva son únicas. A diferencia de los familiares, que muchas veces tienen sus propios conflictos o introducen problemas de hermanos en la mezcla, las amigas íntimas, de las que solemos tener dos o tres, nos ofrecen consejos basados en una profunda comprensión de lo que somos, sin motivos ulteriores. Por mucho que adoren a nuestro marido y sean madrinas de nuestros hijos, su única y principal preocupación es nuestro bienestar.

Nuestras amigas pueden ser solteras o casadas, y podemos vernos con ellas con nuestros maridos. Pero es esencial que busquemos tiempo para verlas a solas, para hablar de verdad, para revelar nuestros pensamientos más íntimos, redescubrir quiénes somos realmente. Dice Joely: «Vas a ver a tus amigas o ellas vienen a verte, pero cuando están los maridos presentes, nunca hablas de las cosas que realmente significan algo».

Gabrielle, 32, está de acuerdo: «Cuando empiezas a tener vida social sólo como pareja, nunca se hacen las preguntas que es necesario plantear a las amigas».

Añade Amanda, 29: «Con Larry pasamos mucho tiempo juntos con amigos. Yo también procuro ver a mis amigas sola. Y nunca hablo con ellas por teléfono cuando está Larry en la habitación. Soy muy reservada con mis amigas por teléfono».

Éste es un cuadro común. Es tan grande nuestro deseo instintivo (incluso primitivo) y habilidad de vincularnos con otras mujeres y hablar acerca de lo que tenemos en el corazón que no nos refrenamos. Si hablamos de nuestros maridos, suele ocurrir que lo que tenemos que decir no es halagador y, pese a que él es el foco de nuestra irritación, muchas veces no deseamos herirlo (y si lo deseáramos, o quisiéramos una verdadera solución, se lo diríamos a la cara). Generalmente, lo que buscamos en nuestras amigas no es una solución sino simplemente la oportunidad de desahogarnos en un ambiente de compenetración y apoyo. Pero el vínculo femenino no es siempre a expensas de la reputación de nuestro amado como el marido perfecto. A no ser que busquemos solaz durante un período conyugal difícil, invariablemente él ocupa solamente una fracción de nuestra conversación.

Opina Suzannah, 39: «Estar en una manada de mujeres en que ninguna es muy amiga mía me fastidia. No lo soporto. Pero disfruto muchísimo de estar con mis amigas íntimas. Tengo muchas amigas, pero sólo dos o tres son verdaderamente íntimas, personas que me han conocido siempre, con las que puedo expresarme y decirles cosas que no le cuento a mi marido. Ellas me ofrecen empatía, experiencias, risa, la oportunidad de airear opiniones y perspectivas de las cosas que me importan, de temas que no puedo hablar con David porque pone los ojos en blanco. Por ejemplo, si me pongo a hablar de los pedófilos, enseguida empieza a poner los ojos en blanco, pero este problema es importante para mí, y me encanta la pasión con que puedes hablar cuando estás con amigas. Si llevo un tiempo sin verlas, me siento más o menos igual que cuando no he tenido relaciones sexuales durante demasiados días. Me siento aislada, sola, me meto en mí misma y pienso que llevo demasiado tiempo sin reírme. Siento la necesidad de estar al tanto de sus vidas y de lo que están experimentando. Me siento un poco desgraciada y deprimida; mis amigas son muy importantes para mí».

Lo mismo le ocurre a Sam, que cuenta que de sus cinco amigas íntimas «recibo apoyo, comprensión, conmiseración, y me hacen sentir más segura. Les digo cosas que no le cuento a Ray porque, bueno, ellas son mujeres. Todas tenemos problemas. Todas vigilamos el peso, nos quejamos de no tener suficiente actividad sexual, nos quejamos de no tener todo el dinero que quisiéramos, nos quejamos de tener canas. Sea lo que sea lo que le haya hecho a Raymond, siempre me dicen: "Vamos, no seas tan dura contigo". Tenemos mucha historia juntas. A estas chicas las conozco desde hace más de quince años, desde antes de conocer a Ray. La verdad, si Ray no hubiera pasado la prueba con ellas, no habría acabado casada con él. De ninguna manera. Así de importantes son ellas para mí».

Cuenta Joely: «Cuando estoy con viejas amigas siempre recuerdo mis sueños, las cosas que siempre deseé hacer pero he ido dejando para después. Ellas me apoyan tan incondicionalmente que decido hacer esas cosas de inmediato. Es decir, también recibo apoyo incondicional de mi marido, pero es diferente. Es como una mamá. Claro que mi marido me encuentra maravillosa, como debe ser, pero el apoyo de mis amigas es diferente. O sea, le hablo a mi marido de una situación que tengo con alguien y le pregunto: "¿Qué te parece?", y él siempre es pesimista, siempre se imagina las peores posibilidades. Me dice, por ejemplo: "No creo que puedas mejorar esa relación", o algo similar, y entonces yo salto: "Uy, no, ¿de verdad crees eso?" Pero si veo a una de mis amigas, una de esas personas que siempre han estado en mi vida, me comenta: "Ah, sí, ¿no te acuerdas cuando hizo esto o aquello?" Las viejas amigas recuerdan cosas útiles que yo ya no recordaba».

Estar con amigas a solas nos recuerda quiénes éramos y seguimos siendo en nuestro interior cuando nuestro espíritu libre se siente abrumado por las obligaciones conyugales. Durante un rato por lo menos podemos divertirnos siendo nuevamente solteras, desenfadadas y desinhibidas. En ese tiempo nunca nos juzgaban cuando nos emborrachábamos como cubas, nos reíamos ruidosa e indecorosamente, bailábamos encima de las mesas y maldecíamos a los taxistas. Y ahora cuando sentimos el impulso de recordar o repetir ese comportamiento, tampoco nos juzgan. Por un momento podemos ser tontas, desmadradas, frívolas, completamente fieles a nuestros instintos, y no esposas, madres, trabajadoras y jefas; somos simplemente nosotras.

Joely explica que le dijo a su novio que sólo se casaría con él si aceptaba que ella continuara viendo a sus amigas a solas. «Eso era importantísimo —afirma—. Nos comprometimos en mayo y yo me fui de vacaciones con una amiga en septiembre. Entonces él preguntó: "¿Y vas a tomarte tus vacaciones para pasarlas con una amiga?", como si ella fuera poca cosa, sin pensar que somos amigas desde que teníamos 18 años. De todos modos, nos fuimos a una isla del Caribe, bebimos toda la semana y coqueteamos con tíos. Incluso tres días antes de la boda, llamé a mi novio y le dije: "No iré a casa". "Sí, ya lo supuse", dijo él. Eso fue el miércoles por la noche y nos casábamos el sábado. Todavía hago cosas de ésas, sólo que ahora voy a casa. Pero sigo haciendo vacaciones sola con amigas. El septiembre pasado fui a Las Vegas con unas amigas y estuvimos bebiendo y de fiesta, fue increíble. También fui a California sola para alojarme la mitad del tiempo con una amiga y la otra mitad con un viejo amigo. Mi marido dijo: "¿Te vas a alojar con un tío?", y yo le respondí: "Sí, eso haré, y tú puedes o bien estar enfadado todo el tiempo que yo no esté o sentirte bien".»

Comenta Lottie: «A mí me hace mucha ilusión salir con mis amigas. Siempre bebo más que cuando estoy con mi marido, y me desmadro un poco. Si él me viera diría: "¿Quién diablos es ésta?" No es que finja cuando estoy con él, sencillamente no siento la necesidad de hacer esas cosas. Pero digamos que afloran distintas partes de mi personalidad cuando estoy con mi marido y cuando estoy con mis amigas. No siempre deseo portarme de una manera, así que no siempre deseo portarme como lo hago con mis amigas. Pero de verdad, es muy, muy importante para mí que se aireen todos los aspectos de mi personalidad».

Lena, 30, está de acuerdo con eso: «Hace poco pasé uno de los mejores fines de semana de mi vida, cuando fui sola a visitar a una amiga mía que vive en Maine. Me relajé con ella en un bar, cantando a voz en cuello hasta las cuatro de la madrugada, junto a un piano de cola. ¡Melodías de espectáculo! Mi marido detesta ese tipo de cosas, pero esa vez no tenía que preocuparme por él, por cómo se sentía. Lo pasé fenomenal».

Dice Diane, 29: «Cuando salgo con mi marido no hago aquello de preguntarle: "¿Estás bien, cariño?", pero me enfurece tanto cuando pone mala cara porque chillo y me divierto, que me porto peor aún y normalmente tenemos una pelea cuando llegamos a casa. Así que tengo que ver a mis amigas yo sola por lo menos una vez a la semana. Es fabuloso coquetear con otros tíos, y recordar que otros hombres te encuentran atractiva».

Afirma Karen, 37: «A mi marido le molesta que salga a beber. Así que aunque sigo saliendo, le digo que me tomé dos whiskys con coca-cola cuando en realidad me he tomado cinco».

Como muchas chicas casadas, Karen dice que hay un acuerdo tácito entre ella y sus amigas de que ocurra lo que ocurra cuando están juntas eso queda en secreto. Puede sentirse libre sabiendo que haga lo que haga y diga lo que diga estando con sus amigas íntimas no será revelado públicamente.

Carmen también dice que hay un código de silencio entre sus amigas íntimas, un grupito selecto al que llama «los ángeles», por la serie de televisión de los setenta *Los ángeles de Charlie*. Se ríe: «Comenzó cuando estábamos en el colegio. Éramos tres, y cada una eligió un personaje y representábamos algunas de las escenas. Supercómico. Cuando llegábamos al final del argumento, una de nosotras decía: "Pero ¿qué diría Charlie?" Y continuamos con el grupo en la universidad y hasta ahora. Cuando le digo a mi marido: "Voy a salir con los ángeles", él sabe que no debe hacer preguntas. Lo que sea que se diga o haga cuando estamos juntas es asunto nuestro. Si sabemos que uno de nuestros maridos no lo aprobaría, una dice: "Pero ¿qué diría Charlie?", y nos desternillamos de risa. Como cuando estaba coqueteando con un tío y Nathalie se me acercó a decirme: "¿Qué diría Charlie?" A veces una de ellas me cuenta algo que me muero por decírselo a mi marido, pero nunca he desvelado un secreto. No podría. Me sentiría fatal».

Carmen reconoce que casi rompió el código de silencio de los ángeles cuando una de ellas contó que estaba liada en una aventura. «No me lo podía creer. Sabía que Delia estaba chiflada por un tío, pero cuando me dijo que se había acostado con él, le contesté: "¿Estás loca?", y me dijo: "Lo sé, ¿qué diría Charlie?" Pero yo no pude tomarlo en broma. Conozco muy bien a su marido, es un hombre estupendo, todos somos amigos. Aunque Delia es una de mis mejores amigas, pensé que traicionaba a Neil. Por mucho que deseara contárselo a mi marido, me era imposible hacerlo porque él se había hecho muy amigo de Neil también. Han ido juntos al Superbowl. Le dije: "Oye, no quiero saber los detalles. Estoy contigo, pero no puedo ser cómplice". Aunque Delia nunca me dijo por qué dejó de ver a ese tío, sé que mi reacción fue un factor importante. Creo que no la dejó continuar su conciencia, tal vez más aún que pensar en su marido. La conozco desde hace tanto tiempo, hemos compartido tantas cosas, toda una historia, que nos tenemos mucha confianza, tenía que ser sincera con ella. Yo estaba muy preocupada por Neil, pero principalmente por Delia. Siempre seguía encantada sus historias cuando tenía enamoramientos repentinos, todas los tenemos, pero cuando la fantasía se convirtió en aventura, mi reacción le demostró que había ido demasiado lejos. Las buenas amigas son amigas que te quieren con todos tus defectos. Te permiten portarte mal y expresar tu lado malo. Pero las verdaderas buenas amigas son aquellas que también ven el cuadro más grande y pueden decir: "¿Sabes qué? En esto te estás portando como una condenada imbécil". No tiene nada que ver con ser esposa. Se trata de sinceridad y respeto. Yo respetaba lo suficiente a Delia para decirle la verdad. Y ella me respetaba lo suficiente para escuchar mi opinión imparcial y saber que tenía sentido.»

Apoyo, empatía, alegre alivio, historia, etc.; nuestras amigas encarnan todos estos aspectos esenciales combinados con un regulador de comportamiento integrado que respetamos y en el que confiamos. Nos permiten liberar nuestro «otro» lado y beneficiarnos de esta sana liberación a la vez que controlan nuestros límites para que no pasemos el límite de lo que es correcto para nosotras. Compartiendo tiempo de calidad con amigas íntimas podemos pacer en terreno desconocido en compañía segura y de confianza, para después volver a nuestros maridos más felices, más cuerdas, más sexys que nunca.

Sellado con un beso

Carmen dice que además de tener amigas íntimas en las que puede confiar, también lleva un diario. «Hay ciertas cosas que no deseas contarle a nadie, ni a tu marido, ni a tus hijos, ni a tu madre, ni a tus amigas. Son mis pensamientos secretos, mis miedos, mis deseos y mis esperanzas secretas. No escribo en mi diario todos los días, ni siquiera todas las semanas, pero paso por fases en que escribo todos los días.»

Yo también hago esto. También lo hace Gina, 34, que recuerda: «Cuando murió mi madre, me obsesioné con la muerte. A veces deseaba morirme, me sentía terriblemente mal. Había momentos en que estaba consumida por el miedo. La única manera de controlar mis pensamientos y expresarlos era escribiendo un diario. Llega un momento en que ya no puedes hablar de eso con tus amigas. Mi marido me apoyaba un montón y era francamente amoroso, se lo he agradecido muchísimo. Pero trataba de darme soluciones o respuestas; es muy masculino en eso. Y a veces no hay soluciones ni respuestas. Me aficioné a escribir extensamente en mi diario, detallando mis más negros pensamientos, pensamientos que no podía contarle a nadie porque solían ser muy locos o lúgubres».

Opina Sally, 31: «Parece que escribir un diario es algo muy femenino, ¿no crees? Jamás he conocido a un hombre que escriba uno o que entienda los beneficios de hacerlo. Pero yo escribo todo en mi diario, lo he hecho desde que era niña. A veces repaso diarios antiguos y me hacen reír o me recuerdan sueños, deseos, esperanzas que tenía y que he puesto en reserva, medio olvidados, cosas realmente importantes. Hace un par de años pillé a mi marido pasando las hojas de mi diario y le grité: "¿Qué haces?" Era una invasión a mi intimidad. Le dije: "Si quisiera que leyeras esas cosas, te enviaría una carta o te las diría a la cara". Naturalmente, él pensó que yo había escrito cosas feas de él. Alguna vez lo he hecho, pero han sido tontas, insignificancias, cosas demasiado triviales para mencionarlas, pero que me volvían loca de todos modos. Mi diario es el único lugar en que puedo expresar exactamente lo que me pasa por la cabeza. No hay necesidad de cuidar la redacción, no hay necesidad de tener tacto ni de ser razonable. Simplemente escribo lo que siento, cómo me siento».

Explica Jenny, 36: «Yo escribo todo en mi diario, sin restricciones. Lo pongo todo, desde lo que he estado haciendo, dónde he estado, en quién he estado pensando, chifladuras secretas, sueños, fantasías, todo. Pasé un período en que tenía un sueño recurrente en que me perseguían y violaban. Al principio era más como pesadilla, y luego tuve un sueño similar en que realmente disfrutaba de que me violaran. Me preocupó muchísimo, pero no quería decírselo a nadie, sólo necesitaba sacármelo del pecho. Si alguien lo leyera alguna vez se horrorizaría. Pensaría: "¿Jenny escribió esto? ¿Jenny sintió esto?" Muchas veces he pensado: "¿Y si de repente me atropellara un camión y me muriera? Revisarían mis cosas y encontrarían mi diario y estaría todo ahí, lo que pienso de todo el mundo, de mis amigos, de mi familia, de mi jefe, de mi marido". Pero no puedes pensar en eso, porque perdería su sentido escribir un diario. Si empiezas a controlar lo que escribes, mejor te ahorras el trabajo».

Escribir un diario es una manera de inmortalizarnos. Es una manera de recordarnos quiénes fuimos en otro tiempo y las lecciones que aprendimos, registrar nuestros triunfos, dar sentido a la tragedia y al dolor. Es también una manera de ubicar ideas y sueños en el universo. Poniéndolos sobre papel damos el primer paso para hacerlos realidad. Un diario nos proporciona una lista secreta para nuestro futuro.

Afirma Skylla, 29: «Yo vivo teniendo ideas locas. Podría decírselas a mi marido, pero entonces él me preguntaría por qué quiero hacer esto o aquello. A veces no sé o no quiero explicar por qué, simplemente lo deseo. Sin embargo, él igual comenzaría a decirme todos los motivos de por qué no se puede hacer. Lo fabuloso de un diario es que nunca contesta; no juzga, no desafía, no se siente amenazado. Simplemente absorbe».

Mis diarios no tratan solamente de mis más preciadas posesiones materiales. Están llenos de momentos pequeños pero importantes que si los dejara sin registrar se perderían para siempre. Y sueños para el futuro que si no anoto quedarían en la tierra de nunca jamás. Están a rebosar de lecciones que he aprendido y deseo transmitir algún día. Son memorias de una vida y de un período en el tiempo que, de acuerdo, es diminuto en relación con la envergadura del universo, pero, más importante que cualquier otra cosa, son expresiones de mí (que, pese a mi situación conyugal, suelo ser imprevisible, contradictoria, traviesa, sin resolver), y una crónica de mi vida en progreso. Y mientras yo no decida otra cosa, las emociones y vertidos secretos de su viaje continuarán siendo un secreto celosamente guardado.

Epílogo

Cuando comuniqué la idea de escribir este libro a editores, amigos, colegas y familiares, lo hice dejando muy claro que no sería ni en pro ni en contra del matrimonio, sino que más bien se trataría de un informe sobre el matrimonio de hoy en día. Tampoco sería una frívola guía de estilo, salpicada de, como diría Helen Fielding (famosa por *Bridget Jones*), consejos para «presumidos cócteles de casadas» y trivialidades para «continuar siendo sensacionales». No, este libro sería la guía definitiva, con verrugas y todo, para el matrimonio moderno, en el que se esbozarían y explorarían sus complejidades y desafíos, serios y no tan serios, y se explicarían en detalle, sin críticas ni juicios, la variedad de mecanismos que elegimos (o a los que recurrimos) para arreglárnoslas. Más aún, se pondrían al desnudo las confesiones de esposas reales, no idealizadas ni de historieta, en las que las demás encontraríamos consuelo, aliento, estímulo y, de acuerdo, una cierta cantidad de excitación voyeurista.

He logrado lo que me proponía, con una excepción. En lugar de sostenerse en la neutralidad, el libro evolucionó naturalmente hacia la postura pro matrimonio. De acuerdo, basé el libro sólo en entrevistas a mujeres casadas. Aunque mi criterio no era que tenían que ser necesariamente felices casadas, descubrí que al margen de mi insistencia en que ser soltera hoy en día ofrece mucho más que nunca, y pese a las tristes estadísticas de divorcio, el matrimonio sigue siendo un estado muy apetecible. (Tres de cada cuatro mujeres solteras dicen que desean casarse. Fuente: revista *She*.) Esto no se debe simplemente a que los seres humanos estamos programados biológicamente para beneficiarnos de la interacción y la intimidad; si fuera así, la convivencia se consideraría el glorioso final, no el medio pragmático. Se debe a que el matrimonio ofrece verdaderamente algo único y valioso, que trasciende el traje, la ceremonia, la fiesta, los infinitos regalos, y las posibles concesiones impositivas.

Sí, surgen conflictos; la mayoría de las chicas casadas aseguran que los primeros cinco años (no siete, como dice el cliché) están plagados de conflictos. El nacimiento de un hijo, la muerte de un progenitor, el desempleo, acontecimientos importantísimos con los que normalmente nos encontramos por primera vez cuando ya somos treintañeras, mezclados con todos los reajustes emocionales y prácticos de los primeros años de matrimonio, conspiran para destrozar nuestros sueños de felicidad eterna. Más aún, ahora que el matrimonio tiende a estar formado por dos personas iguales que exigen equidad en voto y satisfacción, las riñas y los desacuerdos son inevitables.

Sin embargo, el efecto de los conflictos se reduce a insignificancia ante las compensaciones del matrimonio moderno. Y éstas son muchas. Las chicas casadas me hablaron entusiasmadas acerca del sentimiento único de ser un equipo, una fuerza segura y unida ante las incertidumbres del mundo moderno. Ésta es una característica que no se había materializado antes que se casaran o cuando convivían. Y su valor se multiplicó después de los ataques terroristas del 11 de septiembre (lo cual podría explicar la ráfaga de proposiciones matrimoniales y "sí, quiero" de los meses siguientes).

Si bien las esposas de la nueva generación siguen protegiendo enérgicamente sus identidades, también dicen extasiadas que, en muchos sentidos maravillosos, el matrimonio moderno realza su sentido de identidad. Les ofrece una caja de resonancia, de confianza; un ambiente seguro para experimentar en todos los contextos, desde el sexual al financiero; una alentadora plataforma desde la cual correr riesgos personales y prolongar lo que son capaces de conseguir. Lejos de refrenarnos, el matrimonio moderno suele reforzar nuestro valor y sentido de la aventura. Y puesto que no deseamos que se nos considere «el sexo débil» o «la mitad inferior», nos motiva a superar nuestras capacidades.

Si bien después de la boda la relación sexual tiende a ser menos frecuente que antes, las esposas modernas afirman que es más íntima y satisfactoria. El juego preliminar es más refinado, los orgasmos son más intensos; se sienten más libres para exigir, más confiadas para hacer sugerencias, y menos propensas a derrumbarse si sus insinuaciones sexuales no son correspondidas. Lejos de replegarse sexualmente, algunas chicas casadas dicen incluso que una vez casadas hicieron el compromiso de no negarse jamás sexualmente a sus maridos. Un motivo, como explicamos en el capítulo sobre el erotismo, es que todas tenemos conocimiento de los beneficios de la intimidad sexual en el matrimonio. Pero el otro motivo de que no se nieguen, dicen, es que ahora que están casadas tienen la sensación de que «pueden» negarse. Ciertamente en el matrimonio moderno el respeto y el poder se manifiestan en una multitud de modos sorprendentemente beneficiosos.

Lejos ya de ser una institución anticuada, sofocante, el matrimonio moderno parece ofrecer a la mayoría un ambiente flexible en el cual desarrollarse, conocerse a sí mismas/os y aprender acerca del amor y del mundo. Si esto no ocurre, no es por culpa del matrimonio sino a consecuencia de la renuencia de uno o de los dos cónyuges a respetar la individualidad. Dado que ahora entramos en el matrimonio desde una posición de fuerza, que no de vulnerabilidad, tenemos la oportunidad de crear nuestras propias reglas y hacerlas nuestras. Si no lo hacemos, suponiendo que el matrimonio nos domina, en lugar de dominarlo nosotras, le hacemos pagar los «platos rotos» por nuestra falta de responsabilidad o esfuerzo.

Hace poco hablé con un conocido casado tres veces acerca de este libro. «El matrimonio no me funcionó», dijo, como si el matrimonio fuera un empleado disfuncional, un objeto como una lavadora, que se negó a cumplir su deber mecánico. Supongo que la actitud de este hombre no es única, ¿cómo podría suponerlo considerando las estadísticas de divorcio? Sin embargo, he descubierto que las personas cuyos matrimonios son más exitosos son aquellas que se embarcan en él con la visión no de que es un objeto estático curalotodo, sino una existencia fluida, orgánica y potencialmente infinita durante la cual los participantes se preguntan periódicamente: ¿Estoy haciendo todo lo posible por mi matrimonio? ¿Estoy poniendo de mi parte todo lo que puedo para que continúe respirando, desarrollándose y floreciendo?

Mientras hacía mi investigación para este libro me alentó enormemente enterarme de que ese compromiso llevaba a hacerse esas preguntas difíciles e infundía el valor para actuar al respecto. Reconozco que me sorprendió un poco. Como muchas personas, supongo que había caído presa del lavado de cerebro negativo. Cuanto más oímos que las parejas actuales no respetan el valor del matrimonio, no se comprometen a hacerlo funcionar, esperan que haga realidad fantasías de cine, más tendemos a creerlo. Pero descubrí que, en su mayor parte, lo cierto es lo contrario.

Las infidelidades de diversos grados sí existen. Y puede que muchas de las estrategias de las chicas casadas para hacer frente a los conflictos cotidianos sean insólitas y no se atengan a las prácticas tradicionales. Y sí, todas sabemos muy bien que la cláusula definitiva de escape (el divorcio sin culpable) está a una simple llamada telefónica. Pero nuestro deseo de triunfar en lo que han fracasado generaciones anteriores nos motiva a continuar esforzándonos, perfeccionándonos, nosotras mismas y nuestras relaciones. Hay más ejemplos positivos que negativos de matrimonio, los suficientes para estar seguras de que, pese a sus retos, el matrimonio puede ser dichoso, gratificante, estimulante, rejuvenecedor y estimulante sexualmente.

Las mujeres con las que hablé, de diversas partes del mundo y culturas, abrieron sus corazones y revelaron sus experiencias no para cumplir sus quince minutos y saltar a la fama, no. Usando seudónimos, se abrieron porque creyeron que lo que tenían que decir era importante y digno de documentarse. Felices de reconocer sus defectos y virtudes, deseaban asegurar a otras que la aceptación de la humanidad, no la búsqueda de la perfección, es esencial para que funcione el matrimonio moderno. Y ofrecieron joyas de consejos avalados por la experiencia, con la esperanza y con el deseo de ayudar a triunfar por lo menos a una pareja más.

Sobre ese particular, como dije al comienzo del libro, disto mucho de ser perfecta; y mi matrimonio, aunque maravilloso, tampoco es perfecto, y sigue no siéndolo. Sin embargo, desde que escribí este libro (y cualquiera que haya escrito un libro, rápido o lento, atestiguará que es un proceso para volver loco a cualquiera) mi matrimonio está mejor que nunca.

Ahora, cuando siento un ramalazo de irritación, sigo el consejo de Anabelle y me pregunto: «¿Es esto realmente importante?» Y sólo discuto cuando lo es. De Ellis he aprendido a no retener información simplemente para reforzar mi sensación de poder, porque solucionar es mucho más satisfactorio que ganar.

Aunque me ha resultado muy estresante cumplir plazos y me he sentido avasallada por mis obligaciones familiares, he seguido los ejemplos «egoístas» de Rachel, Sabina, Paulette y Sally de buscar «tiempo para mí» y he conseguido relajarme con mis clases de piano. Puede que mi agenda esté aún más apretada ahora, pero ha aumentado mi capacidad para arreglármelas y para disfrutar, puesto que me siento más tranquila y serena.

En lugar del sexo de las noches entre semana cuando estamos agotados, he despertado a las alegrías del sexo matutino, el preferido por Sonja, Suzannah, Alice y muchas otras de las chicas casadas que entrevisté. Las recompensas son desproporcionadas al diminuto ajuste en nuestro horario sexual.

A todas las chicas casadas que entrevisté deseo gritarles un inmenso «¡gracias!» por haber hecho posible este libro, y por lo agradable que ha sido escribirlo, pero también por hablar tan francamente acerca de sus experiencias dichosas y dolorosas, y por donar con tanto entusiasmo esas verdaderas joyas de consejos. No, no siempre lo tenéis bien. Como vosotras, vuestros matrimonios tampoco son perfectos. Tal vez a veces sois imprudentes, a veces escandalosas, a veces tozudas. Pero, principalmente, sois fuertes, resueltas, amantes de la diversión, valientes, inteligentes, poderosas y, por encima de todo, una inspiración, un estímulo, para que si de verdad sólo tenemos una sola vida, ésta se viva como chica casada.

Agradecimientos

Mis más sincera gratitud debe ir en primer lugar a todas las chicas casadas que sacrificaron su tiempo para desnudar sus almas y hablar conmigo acerca de sus matrimonios. Sometidas a largos e íntimos interrogatorios, sin otra recompensa que alguna bebida (y un plato de patatas fritas con mayonesa si tenían suerte), respondieron con humor, consideración y sinceridad. Todas y cada una hicieron una inmensa aportación a este libro y (deseo darles las gracias otra vez) al ampliar mi perspectiva sobre el matrimonio, incluido el mío. Algunas ya eran preciadas amigas (Suzannah, Ellis, Lucy, Anabelle, Stella, Patti, Gabrielle), y muchas, demasiadas para mencionarlas, son nuevas amigas con las que sigo en contacto por verdadero afecto y por interés en el progreso de sus vidas.

Con todo lo simpática y accesible que me agrada creer que soy, no podría haber conocido a muchas de estas sorprendentes mujeres si muchas de mis amigas solteras no me hubieran ofrecido sus listas de colegas, conocidas y familiares casadas. Kate, en particular, fuiste una importante estrella y espero que encuentres valioso este libro cuando te embarques en tu matrimonio este año.

Gracias especialmente a mi agente, Susan Raihofer, cuyo entusiasmo y apoyo, a mí y al libro, no flaqueó jamás. Su orientación me ayudó mucho cuando, a veces, yo estaba a punto de explotar, y sus alentadores llamadas y sus e-mails me daban energía esos largos días y noches de verano en que no paraba de escribir. Susan, ojalá hubiera podido aceptar tus invitaciones a cócteles con más frecuencia, pero estoy resuelta a que eso no ocurra ahora.

No hay muchas jefas de redacción que se entreguen a su trabajo con tanto vigor y dedicación como la mía de St. Martin, Alicia Brooks, cuya generosidad y dulzura camufla su fuerza interior. Alicia, tus conocimientos y atención a los detalles han sido impagables. Espero que ahora puedas irte a casa a reunirte con tu magnífico marido a una hora más civilizada.

También quiero dar las gracias a todos los expertos que me ayudaron y estimularon: Ginita Wall, Melissa Brockgreiten, Jane Buckingham de Youth Intelligence, el brillante doctor John Gottman, y Helen Gurley Brown, mentora y modelo en todo, cuyo revolucionario libro *Sex and the Single Girl* tiene un lugar preferente en mi librería.

Finalmente, he de dar las gracias a mis padres, en especial a mi madre, que siempre ha sido mi fan número uno. Mamá, nunca lo has dicho, pero sé que tus facturas de teléfono son enooormes; leerte larguísimos trozos de este libro por teléfono desde Nueva York a Newcastle fue un pasatiempo caro, pero tus comentarios siempre los considero positivos y los agradezco muchísimo. A mis hijas, Rosie y Daisy, cuyos mensajes de amor que pasan por debajo de la puerta de mi estudio, y sus enormes corazones adoro más que nada en el mundo. Y a mi marido, Martin: siempre dijiste que casarte conmigo sería como montar en una montaña rusa, pero nuestro viaje juntos, relativamente corto, con sus pasmosas alturas y penosos descensos, ha enriquecido inconmensurablemente mi vida. Gracias por escuchar, transcribir, leer y discutir hasta altas horas de la madrugada. Sin ti este libro no habría sido posible, porque sin ti, estoy segura, jamás habría tenido el valor de convertirme en chica casada.